Series

王仁湘　主编

# MAGNIFICENT STELES

# 丰 碑 大 碣

## ——中国古代石刻巡礼

The tour of ancient stone inscriptions in China

赵超　路丝　著

文物出版社

**图书在版编目（CIP）数据**

丰碑大碣 ：中国古代石刻巡礼 / 赵超，路丝著.
北京 ：文物出版社，2025. 6. --（考古与文明丛书 /
王仁湘主编）. -- ISBN 978-7-5010-8520-0

Ⅰ. K877.4

中国国家版本馆CIP数据核字第20247X5B68号

**丰碑大碣**——中国古代石刻巡礼

FENG BEI DA JIE——ZHONGGUO GUDAI SHIKE XUNLI

著　　者：赵　超　路　丝

丛书主编：王仁湘

责任编辑：王　震

责任印制：王　芳

出版发行：文物出版社

社　　址：北京市东城区东直门内北小街2号楼

邮　　编：100007

网　　址：http://www.wenwu.com

邮　　箱：wenwu1957@126.com

经　　销：新华书店

制版印刷：文物出版社印刷厂有限公司

开　　本：710mm × 1000mm　1/16

印　　张：16.25

版　　次：2025年6月第1版

印　　次：2025年6月第1次印刷

书　　号：ISBN 978-7-5010-8520-0

定　　价：98.00元

# 徜徉在文明的长河

文明，如同是一条长河，涓滴汇溪，宽缓窄急，回旋蜿蜒，奔流不息，时有波平又浪起，时见雾涌又云蒸，景象万千。

文明之河悠长，如今站在长河的何处，我们其实知道也不知道。我们并不知晓河源有多远，也不知晓河流有多长，所以也不能完全明白自己的坐标在哪里。我们只是看到前后不远处的气象，更远处的景致，通常只是从文本与传说获得的印象，既不真切，也不确定，还有许多的猜测。更有文明孕育的遥远年代，许多的故事也都有待发现，有待复构。

我们会好奇，好奇文明长河那些未知的风景，想知道风景是怎样的妖娆，想看看色彩是怎样的斑斓？我们真惊奇，但见长河散璧遗珠，是那样典雅温润，想象中还有多少失踪的宝藏？我们也会惊叹，长河流淌过的人文情怀是如何光灿日月，我们的民族精神是怎样的不屈不挠？我们也很惊疑，长河源头究竟有多远，众里寻他千百度，还需几番探寻才能确认？我们非常向往，文明长河会流向何方，百川归海又会是怎样的气势？

忽如一夜东风来，考古列入国家文化建设战略，我们心中的文明之谜将会加速开解。我们的社会活跃着一批考古人，考古人回归文明长河，直入到历史层面，去获取我们已然忘却的信息，穿越时空去旅行与采风，将从前的事物与消息带给现代人，也带给未来人。

考古，如同是一列筏子，是漂泊在文明长河上的筏子，石器美玉，彩陶黑陶，甲骨青铜，秦砖汉瓦，酒樽茶盏，丝帛锦绣，满载宝藏。这筏子上撑篙把舵的考古人，还会关注更多的细节，他们由细节驶往真实的形色历史中。与历史学家不同的是，考古人是在不同的维度上重现历史的面貌，这是立体的历史，是全真的历史。

考古人研究一式式陶器，一座座废墟，一群群墓葬，一坑坑垃圾，一组组壁画；考察大长城、大古都、大聚落、大陵墓、大运河、大丝路。考古人探索人类起源、农业起源、文明起源、国家起源、文字起源、技术发展以及文化艺术诸多课题。考古，就是研究实在的历史，复原历史的样相与色彩，寻找我们的文化根脉，重构我们的文化传统，重建我们的文化自信。

人事有代谢，往来成古今。过往与未来，都会令我们迷恋。未知的世界，都会让我们好奇。感受文明跳动的脉搏，探究文明前行的动力，明确我们的坐标，要依仗考古人。考古人带我们赏鉴和感触文明长河的浪花，让我们的心灵与过去和未来世界相通。

"考古与文明"这一个系列读本，是考古人合力扎起的一个个筏子，让我们一起登上这筏子，去展开一次次特别的旅行，到文明长河去徜徉去感悟去漂流吧！

王仁湘

# 目 录

前 言／001

**石刻先声／005**

追踪溯源／006

石峁神迹／012

从实用到纪念／015

**分门别类／027**

摩崖、刻石与碣／028

石雕石材题记、地界石及黄肠石／040

碑的兴起／051

墓志演变／071

买地券与镇墓券／085

佛教经幢和墓幢／090

佛教刻经／094

画像石到佛教造像／099

舍利函、石棺、石床／107

建筑物附属刻铭　石阙、神道柱、牌坊／116

## 名碑名刻／123

先秦两汉——风气初起／124

魏晋南北朝——勃兴盛况／139

隋唐盛世——丰碑林立／175

宋元明清——实用与普及／214

天安门广场，是我们伟大祖国的心脏，每天早晨在这里冉冉升起的五星红旗，象征着中华民族自立于世界之林的雄风豪气。巍然矗立在广场中心的人民英雄纪念碑，以其独具民族文化特色的壮丽造型，展示着中华民族五千多年的悠久历史与近一百多年来英勇奋斗的英雄业绩。这座雄伟的纪念碑前，全国各族人民来此瞻仰，外国元首来访时也会献上崇敬的花环。它的形象已经深深地铭刻在每一个华夏儿女的心中。

人民英雄纪念碑，整体造型端庄浑厚，脱胎于中国古代建筑传统中庑殿顶、须弥座的设计。它是在中华大地上传承久远的独特纪念碑石造型，也是中国古代历史中千千万万丰碑大碣的代表（图 1）。自汉代出现碑这种大型纪念石刻以来，曾经有数以万计的石碑被创建出来。迄今为止，虽然历经风霜雨雪、损毁磨难，但仍然可以在我们960多万平方公里的国土上处处见到古代镌刻的碑石铭刻遗存。这些几千年来遗留下的丰碑大碣，以多种文字与纹饰图像记录着古代社会的方方面面，让我们看到了历代劳动人民的聪明才智、勤奋辛劳，更看到了中华古国几千年的历史文化、政治经济、世态风

图 1 人民英雄纪念碑

图 2 龙门石窟

图 3 乾陵石兽

俗……这一块块矗立荒野、沉默千载的青石，却是今日无比珍贵的历史文物瑰宝。

不仅限于碑石，古代人们遗留下来的石刻文物种类是极其丰富的，大致分类也可以有几十种。自人类脱离动物界开始，石刻就是人类表达自己思想意识、记录文化文明演进的重要载体。巡礼中华大地，在宏伟壮丽的云冈石窟、龙门石窟，你可以看到千姿百态、栩栩如生的佛教造像与供养人造像、供养题记、刻经等各种石雕。这些极其精美的古代石雕艺术品，赋予了坚硬的岩石以生命，向一代又一代的人们述说着北朝以来的宗教文化与社会习俗，展现出古代工匠的艺术风华（图2）。

在陕西、河南、南京、北京、河北等地的历代帝王陵墓遗址群中，你可以看到竖立在神道两侧的各式神兽、珍奇动物、侍从官员和神道柱、神道碑等大型石雕。它们雕工精湛，体型庞大，肃穆威严，构成了中国古代帝王陵寝的建筑群体，向我们宣示着几千年来封建帝王的专制统治（图3）。

在各地的博物馆、艺术馆中，你更可以见到大量各式各样的古代石刻文物。从满载史料的华美墓志、图像生动的汉代画像石，到南北朝以降的佛教造像、经幢刻经，隋唐宋元的镇墓石、碑版丛帖。林林总总，都是华夏历史资料的宝藏，中国文化艺术的瑰宝，更是社会科学各方面研究的重要资料（图4）。

即使是在名山大川中游历，你也可以见到山崖间、峭壁上遗存的历代题记题名、诗歌文赋。其中不乏历代名人逸士、帝王官员。这些石刻铭文题记点缀在祖国的大好山河之中，给秀美的景色增添了浓郁的历史人文气息，加深了我们对于祖国悠久历史的认识，呼唤出华夏儿女对于这片热土的拳拳赤子之情（图5）。

这些遍布全国各地的古代摩崖、刻石、碑碣、墓志、经幢、刻经、镇墓石、舍利塔铭等文字石刻，还有画像石、佛教造像、石窟寺、石人石兽等艺术石雕，以及石塔、神道柱、石阙、石牌坊等众多建筑石刻，都应该归纳于古代石刻的文物宝库之中。综观中华文物宝库的万千珍藏，可以看出，古代石刻是现存历史文物中数量最多、类型最多样、内容最丰富的一个大项。由于它涉及的范围非常广泛，保存的文字史料包罗万象，可以反映古代社会的各个层面，历来受到人们的重视。在今天，了解与研究古代石刻，就是在了解与研究古代中国的社会史、政治史、经济史、军事史、民族史、科技史、宗教史、文化史、艺术史……一言以蔽之，就是在了解与研究华夏民族几千年来的古代文明。

图4 汉碑

图5 桂林摩崖

石刻先声

## 追踪溯源

如果要问我：自然万物中，哪一类物质对于人类的进化与生产发展最为重要？我会毫不犹豫地说是岩石。石这种自然物质与人类的关系至为密切。中国古代的哲人提出过"五行"的概念，例如《尚书·洪范》中首先叙述的"五行"，以及齐国邹衍的"五德终始学说"，认为金、木、水、火、土是构成世界的基本元素。古希腊的哲人恩培多克勒等人则提出过水、土、气、火等是世界的本原。而他们的理论中都忽视了一种与人类发展历史息息相关的自然物质，这就是岩石。当然，他们可能把岩石看作土的集合。但是分散的土粒却根本起不到岩石在人类社会进化中所能起到的作用。

"人猿相揖别，只几个石头磨过。"从现在所见到的世界各地考古资料中可以确定，岩石制作的石器应该是人类最早使用的原始工具。进入制造与运用石质工具的旧石器时代这一历史阶段后，原始先民才彻底告别动物界，迈进智慧人类发展的进程。而后，在人类生产力发展、社会进化的每一个重要阶段，岩石都在以各种不同的形式直接或者间接地为人类服务（图 6）。从原始人粗笨的打制石器到精心雕凿打磨的石质器物、雕像，从基础的建筑材料到冶炼、化工等工业原料，岩石与人类的关系密不可分，甚至可以说没有岩石的利用就没有今天发达的人类社会。

岩石也是人类最早用来记录自己对自然界的感知，表达思想意识的自然载体，是人类文明发展自始至今的忠实记录者。从世界各地的考古调查发现中可以看到大量散布于五大洲各地的原始岩画。它们应该是人类最早的绘画遗迹，也是人类文明的最初记录。原始人类通过这些绘画来表现他们的生活情

图 6 新石器文化中的石镰

图 7 诺克斯岩洞壁画

景，反映有关的历史信息。例如在欧洲法国的科斯凯岩洞中发现了不迟于公元前25000 年的人类刻画，以及大约在公元前 17000 年绘制的动物形象。法国诺克斯洞穴中保留有著名的野牛壁画，动态十足，据测定大约绘制在 10000 年前（图 7）。再往南方寻找，西班牙的平达尔、阿尔塔米拉等山洞中也曾经发现过绘制于石器时代的壁画，另一处奥尔诺·德·拉佩纳岩洞中保存有原始人刻画出的野马。在北非撒哈拉沙漠中多处发现有新石器时代的岩画遗迹。南非发现的史前岩画被考古学者确定创作在 10000 多年前的威尔顿文化时期。澳大利亚的库纳尔达洞穴壁画、北美印第安人居住区的岩画等也都是这样历史悠久的远古制作。

　　岩画的研究，已经成为世界各国学者普遍关注的一门专门学问，成为了解原始人类活动地点和原始人类生活状况的重要资料。岩画中表现了大量的各种动物、人物形象，晚一点的岩画中还有众多有关人类狩猎、放牧、祭祀、交战、生殖、舞蹈聚会等活动的内容，应该是当时人们生活的具体写照。而且通过分析创作岩画的手段与工具，我们还可以推导出人类掌握石刻技艺的发展过程。

从遍布世界各地的岩画遗迹中，可以分析出原始人类制作岩画的多种手段。现在看来，国内外各种岩画的制作方法多种多样。有些是用矿物质颜料绘制的，由绘制岩画的人用手指或其他工具蘸着颜料绘制。如澳大利亚的岩画中有的就是一只手掌的轮廓，可能就是当时的人们用手掌沾满颜料后拍打在岩石上的。也有一些绘画，好像是人们用吹管把颜料吹喷到岩石上，形成画面。也有可能是用嘴含着颜料去喷涂。有些是绘画者用指甲或者石片等工具简单刻画的，有些则是绘者用石块或金属工具多次敲打而成。岩画中，还有很多是经过多种制作手段综合完成的，例如先用凿刻或者研磨勾画出物体的外轮廓，然后设色涂描。这些加工岩画的技法，在最初的石刻制作中仍然采用，使岩画成为古代石刻的先声。最早的文字石刻应该就是在岩画这一基础上形成的。

和世界上各种原始文化发展的过程类似，岩画也应该是中国古代最早的石刻文化遗存。以前的学者们在地方传说与方志记载中已经注意到了一些古代的岩画，例如贵州的红崖刻石。但从科学角度重视中国岩画的发现，开展调查研究则大约是在 20 世纪 70 年代兴起的。内蒙古的文物工作者盖山林比较早地进行了调查岩画的田野工作。他发现的阴山岩画在岩画研究历史上具有重要的意义。以后，在新疆、广西等地又发现了众多古代岩画遗迹。陈兆复的《中国岩画发现史》中曾列举了数百处重要的岩画遗迹。随着考古文物工作的开展，现在从黑龙江、内蒙古、新疆、西藏、甘肃、宁夏、广西、云南等边远地区直到四川、贵州、河南等内地省份，都发现有各种各样的岩画遗存。多处岩画已经被评定为全国重点文物保护单位。近来，在河南新郑具茨山又发现了密集的岩画，被看作有助于重新认识古代文明的重大发现。各地已经发现的这些岩画，制作时间早晚不等，大约从新石器时代延续到近代。随着大量新发现问世，现在中国岩画的研究已经形成了一个专门的研究领域。据研究者认为，中国最早的岩画也可以达到近万年以前。实际上，对于岩画年代的确定现在还没有形成一个很科学的标准。如何利用科技手段将岩画予以准确的年代判定是急需解决的一个问题。不过从很多岩画的内容中来看，其制作年代还是比较久远的。

我们拿分布在内蒙古阴山山脉中的多处岩画图像来看。这些岩画中描绘多种当时的野生动物，例如牛、羊、骆驼等，有些也可能是原始人驯养的家畜，还有人们射猎、舞蹈等各种活动场景（图8）。这些图像主要是用硬物刻画或敲凿出来的，多用简单的线条组成，但大多图像能抓住事物的特征，所以能够让今天的人们把各种事物的形象明确地辨认出来。在新疆阿尔泰山中发现的一些岩画图像，人物众多，可以表达出盛大的祭祀场面。而新近在河南等地发现的一些早期岩画，却是由凿刻的圆点、线条等组成的几何形状。它们要表达什么意思，我们现在还不能予以明确的解释，但可以感觉到这些岩画似乎要表现出更为复杂的抽象概念。由于岩画的描绘一般比较简单，它所表现的古代人生活、思想意识等丰富内容，还需要更深入的研究与释读。

从旧石器时代发展到新石器时代的漫长岁月里，人们对于石材的运用逐渐熟练，生产工具不断进化，促进了人类智慧的发展，有了思想与文化的萌芽。随着社会经济生产的发展，对居所和用具的要求不断提升，人们开始充分利用石料的坚固性能作为建筑材料，并在此基础上逐渐发展了石材的加工技艺，从而产生了艺术石雕与文字石刻。就现有考古材料来看，石刻的产生几乎与人类文明的发展同步，它可能与人类利用石料做建筑材料有很密切的关系。按照社会发展的基本原理，人类的生产力随着生产工具与生产知识的进步而逐渐发展强大，促进经济发展。而与经济发展相应，是人们对思想意识，特别是文

图 8 阴山岩画

化艺术方面的需求与在文化艺术上
的创造力也日益提高。在石块上雕
刻各种图像，刻写铭文，便成为古
代人类文明和文化艺术的最早成果
之一。根据现在已知的世界考古成
果，在西方，使用石材建筑与制作
石刻的时间相对较早。作为世界上
著名的古代文明之一，西亚两河流
域地区最早出现石质建筑与石刻。
在大约公元前 8000 年至公元前
7000 年间的西亚耶利哥遗址中已
经出现了石材建筑的望楼与城楼；
在公元前 3500 年至公元前 3100 年
间的西亚乌鲁克文化遗迹中就发
现了刻有文字的石板和雕刻有图像
的石碑；在北非的古埃及文化遗址
中，发现有公元前 3100 年至公元
前 2686 年间的埃及早期王朝时代
遗物——石碑与石质建筑；在公元
前 2686 年至公元前 2181 年间的埃
及古王国时期，便出现了大量的石
质建筑物，如神庙、金字塔、石质
坟墓和宏伟的方尖碑等。到了公元

图 9 埃及方尖碑

前 1500 年以降的新王国时代（埃及第 18 至第 20 王朝），埃及人已经建造了大量
的墓碑、方尖碑等纪念性石刻（图 9）。最大的方尖碑可以达到上千吨重。例如
著名的胡夫金字塔，高达 146 米，用大约 230 万块平均 2.5 吨重的石块建成，被称
为世界七大奇迹之一。这里还有众多石质雕像，如哈夫拉金字塔中的国王雕像，
造型逼真；卡纳克遗址的"斯芬克斯大道"两侧排列的大量石雕狮身石像，以及

图 10 汉谟拉比法典碑

陵墓中的浮雕壁画、铭文等。这些宏大的石刻与石建筑不仅使今天的参观者惊叹不已，更是给人们带来了众多疑问与猜想，尤其是对当时人们的建造技术与科学思想感到惊异。至今这些宏伟的石刻仍是到埃及旅游的主要观光对象。

位于亚洲西部的两河流域，是世界四大古文明发源地之一。在这里公元前18世纪至前12世纪的古巴比伦文明遗址中，曾出土带有浮雕的石界碑等石刻，其中尤以著名的《汉谟拉比法典碑》为典型代表。该碑石近似圆锥形，高达2.25米，经过精细修整的圆首，在顶部刻有人物浮雕，下面刻有铭文（图10）。古亚述文化中，还遗存有公元前8世纪的石刻《沙尔马尼瑟尔三世方尖碑》等。古代波斯帝王大流士一世在位期间镌刻的《贝希斯顿铭文》，是在石崖上修整出来多幅长方形的碑面，共刻写1200行之多的长篇铭文。这些在世界史上十分重要的古代碑刻都远远早于中国古代文字石刻产生的年代。它们反映出在中国以西直到北非的一系列重要古代文明中都曾经广泛使用石刻，而且制作工艺发达，雕刻精美的追求。这种文化差别，通过交流，势必会对东方的古代文明产生一定影响。

这些远古时期的遗物，向我们展现了人类利用石刻、制造石刻的悠久历史。其源远流长，可以与人类的文明史并驾齐驱。从远古岩画到石碑，都在告诉我们，古代人类已经把利用石刻作为表达思想一种常用的手段了。那么，这些石刻史迹就给我们保留下了大量人类社会发展的珍贵历史信息。中国古代的石刻也应该是延续着类似的演变过程产生与发展，最终形成洋洋大观。

## 石笋神迹

虽然在中国也出现了上万年以前的岩画遗迹，但与西方一些人类早期文明起源地大量使用石刻的情况有所不同，中国古代早期文明中的石刻材料发现得并不多。在以往发现的中国各个新石器文化遗址中，除去石制工具外，很少有石制的艺术品及器物出现，纯粹的石建筑也不多见。现在可见的主要是一些玉石或其他石料制作的小型饰物、礼仪用品，例如玉环、玉管、石珠、石坠等。这些饰物主要通过研磨和钻、凿等工艺制作出来。例如在良渚文化遗址中出土的琮、璧、杖首……，在红山文化遗址中出土的玉冠，在北阴阳营文化遗址中出土的玛瑙玦、玉璜、玉管、三角形石坠等，都制作得十分精细、五彩缤纷，是新石器文化中玉石制作技术的代表。有些装饰品还多件一起装在陶罐中收藏，可见当时的人们已经很珍爱这些晶莹美丽的玉石制品了。从这些玉石制品上，可以看出当时的人们已经掌握了精细的玉雕加工技艺，会使用砂轮打磨出纹饰。例如在浙江、江苏一带的良渚文化遗址中多次发现的精美玉琮，外方内圆，形制规整，还磨制出复杂精细的神面花纹（图11）。有一件在江苏武进寺墩遗址出土的大玉琮，高23厘米，外表雕刻了几组神兽面纹饰，可以看作良渚文化玉器的典型代表。寺墩3号墓中曾经出土100多件玉器，可能是当时一个酋长的财产。浙江余杭反山遗址中出土的玉琮也十分精美。通过它们就能看出新石器文化晚期高超的玉石加工技术。

随着对各种石质认识的深入，加工手段的创新，刻画纹饰的雕琢工艺也逐渐产生了。新石器文化遗址中出土的一些罕见的石质礼仪器物上也刻画了图案装

图 11 良渚玉琮

图 12 石峁石雕

饰。例如新近在江苏宜兴丁埝遗址中出土了良渚文化时期的石钺。它的两面都刻画了虎纹、卷云纹和飞鸟纹。这是一处良渚文化聚落遗址，发掘中出土了329件石器及大量陶器、玉石器等。而这件石钺应该是具有某种权力象征的礼仪重器，是这一遗址发掘中最重要的收获。它的纹饰为单线刻画，流畅熟练。发掘者认为可能是使用硬质的尖端石器刻画的。这样的早期石刻随着考古发掘的进展陆续出现在各地的新石器文化遗址中。既反映出当时各氏族不同的装饰习惯、宗教信仰及社会风俗，也表现了当时人们对于使用石料（特别是玉石）的兴趣，展示出磨制、刻制等石刻加工方式的逐渐完善和大量运用。当然，这与后来实用的各种石刻还有着相当大的距离。所以，商周文化时期也曾久久没有文字石刻问世，只是沿用着制作石质器物、装饰品的传统。

值得注意的是近年来在陕西北部石峁地区的考古发掘获得了有关石刻的重要收获，在已发掘出来的规模恢宏的古代石城中，发现了一些浮雕有神兽面纹饰的大型石材（图 12）。石峁古城与这些石刻的发现，展现出中国大地上的远古大型石建筑，揭露了目前中国乃至东亚地区最大的史前城址，同时也把中国古代大规模使用石雕技术的时间大大提前了。

石峁文化是新发现的一个重要的西北地区古代文化类型。根据出土文物的年代测定，石峁石城遗址建筑于约 4000 年前，现在探明的面积约 400 万平方米，是一座新石器时代龙山文化晚期到夏文化早期的居住城址，由皇城台、内城、外城几部分组成。这几部分都是基本完整并相对独立的石构城垣，城外还分布有数座人工修筑的"哨所"类建筑遗迹。重点发掘的地点有：位于石峁城址东北角的外城东门址，是一座体量巨大、结构复杂、筑造技术先进的城门遗址；皇城台门址基本结构与外城东门相似，主体由内外瓮城和南北墩台构成，在外瓮城之外还增加了面积超过 2000 平方米的"广场"类建筑；东护墙北段上部的发掘揭示出皇城台四周石砌护墙的一般结构，自下而上逐阶内收，使皇城台整体呈现出"阶梯状金字塔"结构。这些石建筑形式都是前所未见的。

有的学者认为，石峁文化只不过是老虎山文化晚期的一个陕北类型而已。老虎山文化因 1980 年首先发现于内蒙古自治区乌兰察布盟凉城县境内的老虎山而得名。1982 年，由内蒙古考古专家田广金带队开始组织发掘，清理出了老虎山城址的大致轮廓。这一城址四周有高出地表的石墙环绕。石墙依山势走向，沿两侧山脊而上，至山顶与方形石城相连。老虎山城址规划有序，壁垒森严。总面积约 13 万平方米，已清理房址 70 座、灰坑 38 座、窑址 6 座、墓葬 8 座。出土陶器 481 件、石器 214 件，骨、牙、角器 16 件。根据地层堆积和文化特征，初步可分为早、晚两期，与庙底沟二期文化大致相当。1986 年以后，考古工作者又陆续在晋中、晋西北、陕北等地发现了不少相似的龙山时代的文化遗存，考古学家遂以老虎山文化统一命名。可见使用石材建城的技术在北方广大地域中存在。前些年，这个区域的内蒙古中南部和陕北等地发现了不少石砌城墙聚落遗址，其中内蒙古中南部就有十多座，主要集中在今包头以南黄河沿岸及岱海地区，如包头地区的威俊、阿善、西园、莎木佳、黑麻袋 5 处城址，准格尔地区的白草塔、寨子塔、寨子上、小沙湾 4 处城址，清水河县的马路塔、后城嘴 2 处城址，岱海地区的老虎山、西白玉、板城、大庙坡 4 处城址等。但规模都不是很大，远不能和石峁石城相比。

引起我们关注的是，近几年来，在皇城台的考古发掘中陆续发现 70 多件石雕，雕刻出人面、神兽、动物等形象，应该主要采用磨制技术制成。这些造型中，也可能包含有当时人们崇拜的神灵。其中有 20 多件仍然镶砌在皇城台大台基南护墙墙面上，包括一件大型人面石雕。这件石雕本体呈圆弧形，已发掘出两个相邻的人面浮雕。两个人面保存状况较好，神态庄严肃穆，均戴有耳珰，呈现双目略突出、阔嘴龇牙的威吓表情。其中西侧人面长约 80 厘米、高约 50 厘米，头戴冠饰，是石峁石雕中尺寸最大的单体图像。东侧人面双眼外侧有弧状纹饰。根据以往发掘资料，这类大型石雕上一般会有一组三个人面，石雕整体长度应超过 2 米，而目前已出土的东侧人面应在整组图像中处于居中位置。发掘者推测，它可能就是石峁先民的"王"的形象。研究人员认为这些石雕极有可能与约 4000 年前石峁人的精神信仰有关。或许石峁人希望以"王"及贵族的形象护佑最高等级的宫殿区域牢固安稳。皇城台大台基拐角均为圆弧状转角，刚刚出土的这件石雕就处在西南拐角处，其整体形状被加工成圆弧状转角石，从考古学上为证明石峁石雕最初的用途、原生的位置提供了很好的科学依据。这些石雕，应该是目前所知中国最早的大型石雕产品。从它展现出当时已经十分成熟的雕刻技术来看，可以想见，中国石刻的出现会比这些石雕制作的时间更早。因此，石峁古城的发现，在很大程度上改变了我们以前对中国古代石刻产生历程的认识。目前对这一古城的研究还在不断深入。对它建筑时代的确定，必将会有助于恢复中国古代石刻发展历史全貌的研究。

## 从实用到纪念

我们可以看到，上古社会从雕刻玉石饰物开始，人们首先用石材制作的器物多是一些实用品。比如佩戴的装饰物、礼仪活动的用具、建筑使用的石材、简单的石制日常器皿等等。从将石材加工成实用器物，到在这些石制物品上面刻画各种纹饰，表现人们的思想意识，由此再发展到刻写文字内容。这是一个十分缓慢的发展过程。自然，刻写文字要在人类文明发展到相当阶段，形成了文字系统之后。但在出现文字后，人们要在石制器物上刻写文字时，首先是刻写一些具有使用意义的文字，比如标志器物的所有者、制作者、器物名称等。因此，有相当数量的早期文字石刻是附属于具有实用功能的石制品上的。经过相当长的一个阶段，才逐渐出现了专门用于刻写文字内容以进行宣传、记述、纪念等信息传播的专用石刻，

并依照刻铭的不同目的、刻铭人
的身份等级、石刻的不同外形等
条件，在石刻大家庭中逐渐分化，
形成各种具有相对固定外部形制
的专用石刻类型。在某一种类型
的专用石刻材料外形定型后，被
使用者普遍认定，它们的形制就
相对稳定不变了，大多被延续使
用了一两千年。石刻的用途也转

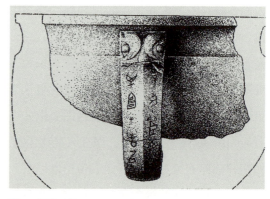

图 13 殷墟石簋

为主要表示纪念性与纪事宣传的长远目的。

　　以往在考古发掘中发现的早期古代文字石刻，可以确定年代的，只有在殷墟
出土的商代石簋铭文。它就是具有实用意义的早期石刻铭文（图 13）。1935 年，
中央研究院历史语言研究所对河南安阳殷墟遗址进行的考古发掘中，曾经获得一
件残破的石簋。当时考古工作者在发掘安阳侯家庄 1003 号大墓。清理中，在这座
墓葬西墓道的北边发现了一个打破墓道的长方形小坑，坑中出土了一些殷商时期
的遗物。据参加发掘的高去寻说，这些遗物可能是后来的盗掘者临时埋在这里的，
也可能是一个被盗掘的小墓残存的遗迹。这些遗物中包括了三件石簋的残片。有
一件簋耳的残片上刻写有铭文，共两行，存十六个字。有趣的是，在 1003 号墓东
南方约 140 米的一处标号为 3082 的探坑中也发现了一块石簋的残件，可以与那三
块残片拼合，属于同一个石簋，由此得到了十分难得的一件商代文字石刻。

　　这件石簋耳部现存铭文释文为："辛丑，小臣（系）入禽，俎。在（专），
以簋。"（括号内的文字原有漫漶）是记录在辛丑这一天，一个叫"系"的小臣
用这件石簋装着飞禽做成的食品，贡献给商王。这些文字的形体、整个文体的句式，
以及小臣这两个字写成合文形式的写法都与殷商的甲骨刻铭情况相同。高去寻曾
经对这件石刻的文辞和年代等问题加以考证。结合石簋的形制与出土情况、地层
等方面的证据，认为它是属于殷商后期，就是在祖甲、廪辛、康丁、帝乙、帝辛
这五个商王的一段时期制作的，距今 3000 多年。这件器物不大，可能是用于祭祀的。
据《中国考古报告集之三：侯家庄》中记录，这件有铭文的石簋耳部残存为 87 毫

米高、22 至 26 毫米宽。可见当时刻的字是很小的，每个字只有几毫米大小。刻字的刀法与甲骨上的契刻刀法相同。我们知道在殷墟发掘中发现过刻写甲骨的青铜小刀，看来这些石刻也是用青铜刀像刻甲骨文一样直接刻写的。

1976 年，在殷墟妇好墓的发掘中，也发现出土物中有一件鸱鸮纹小型石磬上面刻有文字，是"妊冉入石"四个字。是在记载这件石磬是由叫作妊冉的人进献的。这两个例子，说明在商代已经有了在器物上刻写题铭的习惯做法。石质器物上的刻铭可以称为现存最早的石刻文字。同样刻写题记的石磬还出现在东周时期的曾侯乙墓中。据《曾侯乙墓》发掘报告记录，在这座大墓中共出土石磬 32 枚，上面大多有刻写的文字或墨书文字。这些石磬铭文的内容都是记录音律和音阶的名词或者编号。这和在凤翔南指挥村秦公一号大墓中出土的刻有铭文的石磬属于相近似的做法，都体现了当时利用器物刻写题铭来表达实用意义的习俗。

商周时期，制作石质器物的工艺已经比较发达了，并产生了专门的手工业作坊。根据对殷墟历年考古发掘情况的总结，在殷墟发现过约 5500 件石器，其中 87% 是工具，另外包括大量石制器皿，有礼器、兵器、乐器、装饰品和石雕艺术品等，反映了当时成熟的石器制作技术。但是这些器物的形制都比较小，制作纹饰铭文的工艺可能还是与玉器制作一样，大多采取琢磨而不是凿刻的方式。近年，在列入全国重大考古发现的陕西韩城梁带村芮国墓地，曾出土了大量古代玉器，并发现了一些玉器上琢有文字。如一件出土玉戚上有"小臣兹（系）用"的字样，它应该是通过琢磨而不是凿刻制成的。

由此可见，在商代到春秋战国时期的一千多年间，虽然已经有了在石器、玉器等人工制品上刻写文字铭记的情况，但是这种做法是很不普遍的。可能只是受到在青铜器、陶器等器物上题写铭记或制作记录的社会习俗影响。至于专门的纪念性石刻（除去石鼓文外）却一直没有发现过，这时的文字石刻还局限于实用范畴。

铭文石刻的出现，需要生产技术的支持，即需要开采石材、使用石材的社会生产能力。而中国上古时代使用石材不够普遍，加工石材的技术也不够发达。这可能影响着铭文石刻的利用，这从中国古代建筑使用石材的情况中或许能反映出来。与西方不同，中国早期文明乃至后来几千年的建筑大多采用土木结构。除柱础、散水、台阶外，石料使用得很少。现在从商周时期考古发掘中见到的一些迹象有：陕西扶风召陈西周中期建筑遗址发现用卵石作柱础、铺散水，在台阶前铺有石子路面。这时铺设屋顶已经使用了瓦，但石料仍为天然卵石，未经加工。陕西扶风云塘的一处西周制骨遗址中也曾经发现有两处石板路面和一处石砌台阶、石砌墙基（图14），表现出西周时期使用石材的现象虽然存在，但还不多见。等到了春秋战国时期，尤其是战国，石料加工制作的规模就逐渐加大。如陕西雍城的姚家岗春秋建筑宫殿遗址有卵石散水，河北平山中山国故城的建筑遗址中发现有大型柱础石以及制石作坊等。在已调查的一些春秋战国古城址中都发现过专门的石器作坊，如邯郸大北城、东周王城的西北部，都发现有石环、石片等装饰物的半成品。

除去春秋战国时期的建筑使用较多的石料外，在这一时期的墓葬中也开始使用石料，可能是为了保护墓葬，防止盗掘。在很多这一时期的大型墓葬中都发现

图14 陕西扶风云塘西周建筑遗址的散水与卵石路

了积石。如河南陕县后川 M2040 号墓的填土中就有大量石块。20 世纪 50 年代发掘的河南辉县固围村魏国国君墓葬，椁室周围堆积沙与石块，地上享堂出石础、瓦当等。1957 年发掘的河南洛阳东郊 M1 号墓圹下部有积石、积炭现象。棺西侧出土一件墨书"天子"的石圭。山西长治分水岭韩国墓地发现大型的积石积炭墓 10 多处。其中 M14 号墓中出土 9 鼎 4 鬲与 10 件编钟、22 件石磬，是规格很高，相当于国君的墓葬。山东临淄也发现过战国时期的积石墓。1990 年发掘的山东章丘女郎山 M1 号墓出土有积石、石编磬等，属于战国中期的大型墓葬。

这些发现表现出古代石加工技艺的发展，也说明随着生产的发展，周代以来，人们在建筑、墓葬以及日常生活中越来越多地使用石材。这就为石刻文字更多地出现奠定了基础。相对关东六国而言，在西部的秦国及秦代遗址中曾经发现了更多的，可以表现早期石刻各种类型的石刻材料。从现有材料来看，秦国可能比较早地应用石材，并且较早地产生了纪念性的专门文字石刻。值得注意的是在古代历史传说中也反映出秦国是最早利用石材的地区。《史记·秦本纪》记载："飞廉生恶来。……周武王之伐纣，并杀恶来。是时飞廉为纣石北方。还，无所报。为坛霍太山而报得石棺。铭曰：帝令处父，不与殷乱，赐尔石棺以华氏。死，遂葬于霍太山。"是说秦人的祖先飞廉曾经为商纣王在北方采石制作，并且得到过一具石棺。石棺上还刻有铭文。铭文说：上帝不让你参与殷朝的动乱，赐给你石棺，让你的氏族光大。这应该是现有历史文献中最早的使用石棺与刻铭的记录。中原地区的新石器时代墓葬中，以石为棺或积石为墓的现象较少见，而东北、西北地区的早期墓葬中则不乏石室墓、石棺的发现。如近代的考古调查中发现在新疆等西部地区的原始民族中存在着石人、石棺葬的风习，并且可能从新石器时期延续至中世纪。辽宁、内蒙古等地也发现过新石器时代的石棺葬（图 15）。它们应该早于中原地区对石葬具的使用时间。

秦国利用石材较早，除地质矿产条件外，可能与其所处地区与西北游牧部族紧邻，并且容易接受到西方传来的一些风俗与技术有关。我们曾经提出汉代石刻的突然大发展可能与汉武帝通西域有一定联系。而这种影响的苗头可能在两周时期的秦国就有所传递了。在春秋时期，中原各国一直把秦看作边鄙戎夷之国。秦的祖先也和西方的戎族保持着通婚等密切的关系。如《史记·秦本纪》记载，秦

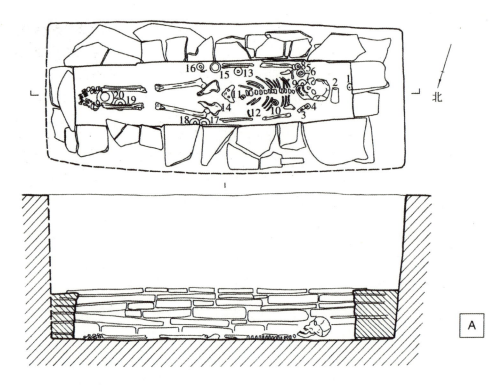

图 15 辽宁牛河梁红山文化积石冢

国的先祖非子，曾经被"（周孝王）使主马于汧渭之间，马大蕃息"。又"申侯
乃言孝王曰：昔我先骊山之女，为戎胥轩妻，生中潏，以亲故归周，保西垂，西
垂以其故和睦。今我复与大骆妻，生嫡子成。申骆重婚，西戎皆服。所以为王。"
说明秦人在汧渭流域为周王养马，与西戎通婚，不仅与西方、北方的众多游牧民
族活动区域接壤，而且俨然是西北戎族的领袖，自然会首先接受西方传来的文化
影响。上面说过飞廉为商纣王在北方采石的史书记载。有趣的是，这种在北方采
石的说法表明北方具有使用石材的悠久历史，与现在石峁等陕北、晋西北的石城
发现相符。那么，也可以从北方去追寻一下秦国使用石材的由来。

秦国在建筑用石方面的考古发现较多。秦雍都遗址的发掘中就多次发现大面
积的石子散水，如马家庄一号宫殿建筑遗址、四号建筑遗址、姚家岗宫殿遗址等。
在姚家岗发掘的凌阴遗址还使用了片岩铺设地面。秦公陵园中也发现有大片的石
散水。说明这时石材普遍进入秦国的土木建筑中。经考古调查发掘，秦始皇陵区

内发现过石料加工厂的遗址，出土过石下水管道、渗井盖、石门础等。近来发掘的秦始皇陵园内陵寝遗址中，殿址的台阶用青石板铺成。地面有线雕菱纹的石块，甚至在二号建筑的门道壁面上贴砌了青石板。秦始皇地宫夯制宫墙内侧也发现石质宫墙。这些情况表现出秦国石材加工技艺的发展与石建筑材料的广泛应用。近来报道，秦始皇陵的考古工作中出土了大量有石刻文字的器物以及多种石建筑材料。例如在内外城之间东部陪葬坑（K9801）中出土石甲胄。报告有 87 领石甲和 43 顶石胄，其中有些甲片上面刻有文字、数字、符号等。同出的还有石质的马缰构件等。

虽然较多地使用了建筑石材，但刻写文字及图像的石材还是比较罕见。现在存世的先秦文字石刻主要有以下几种：

陕西凤翔秦公一号大墓出土的石磬铭刻，雍城一带出土的《石鼓文》，传世的《诅楚文》，新近发现的《华山玉版》《中山国守丘刻石》，秦国的石衡器刻铭，还有一些不能完全确释的传世刻铭，如《岣嵝碑》《红崖刻石》等。有一些被古人说成是先秦石刻的材料，实际上是汉代以下的石刻或伪刻，如《殷比干墓石刻》《吴季子墓碑》等。上述这些早期的石刻形制不固定，实用意味较浓。表现出先秦时期的文字石刻还没有被大量应用，有关礼仪制度也没有成型，属于石刻发展史上的初期阶段。

从文字铭刻的角度来看，秦公一号大墓出土的石磬刻铭是重要的早期石刻发现。位于陕西凤翔南指挥村的秦公一号大墓是一座规模宏伟的秦国国王墓葬，墓室深达 24.5 米。于 1976 年发现后，在 20 世纪 80 年代进行了科学考古发掘。由于大墓以往曾被盗掘过，出土器物仅有 3000 多件。值得注意的是在这些出土物品中包括有一批珍贵的编磬，考古学者王辉等人在研究中推测原来墓中应该有三套以上的编磬，遗憾的是多有残损，现在已遗失多件，不能恢复原来完整的编磬组合了。经过将现有的编磬残片缀合，一共找出 26 条可读的铭文。现在统计上面保存的文字共 206 字（包括 6 个重文）。由于残缺不全，无法了解编磬原来的全部文意，但它应该是一篇通过舞乐来赞颂国君的颂词（图 16）。以往在陕西曾出土过著名的秦国铜器秦公钟等，它们上面铸出的青铜器铭文与这些编磬铭文的文体及一些词语十分相似，可以看出它们同属于秦国文化产品的渊源。这些石磬文字的字体

也足以与《秦公钟》等青铜器
铭文媲美。王辉、焦南峰等撰
写有《秦公大墓石磬残铭考释》
一文，发表在台湾《历史语言
研究所集刊》67 集 2 册上，
对这些铭文做了详细可靠的考
释解读，并且深入讨论了有关
的问题。关于它的制作时间有
着不同的看法，现在比较多的
学者认为这是秦景公时代（公
元前 576—前 537 年）的宫中
制品，平时用来奏乐，秦公死
后用于随葬墓中。

　　从实物上，我们可以看
到这些石磬文字刻写得非常规
整，刻字的技艺十分纯熟，表
现出很高的文化素质。显然这
是由宫中专门制作器物的手工
技师来刻写的。从它与当时的
青铜器铭文极为相似这一点来
看，很可能刻写这些石磬铭文
的人也是刻写青铜器模范上铭
文的专门技师。说明这时石刻
还没有单独形成一种专门的雕
刻制作技艺。因此，秦公大墓
的石磬文字仍然属于附刻于其
他器物上的铭刻，而不是专门
制作的纪念性石刻。

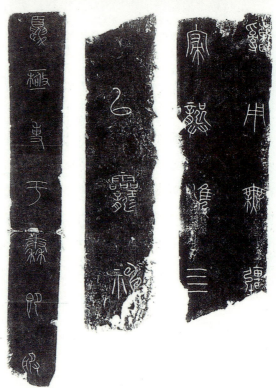

图 16 陕西秦公大墓出土石磬铭

图 17 石鼓

早期的一些石刻往往被淹没在历史的尘埃中，著名的秦国《石鼓文》（图 17），就直到近千年后的唐代初期才被世人所知。它的出现，标志着专门的纪念性石刻在先秦时期已经产生，也就开创了中国石刻发展的历史。在中国古代石刻中，独立出来成为专用石刻形制的刻石与碑，其本身的最初作用就是歌功颂德，作为颂诗刻写上石的《石鼓文》是现存最早的例证。中国现存的专用石刻中，用于纪功颂德的碑记要早于墓碑和其他碑刻出现。正表明石刻最早独立出来，就是由于它能历时久远，具有明显的纪念性意义。

《石鼓文》是可以位列国宝文物首席的中国古代石刻瑰宝。石鼓现存一共 10 件石块，都是上端呈椭圆形，底部平整的石材，外表光滑，可能经过打磨加工。铭文环刻在侧面。由于它的外形看起来有些像鼓，所以在唐代刚刚被发现时，当时的文人就把它叫作"石鼓"。后人一直沿袭了这个称呼。实际上它的外形更像我们常吃的大馒头。这样单独竖立的石块雕刻古人也称之为"碣"。明代文人郭宗昌就把石鼓改名叫"石碣"，后人又叫它"猎碣"，是因为它的铭文中具有记述出猎的诗句，当时的学者多认为出猎的是西周宣王，"猎碣"是歌颂周宣王的石刻。现在来看，应该是描绘秦王活动的诗句。每件石块上面刻写一首诗歌，文体与《诗经》的很多诗句相似，分别记录了秦王出巡、田猎等情景。由于原诗没有篇名，后人根据每件石刻上残存的文字内容分别把它们定名为"汧沔、霝雨、而师、作原、吾水、车工、田车、銮軨、马荐、吴人"。

《石鼓文》具体是在什么时候被发现的，现在还不好确定。我们只能根据古代文献中的一些记载来推测一下。根据唐代的地理书《元和郡县志》卷二"天兴县"

条的记载，在唐贞观年间，吏部侍郎苏勖曾经记录了天兴县内存有石鼓的情况。这样看来，在唐代初年石鼓已经出现在地表了。一百多年后，中唐时期的著名文人韦应物、韩愈分别写作了《石鼓歌》来赞颂它，推动了世人对于石鼓的关注。史书记载，唐代贞元年间，郑余庆将这批石鼓转移到陕西凤翔城里的夫子庙中保存。五代时期，战乱不止，城池毁坏，庙宇坍塌。这10件石鼓便流散在凤翔一带的农村中，其中一件还被农人凿成石臼使用。此后直至北宋初年，司马池来到凤翔任府尹。他知道石鼓的文化价值，便设法搜集，找到9件，又移回府学中收藏。剩余的1件也在北宋皇祐四年（1052年）终于被向传师寻找到，补足完璧。

我们知道，北宋是中国金石学兴起的时期。尤其是宋徽宗嗜古成癖，大力搜集金石古董，下令将石鼓从关中运到东京汴梁（今河南开封）。先是安放在国子监辟雍，表示尊古传经。后来就移入皇宫保和殿中供皇帝赏玩。为了保护石鼓文字，宋徽宗还曾经命令用黄金填入刻写的文字笔画中，表示自己不再拓印的决心。没有想到，不久后金人攻破汴梁，宋室倾覆。金人掠夺宋室财富珍宝北上。石鼓也一同被搬运回燕京（今北京）。金兵们在搬运时把嵌在石鼓文字中的黄金剔走，反而造成了《石鼓文》的更大破坏。金代以后，石鼓一直安放在北京的历代国子监等地。直至20世纪抗日战争前夕，为了保护国宝文物，石鼓才和其他故宫文物一起南迁，辗转南方各地，经历了它最后一次旅行。可以想见，每件重达1吨的石鼓文物长途搬运该是多么艰辛。但是在负责搬迁文物的文物工作者努力保护下，使之安然无恙地度过战争烽烟，返回故宫博物院。这是一个中国文物保护史上的奇迹。

由于历代捶拓不断，再加上风化、腐蚀与人为的破坏，今天我们所见到的石鼓原石上，文字残泐得已经十分严重。有些刻石上，例如第8石，表皮脱落，已经一个字都没有了。根据统计，现在10件石鼓上总共残存272个字。而原来10件石鼓上总共应该刻写有600多个字。据北宋欧阳修《集古录》的记载，当时所见石鼓拓本有465字。到了元代文人潘迪写作《石鼓文音训》一书时，所见拓本上仅存386个字了。因此，想要了解石鼓文全文的本来面貌，还是要寻找早期的拓本辅助。历来认为现存最完善的拓本是明代人安国所藏的3种北宋拓本，前人习惯称之为《先锋本》《中权本》和《后劲本》（图18）。由于拓印先后不同，

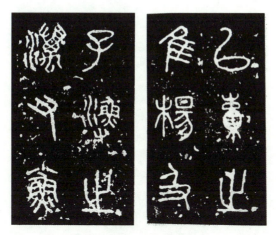

图 18 石鼓文拓本（局部）

这 3 种拓本也不完全一样，但可以互相补充释读出 501 字。这三种拓本在 20 世纪初期被日本财阀三井氏购去，现在保存在日本三井书道艺术馆。现在也有人对这些拓本的时代提出过异议，认为它们不是宋拓本，是后人的翻刻本，不是明人安国所藏。

中国古代石刻巡礼

分门别类

## 摩崖、刻石与碣

与实用器物上的记事性刻铭不同，具有纪念性意义的早期文字石刻往往是没有固定外形的。人们就是利用天然石块，例如找一些具有较平整表面的天然卵石、大型的石块或者寻找一块有平面的岩壁来刻写文字。这样的古代石刻，也就是最早的纪念性文字石刻，前人分别把它们叫作刻石、碣与摩崖。现在我们在对石刻的命名中还是沿袭这些名称。

《石鼓文》自然是非常典型的刻石，或者称之碣。另外一件先秦时期的刻石，就是在河北平山三汲村西南发现的战国时期《中山国守丘刻石》（图19）。1974年由河北文物工作人员征集。它原来是一块长长的大河光石，没有经过任何外形加工，高0.9米、宽0.5米，从上到下刻写了两行战国古文字，一共19个字，是"监罟尤臣公乘得守丘其臼将曼敢谒后俶贤者"。意思是："负责监管捕鱼设施池囿的官吏公乘得与看守陵域的旧将曼向后来的贤人们致敬。"意在告诫众人已经进入国家的园陵之中，不要破坏。在此附近曾发现了中山国王的陵墓。有人推测，这件石刻大约刻写于中山国王䜝死后至中山国灭亡之间的十几年内（公元前310—前296年）。

迄今为止，中国的考古发掘中尚未见到先秦时期的具有相同固定形制的文字石刻材料，也就是后来常说的碑、墓志、镇墓石等石刻类型。这里还是沿用前人的看法，即先秦时期的铭文石刻都是在未做大量加工的天然石块上镌刻而成的，时人称之为"刻石"。如《史记·秦始皇本纪》中记载："（秦始皇）

图 19 中山国守丘刻石

图 20 秦刻石（琅琊刻石）

二十八年，始皇东行郡县，上邹峄山，立石。与鲁诸儒生议，刻石颂秦德。……禅梁父，刻所立石。"这些刻石现在大多不存，中国国家博物馆里保存有残留的一段秦刻石，上面刻有秦二世在秦始皇刻石上续刻的铭文（图 20）。

秦刻石是古代帝王刻石纪功的典型代表。秦始皇统一六国后，建立了一个空前强大的封建专制国家。《史记·秦始皇本纪》称之"西涉流沙，南尽北户，东有东海，北过大夏。"广漠国土被划分为三十六郡，掌控在秦始皇一人手中。但是各国的民情不一，六国的旧势力未尽，巩固新的泱泱大国这一任务十分艰巨。为此，秦始皇自始皇二十七年（公元前 220 年）开始，多次出巡天下，威慑四方。在这些出巡中，几乎每到一处，秦始皇都要立石刻铭，颂扬他统一天下的丰功伟绩。正如著名的《琅琊刻石》中记载："（诸臣议于海上，曰：）古之帝者，地不过千里，诸侯各守其封域，或朝或否，相侵暴乱，残伐不止，犹刻金石，以自为纪。古之五帝三王，知教不同，法度不明，假威鬼神，以欺远方，实不称名，故不久长。其身未殁，诸侯倍叛，法令不行。今皇帝并一海内，以为郡县，天下和平，昭明宗庙，体道行德，尊号大成。群臣相与颂皇帝功德，刻于金石，以为表经。"它的意思是说，大臣们在海边共同商议：古代的帝王占地很小，互相攻伐，还要刻立铜器铭文和石刻来作纪念。但是他们德不配位，很快就灭亡了。现在秦始皇统一海内，设立郡县，使天下和平安定，所以大臣们要歌颂皇帝的功德，立石纪念，作为后代的典范。这正说明了当时刻石的目的与古代刻石发展的情况。如上述记载不存在附会的问题，那么，它正可以反映出在先秦时期，各国诸侯已经有刻石纪功的做法了。而且这样的大型石刻一旦出现，就被牢牢套上了歌功颂德的历史使命。封建帝王利用石刻向天下宣传自己的功绩，树立威权，震慑平民百姓，确实是既醒目又坚固，可以传之久远的了。这应该是石材自身坚硬所决定的文化功能。

　　秦始皇自视超过三皇五帝，创造了旷古未有的功业。自然要在精神层面上压倒诸子百家，实现思想一统。于是，在始皇帝二十八年（公元前219年）出巡到今天山东的邹县时，首次刊石刻铭。邹县是春秋战国时期鲁国的故地，孟子故里，历来是文化教育的中心。秦始皇在这里聚集原来鲁国的儒生，和他们商议在邹县的峄山上刻石来歌颂秦始皇的功德，并且要商议在泰山封禅，进行祭祀山川的重大典礼。但是儒生们众说纷纭，并没有拿出符合秦始皇心意的方案。皇帝本来想搞个大规模排场的隆重祭祀，显示皇家威仪与秦政权的合法性。这班儒生却建议要简朴行事，不伤害山石草木。这不正与皇帝圣意背道而驰吗？而后秦始皇去泰山封禅，遇到风雨，儒生们还加以嘲讽。所以此后秦始皇对儒生十分轻视，并有"焚书坑儒"之举，与这次出巡有着一定关系。

　　在峄山建立的刻石是古代史书中记载的第一件秦刻石，西汉历史学家司马迁在《史记·秦始皇本纪》中记录了这件史实。根据记载，《峄山刻石》在北朝时就已经被损毁，到了唐代就完全破坏掉了，今人无法知道它的具体形制。唐代学者封演的《封氏闻见记》一书中称：这件刻石是北魏太武帝登上峄山时让下属把它推倒的。但是原石尚未破碎，后来还有人摹拓文字作为学习书法的范本。可能是官府要求当地居民供应拓本的数量过大，居民不堪劳役，索性在这件刻石下面堆上柴草，放火烧了它。铭文残缺，看你还怎么要拓本。没想到上级官员依旧索求无厌。当地一个县令只好用旧拓本翻刻了一件峄山刻石放在县衙里，供上峰拓取。甚至后来还有了用木板翻刻的拓本。盛唐诗人杜甫的《李潮八分小篆歌》中道："峄

图 21 峄山碑

山之碑野火焚，枣木传刻肥失真。"可见《峄山刻石》大约在初唐时已焚毁失传了，但是尚有多种拓本、摹刻本存世。所以杜甫还能明确地辨识出翻刻本的书体与原石文字的不同。后代曾经根据这些拓本多次摹刻复制《峄山刻石》。现在陕西西安、山东邹县等地还都保存有不同时代翻刻的《峄山刻石》。例如西安碑林博物馆中保存的一件《峄山碑》就是宋代文人郑文宝用他的老师——著名文字学家徐铉收藏的摹本翻刻而成的（图 21）。它的拓本流传得比较广，字形也接近秦小篆文字原貌。只是碑石做成后起的圆首碑形，失去了原来刻石的形制。

接着，秦始皇就大修道路，登上泰山，在上面立石刻辞。然后又继续东行，到了今天山东半岛东端的烟台、黄县一带，在芝罘立石。但这次立石可能没有刻字。而《泰山刻石》则经历过多次毁损与迁移。北宋文人刘跂在《泰山秦篆谱》一书中曾经记述他所见到的《泰山刻石》，"其石埋植土中，高不过四、五尺，形制似方而非方，四面广狭不等，因其自然，不加磨砻。"由于当时刻石的下半截埋入土中，刘跂所记录的高度有些误差。北宋文人董逌在《广川书跋》中记录了《泰山刻石》重新竖立后的情况："视其石高才八、九尺，方面二尺余，以乱石培其下。"这一高度应该是比较接近实际的。刘跂当时摹写了《泰山刻石》铭文，可以释读的文字还有146个。岁月侵袭，到明代嘉靖年间人们再去寻访《泰山刻石》时，它早已经残毁，埋没在草莽之中了。当时北京人许庄找到它，将其移至泰山顶上的碧霞元君祠中保护起来，但是全石铭文已经仅剩下29个字可以辨识，后人称之为泰山二十九字。清人端方藏明代拓本是现在可以见到的最好拓本。而这件残石，近代学者容庚也曾经进行考证，认为它已经不是原来的秦代刻石。另外，据说日本藏有明代人安国的《泰山刻石》旧拓本，一本存136字，另一本存53字。明代加以保存的这件残石，也在清乾隆五年（1740年）碧霞元君祠的火灾中毁灭不见。至清嘉庆二十年（1815年）春天，当时的泰安县令蒋因培听说泰山玉女池中发现《泰山刻石》的残片，便命人打捞，搜寻到另外两块残石，上面一共保存有10个字。就把它们嵌入山顶东岳庙的墙壁中。道光十二年（1832年）东岳庙废弃，人们把残石搬移到山下的道院存放，后来转移到泰安岱庙。这些残件现在还保存在泰安城中岱庙的东御座院内。这10个字是秦二世东巡泰山时在秦始皇刻石上补加的诏书文字残存，据说是秦丞相李斯的书法。鲁迅曾经称赞它的笔体"质而能壮"，历来深得书法界推崇。

　　而后，秦始皇南下到了琅琊，就是今天山东胶南东南海边的琅琊台。秦始皇非常喜欢这个地方，竟然一住就是三个月，在此修建了多层高台，并且立石刻铭，纪功颂德。这就是《琅琊刻石》，它是秦代刻石中铭文最长的一件，可能形制也是最大的。就目前情况来看，也是所有秦刻石中保存最好的一件。它自竖立时起，就一直保存在琅琊台上的海神祠中。据清代金石家阮元记载，原石高一丈五尺，下宽六尺，中宽五尺，上宽三尺，顶部宽二尺三寸，南北厚二尺五寸。换算成现在的标准长度单位，大约近5米高，当初立于高台之上，气势是很恢宏的了。可惜它在清代乾隆年间就断裂开来。当时的诸城县令宫懋让曾派人用铁箍把刻石箍合。但是到了清光绪二十六年（1900年），却被大雷电击碎。从此碎石散落，埋没大地。1921年及1924年，诸城人景祥在荆棘中陆续寻得琅琊刻石的残片，加以拼合粘接，收入古物保管所的墙壁中保存。但是只保存了秦二世续写的诏书部分，秦始皇的刻辞已经找不到了。1959年，它被移入新建成的中国历史博物馆中作为国宝收藏。

　　秦始皇二十九年（公元前218年），秦始皇再次巡游到芝罘，在原来的立石上刻铭，并且还新立了一件刻石，后人称之为《芝罘刻石》与《东观刻石》。这两件刻石到了北宋时，只剩下了秦二世续刻的诏书 20 多个字。北宋末年金石家赵明诚的《金石录》中记载："秦始皇二十九年登芝罘山，凡刻两碑，今皆磨灭，独二世诏二十余字仅存，后人凿石取置郡廨。"也正是因为宋人把这两件刻石铭文凿下来移到郡府衙署中，反而致使其下落不明，无处寻觅了。

秦始皇三十二年（公元前 215 年），秦始皇东巡到北方的碣石，在那里刻石颂功。三十七年（公元前 210 年），秦始皇又南下到达浙江的会稽，在会稽山上祭祀大禹，而后也竖立了刻石。这两件刻石被毁坏得很早，我们在北宋的金石著录中都找不到有关它们的记录了。北魏地理学家郦道元的《水经注·河水五》中说："以汉武帝元光二年，河又徙东郡，更注渤海，是以汉司空掾王璜言曰：……碣石在海中，盖沦于海水也。昔燕齐辽旷，分置营州，今城届海滨，海水北侵，城垂沦半。王璜之言，信而有征。碣石入海，非无证矣。"说明由于海岸被侵蚀，《碣石刻石》可能在汉代就已经落入海中。而《会稽刻石》直至唐代还保存在原地。唐代张守节的《史记正义》中说："其碑见在会稽山上，其文及书皆李斯，其字四寸，画如小指，圆镌，今文字整顿，是小篆字。"但是之后就见不到有关记载，可能唐代后期已经不知其去向了。

《史记·秦始皇本纪》中记录的秦始皇刻石，一共有这 7 种。秦二世继位后，在二世元年（公元前 209 年）仿效秦始皇的先例，也到东方各地巡游。每到一处，都在秦始皇所立的刻石上面附加一段刻铭。可能是附加的刻铭位置较低，现在保存下来的秦刻石刻铭大都是秦二世刻铭中的文字。除此之外，是不是还会有史料中没有记录下来的秦代刻石呢？这种可能性并非不存在。据陕西省文物普查中的田野调查，曾经有群众反映在秦直道的遗址附近有过秦代的刻石，但是坠落悬崖之下，还没有被寻找到。此外，秦代已经普遍使用了青铜武器与工具，并且已经有了铁制工具出现。这使得錾刻石材变得更为便利。当时反抗暴秦的黔首民众，同样利用刻石的方法进行反抗宣传。据《史记·秦始皇本纪》记载："（始皇）三十六年，荧惑守心，有坠星下东郡，至地为石。黔首或刻其石曰：'始皇帝死而地分'。"是说有一颗陨石坠落到东郡地区，当地百姓在上面刻字"秦始皇死了后国土就会分裂"。以表达对于秦代暴政的不满。此事甚至震动朝廷，令秦始皇惊恐不安。陨石的硬度一般都比较高，能够在陨石上面刻写铭文进行宣传，表明当时的刻石技术与工具已经十分先进，石刻的方法也比较普及了。所以，我们还抱着希望，在考古发掘中再次发现秦代制作的各种石刻。

秦代以后，使用天然石块外形略作加工后就在上面刻写铭文的做法仍然存在，特别是在著名风景区以及边远地区多有使用。这也就是后人习惯称作的"碣"。它与刻石实际上是同一种石刻。

汉代字书《说文解字·石部》称："碣，特立之石。东海有碣石山"，表明碣的本意就是来源于秦始皇东巡所至的海边碣石。现在考古学者在考古发掘的基础上判定现在山海关以北，海水之中的"姜女坟"一地为秦始皇曾经抵达的碣石遗址，在这附近发掘出大片秦代的宫殿遗址。而这"姜女坟"正是孤立于大海之中的一块蚀柱形巨石，恰恰与《说文解字》的注释相吻合。因此，古人也将在单独矗立的大型石块上刻写的铭刻文字叫作碣。

到了唐代，人们已经不甚了解古代碣的本来意义。如柳宗元在叙述唐代葬令时称："凡五品以上为碑，龟趺螭首，降五品为碣，方趺圆首。"已经将碑、碣并列，甚至认为碑、碣是同一类型，仅仅是装饰不同而已。甚至在今天仍有类似看法存在，没有把碣与碑明确区分开来。这就完全混淆了碑、碣的界限，也就无法表明碣的产生远远早于碑这一石刻发展的前后关系了。

近代学者马衡在考察碣的形制时说："《山左金石志》纪琅琊台刻石之尺寸曰：'石高工部营造尺丈五尺，下宽六尺，中宽五尺，上半宽三尺，顶宽二尺三寸，南北厚二尺五寸。'又纪泰山顶上无字石曰：'碑之高广厚一如琅琊台，所差不过分寸。'《云麓漫钞》纪'国山刻石'（天玺元年）之形状曰：'土人目曰囷碑，以石圆八出如米廪云。'《国山碑考》亦云：'碑高八尺，围一丈，其形微圜而椭，东西二面广，南北狭四之一。'《两浙金石志》纪'禹陵窆石'（篆书，无年月，阮元定为吴孙皓刻）曰：'高六尺，周广四尺，顶上有穿，状如秤锤。'综合诸石观之，其形当在方圆之间，上小下大。"这些论述已经将秦汉以降的一些典型碣石的形制做了综合分析。马衡还在《石刻》一文中引述曾经目睹过秦《琅琊刻石》人士的描述，指出《琅琊刻石》的外形也与馒头相似，即与著名的先秦《石鼓文》外形相似。可以表明，先秦石鼓就是古代碣的典型代表。秦代刻石多属于碣这一类石刻。

秦代及以前的石碣，有用以歌功颂德，记录帝王活动的，如《石鼓》与《琅琊》《泰山》《峄山》等秦始皇刻石；有用以标示陵园茔域的，如《中山国守丘刻石》。这些用途不一的碣，似乎表示在先秦时期竖立石碣刻写铭文的风气已经形成。这种石刻文字普遍应用的状况，为后代石刻的发展奠定了基础。

这种在天然石块上刻写的碣，降至两汉三国时期还常有使用。现存新疆巴里坤一带的东汉永元元年（89 年）《任尚碑》、永和五年（140 年）《焕彩沟碑》等石刻，虽然被旧金石著录习称作碑，但是根据实地考察，它们也是刻在天然石块上的碣。马雍《新疆巴里坤、哈密汉唐石刻丛考》一文中记述："（《任尚碑》）刻于天然岩石上。石高 1.40 米、宽 0.65 米、厚 0.42 米。……石面稍加打磨，仍极粗糙。" "（《焕彩沟碑》）也是一块天然的大岩石，未经人工造型，形状略如馒头，横卧地上，高不足 2 米，南北长 3 米多，东西长 1 米多。"

两汉三国以后，在大量使用的纪念性石刻中就很少见到碣这一类型的石刻了。比较典型的碣如著名的《高句丽好大王碑》，至今保留在吉林集安东北。《好大王碑》是一块方柱形的天然巨石，石面未加整治，四面刻文。它是我国目前可以见到的最大的早期碣石（图 22）。而在南北朝以降，碣原来具有的用于纪功、纪事的主要功能已经完全转移到有固定形制的碑上。正如马衡所言："盖自碑盛行以后，而碣之制遂渐废。"除边远地区还偶尔有碣出现外，后代的碣主要是在山野名胜、园林建筑中刊刻竖立，

图 22 好大王碑

用于题名、题诗、书写题记等。这和近代一些用碣石刻写机构院校名称立在门前的做法相通，都是一种艺术化的装饰、纪念形式了。

马衡在其《中国金石学概要》一文中曾经指出："刻石之特立者谓之碣，天然者谓之摩崖。"所谓天然者，即利用自然形成的岩石断面，在山崖的竖立平面上，不做外形加工或略作加工后直接刻写文字或图像，这就是一般所说的摩崖。

在山崖上直接刻写的摩崖是最原始的石刻之一。它的制作方式与原始时代就存在的岩画十分相似，应该说是一脉相传下来的。以往金石著录中收录的所谓夏商周石刻，如传说为夏禹时期的《岣嵝碑》、商代的《红崖刻石》等，它们的制作年代虽然都属于前人的附会之言，但应该是古代生活在南方的民族、部族遗留下来的摩崖石刻这一点，则出入不会太大。制作摩崖，除了对地理条件的要求外，相对比较简易。所以后代仍然常常使用。例如有学者认为在秦始皇的诸多刻石中就有摩崖存在。马衡就提出："秦刻石中惟碣石一刻曰刻碣石门，不云立石，疑即摩崖。"只是由于原石已经不存，还无法确认这一说法。

最早的摩崖一般是选择一片比较平直的石壁，在上面直接刻铭，比较省工。到了东汉，就已经出现了对天然石壁加以修整后雕刻铭文的做法。甚至有在石壁上雕刻出一个仿照碑形的平面刻写铭文的情况，等于是把一个平面的碑移到了山崖之上。东汉时期遗留下来的这类摩崖很多。像著名的永平六年（63年）《汉中太守鄐君开褒斜道记》、建和二年（148年）《司隶校尉杨孟文石门颂》、永寿元年（155年）《汉右扶风丞李禹表刻石》、建宁五年（172年）《李翕析里桥郙阁颂》等（图23）。汉代的这些摩崖，大多为长篇铭颂，其文体内容与作用，和当时同时存在的碑完全一致。所以，有些摩崖也被后人

图23 汉石门颂（局部）

讹称作碑。如熹平三年（174 年）《武都太守耿勋碑》。它实际上是一件摩崖石刻，原石在甘肃成县天成山。但是以往的金石著录中却都把它称作碑。追寻其原因，主要是以往的金石学研究中对外形形制没有认真严格地区分，仅依据铭文文体内容去随意定名，从而造成石刻名称上的混乱。

汉代以后，摩崖仍然是一种常见的石刻形式。其中仍有一些长篇铭颂，如北齐河清三年（564 年）《郑述祖重登云峰山记》、山东莱州云峰山北朝郑道昭等题刻（图 24）、唐开元十四年（726 年）《唐玄宗纪泰山铭》、大中六年（852

图 24 北魏郑道昭等题刻

年）《大唐中兴颂》等著名的大型摩崖石刻。这些摩崖的体积庞大，气势宏伟，书体雄劲，一直受到人们的珍视。中华民族具有高度重视历史和热爱自然的传统，在中华大地上散布的众多风景奇美的自然名胜与重要的历史古迹，历代以来就受到文人雅士的青睐。登山留记，临水吟咏，摩崖是最便利地留下铭刻的方式。因此，在全国各地名山胜地的山崖巨石上，处处都有各种各样的摩崖题刻。这类摩崖完全依据自然山石，刻制出来的形制也是多种多样，有些就是直接在石面上刻写，有些在山崖上琢磨出一块平面后刻写铭文，还有的在山崖上凿刻出碑形后刻写铭文。这些摩崖的内容文体也不尽一致，除长篇颂赞、诗歌游记之外，主要是刻写各种题字、题记、题名。可以说是至今仍存在的"到此一游"题记先源。尤其是宋代以来，文风日盛，文人过客在各地题记、题名的情况十分普遍。这些题记、题名内容比较简单，但是能够保留下大量历代著名人物的名字，补证历史。此外，它们还包含有一定的史料，有些史料甚至颇为珍贵。例如在福建南安九日山上所刻写的关于当时海商祈风的题记，涉及海外交通商贸的情况；涪陵等地长江中的石鱼题刻，是关于历代长江水文情况的重要实证；以及四川万源对早期茶叶种植情况的题记等，都是值得重视的石刻资料。

至今仍然保存有大量摩崖题刻的名胜之地很多，为大众所熟知的有：山东泰安泰山、广西桂林、安徽黄山、江西庐山、湖南祁阳浯溪、浙江丽水南明山、浙江青田石门洞、福建泉州九日山、重庆三峡瞿塘峡、湖北宜昌三游洞、陕西华县华山、山西浑源恒山等等。

特别要提及，从佛教传入中国以来，用于宗教方面的摩崖石刻数量越来越多，在全部摩崖中占有相当大的比重。除遍布南北的摩崖造像、摩崖龛窟和造像题记之外，摩崖刻经也颇具影响。尤以北朝时期在河北、山东、河南等地山寺周围刊刻的大型摩崖刻经引人注目，受到学术界、书法界的珍视。这些摩崖字体宏大，占地广阔，有些就在不加雕饰修理的大片天然石面上雕刻，例如山东泰山经石峪的摩崖《金刚经》，去过泰山的人大概都不会忘记这部巨大的石刻经书。它是利用了一块天然的广阔石坪，可能是测量方式有所不同，有称面积为两千多平方米的，有称面积为三千多平方米的。但无论哪种说法，都可以称作是面积最大的古代刻经（图 25）。每个文字有二尺来见方，以其宏大磅礴的气势与朴拙浑厚的书体彪炳千古，成为中国书法艺术宝库中独具特色的一件佳作，也是中国佛教发展史上一件重要的历史实证。

泰山《金刚经》石刻，体积宏大，可以说是中国古代石刻中刻写面积最大、个体文字也最大的代表作。正因为"大"，泰山《金刚经》具有了一般碑帖无法企及的雄浑气魄，受到书家的推崇。清代学人甚至称之为"大字鼻祖""榜书之宗"。清代著名的藏书家、学者杨守敬曾评价："北齐泰山石经峪，以径尺之大书如作小楷，纤徐容与，绝无剑拔弩张之迹，譬窠大书此为极则。"康有为也大力推崇北朝书法。他在《广艺舟双楫》一书中指出："榜书亦分方笔、圆笔，亦导源于钟、卫者也。《经石峪》圆笔也，《白驹谷》方笔也，然自以为《经石峪》为第一，其笔意略同于《郑文公》，草情篆韵，无所不备。雄浑古穆，得之榜书。较《观海诗》尤难也。"时至今日，人们依然会被泰山《金刚经》的书法魅力所倾倒。大字榜书，无过其右。

图 25 泰山经石峪刻经

关于泰山《金刚经》的石刻文字数量，一直没有一个确切的计算。有人说刻写了《金刚经》的前十五目，也有人说刻写了前十六目。清代阮元《山左金石志》卷十记载："年久磨灭，存者无几。拓工以一纸拓一字。未详文义，因取《金刚经》核对，只有二百九十六字。"《山东通志》卷一四九记载："共计存字九百九十五，此本金刚经剥损之字亦多矣。"清代金石学者李佐贤《石泉书屋金石题跋》卷八"跋泰山经石峪六朝刻金刚经残字"记载："今《寰宇访碑录》仅载其目，未言其字数多寡。《泰山志》云可读者不满二百字。《岱览》亦仍其说。《山左金石志》则谓尚存二百九十四（按，应作六）字。经字迄无定数。同治辛未初夏，余率男贻隽为登岱访碑之游。特至石峪，命贻隽剔苔扪藓，子细辨认，余手录其文，方知尚有九百零一字。……方知前人皆未亲至其地，但就拓字所见者记之，无怪其不能详且确也。"李佐贤亲自访拓，并指出前人的失误与不足，但是也仅得到

九百零一字。所以碑帖专家张彦生记录
他看到过的泰山金刚经拓本时，指出"民
国初不知何时规定九百六十字"，"见
最多的全份一千二百多字，最少的原捆
拓片九百六十字为全份"。现在经过保
护清理，确定可见者存1069字。但是
其中很多字已经残损，加之空气污染，
酸雨腐蚀，已经远非原貌。在它的四周
山崖上面，还留有大量历代游客题刻，
赞颂这一宏伟的石刻工程。

　　山东邹县岗山、铁山等地的四山摩
崖刻经，山东东平的安道一摩崖刻经等。
有些则是将石崖修整出平面，甚至画出
界格，工整书刻；有的摩崖刻经还对刻
错的字作了嵌贴石面的修补，显得严谨
端庄，表现出对于刻经高度认真、极其
恭敬的态度。如河北涉县娲皇宫的摩崖
《法华经》等（图 26）。四川、重庆等

图 26 涉县刻经

地则有唐宋时期的大量摩崖刻经。近年来，德国海德堡大学学术院与有关地区文
博部门合作，对山东、四川等多处古代摩崖刻经进行了三维扫描、立体勘测等多
方面的资料收集与研究，从而为世人提供更为完整科学的摩崖刻经原始资料。随
着田野工作的深入，古代摩崖石刻的数量也在不断增加更新。

## 石雕石材题记、地界石及黄肠石

　　2013 年，在陕西西安阎良区关山镇石川河道中，发现了一件加工成长方形的
青石，长约 2.1 米、宽约 0.7 米、厚约 0.6 米。令人惊奇的是，竟然在石面上找到

了 63 个阴刻文字,记录了这件石材的制作工匠、用途、外形尺寸与编号等。这些文字可以确定为秦代小篆书体。有人推测,它是在富平山区开采出来供给秦始皇陵修建地宫使用的石材,在搬运过程中遗落在河道中。现在,这件石刻已经移到陕西考古博物馆院内保藏。这是前所未见的秦代石刻题记,它反映出一个重要的历史事实,即秦代对于官方手工业产品等存在着严格的管理制度,并且用文字铭刻予以记录。古人称之为"物勒工名"。在现在发现的秦代陶俑、兵器、砖瓦、陶器等产品上,都可以见到这样的铭刻记录。湖北出土的云梦竹简秦律中,也有"物勒工名"的明确法律记载。这样的石雕石材题记在汉代就有了大量出现。

今天,人们如果到遍布古迹的关中大地去游览,几乎都会到西汉茂陵遗址的霍去病墓区看一看。茂陵作为在中国历史上赫赫有名的汉武帝的陵园,保存了大量汉代遗迹。霍去病墓就是其中之一。这座汉武帝时期名将的墓园中高高耸立起模仿祁连山的坟冢,象征着霍去病征讨匈奴、安定边疆的卓越战功。而更为吸引人们的遗物,则是当年建墓时安放在这里的 16 件大型艺术石雕。这些石刻散居在墓园之中,大多是利用石块的天然形状加以修整雕饰,形成一种朴拙粗犷的原始美感,其中包括石虎、石象、马踏匈奴、卧牛、野猪、蟾、鱼、怪兽吞羊、人抱熊等(图 27)。这是汉武帝为了纪念霍去病而在他的墓前设置的石刻,从中可以看到西汉时期的人们已经掌握了相当高的石雕技艺。他们不但具有了高度概括的艺术造型能力,而且能够纯熟地运用圆雕、浅浮雕、线刻等多种手法。在考古发现中也可以了解到,西汉已经开始较普遍地使用钢铁工具,

图 27 霍去病墓马踏匈奴石雕

用于刻制精细石雕的工具在其硬度与韧度上面都不成问题。也就是说，在这时，利用石料加工雕刻的实践经验、刻制技艺、石雕刻工具等具体条件都已经成熟，大量运用石刻的时机应该到来了。

但是就目前所见，在强大统一的西汉时期，仍然没有形成固定形制格式的文字石刻出现，甚至连秦刻石那样的碣石铭刻也没有能再度出现。至少是我们今天没有见到什么有固定形制的西汉文字石刻。苛刻一点说：西汉是一个基本没有文字石刻的时期。

从现有的古代文献记载与实物来看，西汉没有什么固定形制的文字石刻这一点是比较可信的。远在北宋时期，由于金石收藏鉴赏之风的兴起，当时社会上对于古代石刻比较重视。可是北宋众多金石家多方搜求，也没有能找到几件西汉的文字石刻。所以北宋著名学者、金石收藏家欧阳修才在他编集的金石铭刻集录《集古录》中断言：到了东汉以后才有碑的出现，要想寻求西汉的碑碣，却一直不能找到。北宋的另一位著名金石学者赵明诚，好古成癖，用了毕生精力去搜集古代石刻，最后也仅得到《上谷府卿坟坛》《祝其卿坟坛》等几种西汉石刻，收入他编著的《金石录》一书中。而且其中的一种建元三年《郑三益阙铭》经后人考证，还不能确定为西汉的石刻。可见西汉石刻罕见这一现象，并不是由于后来的破坏所致，而是本来制作的石刻就比较稀少。

综合现在可以见到的各种实物资料，至 20 世纪 60 年代止，常见的只有 10 余种西汉（包括王莽新朝）时期的石刻文字，这些石刻主要还是附刻在实用石材上面，具有记事意义的题记等类型铭刻。包括：霍去病墓前石刻题记文字 2 件、《群臣上寿刻石》、《鲁北陛石题字》、《广陵中殿石题字》4 件、《巴州民杨量买山记》、《五凤刻石》、《麃孝禹刻石》、《祝其卿坟坛》、《上谷府卿坟坛》、《莱子侯刻石》和《冯孺人葬志》等。霍去病墓石刻题记是在 1957 年的新发现，以前一千多年间都没有人注意到这些石刻上面还刻有文字。千年风尘，土埋草掩，致使部分石雕被埋没地下。1957 年，陕西省文物管理委员会的工作人员对霍去病墓区进行了认真细致的全面清理，才发掘出一批西汉石雕，并且在其中一座石兽和一个石块上发现了两条铭刻文字，一条是小篆书体的"左司空"三字，另一条是隶书书体的"平原乐陵宿伯牙霍巨孟"10 字。司空是汉代负责管理皇室的宫殿建筑与器物制作等工程制造事务的官员官署名称。西汉继承秦代官制,设有少府,负责管理皇室的财产,供养皇室。少府的下属官员包括有左、右司空。这里的"左司空"刻铭,表示霍去病墓的建造由左司空负责,是古代官府制度中标记责任人的制度体现。在湖北云梦睡虎地出土的秦代简牍中保留着秦代法律条文,里面就有关于在官方器物上刻写有关官员、工匠姓名的具体规定。在汉代建筑遗址的考古发掘中,也曾经出土了刻写有"右空""都司空瓦"等字样的瓦当,与此同样证明着司空主管皇家建筑的职责所在。"平原乐陵宿伯牙霍巨孟"应该是两个人的籍贯与姓名。汉代设有平原郡乐陵县,就是现在的山东省乐陵市一带。宿伯牙、霍巨孟二人应该是来自乐陵的石刻匠人。

《群臣上寿刻石》是清朝人杨兆璜在河北广平发现的,出土时间大约在清道光年间。这块石材上面刻写了小篆文字"赵廿二年八月丙寅群臣上酬此石北"。对于这件石刻的制作年代,前人有过多种不同的看法,清朝学者沈涛认为这是十六国时期的后赵刻石,张德容则说是战国时期赵武灵王二十二年(公元前304年)的刻石。而后的学者多倾向于它属于西汉刻石。但是还有认为属于西汉文帝后元六年(公元前158年)、武帝元光四年(公元前131年)等不同意见。近代学者徐森玉深入考证,根据其书法特点与干支记载判定它应该是刻于汉文帝后元六年(公元前158年,即西汉诸侯王赵王遂纪元二十二年)。这是一件当时记录为赵王祝寿活动的纪念性石刻。

西汉诸侯鲁恭王是一个颇具传奇色彩的人物,在古代经籍传承历史上不可或缺。据说他非常喜欢修建宏大的宫室,所以要拆毁邻近的孔子旧宅院来扩大自己的府邸。但是就在他开始拆孔子旧居的时候,却从空中传来了钟磬琴瑟合奏的美妙音乐之声。鲁恭王认为这是上天的警示,不敢再拆下去了。但是从孔子旧居已经破坏的墙壁夹层中,却意外地发现了一批秦代时被藏进去的儒家经典。这就是在汉代流行的古文经书,是中国古代文献学中的重要研究资料。鲁恭王的野蛮拆迁也造就了古代学术研究中的一段佳话。

《鲁北陛刻石》就是这位鲁恭王"好治宫室"的实证。这块残存的建筑用石上面刻写了两行文字:"鲁六年九月所造北陛"和"六五乙"。上一行是记录这件石料用于建筑鲁国宫殿的北边台阶,下一行可能是在施工时对于这块石料位置

图 28 五凤刻石

的编号标记。这样认真的题记记录，说明当时这座宫殿的建筑规模该有多么宏大，施工规划又是多么严谨。

根据近代金石书籍的记载，这块刻石是于 1942 年在山东曲阜北鲁国灵光殿遗址出土的。东汉的名士王延寿曾经写过一篇《鲁灵光殿赋》，称："遭汉中微，盗贼奔突。自西京未央、建章之殿，皆见隳坏。而灵光岿然独存。"可见鲁灵光殿直至东汉时期仍然保存于世。王延寿用极其华丽的词语描述了这座宏伟宫殿"连阁承宫，驰道周环，阳榭外望，高楼飞观"的壮观景象。可见修筑这座宫殿时所使用的石料一定不在少数。可惜目前只能见到这么一件了。

《五凤刻石》是在鲁灵光殿基西南三十步左右地点发现的又一件西汉石刻（图28）。它发现得比较早，远在金代明昌二年（1191 年）就出土问世。上面的刻铭是"五凤二年鲁卅四年六月四日成"。很明显，这也是用于记录建筑工程的文字。由于汉五凤二年（公元前 56 年）已在鲁灵光殿建成多年之后，这块石料记录的可能是另一次修葺工程，或者这块石料用于另外一座建筑物。详情如何，今日已不可得知了。

广陵中殿石刻 4 件，也是同样用于建筑石料上的题记。虽然这 4 件石刻原来都刻有文字，但是现在仅能辨识出 2 件石刻上的题铭。一件是"中殿第廿八"，另一件是"第百卌"。它们都是清代学者阮元在清嘉庆十一年（1806 年）发现的，原

图 29 莱子侯刻石

位于江苏江都甘泉山慧照寺的石陛下面。根据考证，甘泉山一带是西汉广陵厉王刘胥的陵墓所在。阮元记载，当地人把这里叫作琉璃王坟，可能就是刘厉王坟的讹称。所以，历来学者都认为这几块刻石是西汉广陵王宫殿的建筑石材。刘胥死于五凤四年（公元前54年），这些石刻文字与五凤刻石的书写风格很接近。文字书体是带有篆意的隶书，也符合当时的时代文字特征。

相传在清朝道光年间出土于四川巴县的《巴州民杨量买山记》，是具有地界作用的另一类西汉石刻。它不再是记录的简单几个字，而是一段完整的记事。铭文为："地节二年正月巴州民杨量买山，值钱千百，作业。示子孙永保，其毋替。"地节二年（公元前68年）是西汉宣帝使用的年号。这件石刻记录了民间买卖山地的经济活动，并表明了私有财产的所有权状况。它在今天研究西汉社会经济时具有一定的史料价值。

《莱子侯刻石》也是一件类似地界的刻石。它的形制比较大，是一块方形的石材，上面刻画出竖行界格，刻写："始建国天凤三年二月十三日，莱子侯为支人为封，使偖子食等，用百余人。后子孙毋坏败。"这件石刻是清朝嘉庆二十二年（1817年）在山东邹县峄山西南二十多里的一座小山发现的（图29）。它记载了莱子侯给子孙后裔们分割划分封域的事件，立石为证。

1987年，在江苏连云港的东连岛羊窝头峰下海岸边发现了刻写在天然石块上的新莽时期界域刻石。1988年又在附近的苏马湾发现了另一块同样内容的刻石。它们都是当时用来标记琅琊郡与东海郡边界的。文字尚可以辨识。

汉代大一统政治的一个结果就是大量财富集中到皇室、贵族与官员手中，从而兴起了大建陵墓的厚葬之风。汉代学者王符的《潜夫论·浮侈第十二》中指出："今京师贵戚，郡县豪家，生不极养，死乃崇丧。或至刻金镂玉，檽梓楩楠。良田造茔，黄壤致藏。多埋珍宝、偶人、车马，造起大冢，广种松柏，庐舍祠堂，崇侈上僭。宠臣贵戚，州郡世家，每有丧葬，都官属县，各当遣吏赍奉，车马帷帐，贷假待客之具，竞为华观。"是说当时的贵族豪富之家在埋葬先人时，使用贵重的木料做棺椁，装饰上金玉，墓葬中埋入大量珍宝、陪葬俑、车马等。建造巨大的坟冢、祠堂，栽种松柏。贵族们办丧事时，有关的官署都要派人去送礼物，供给精美的宴饮用具，极其明晰地反映了当时上层社会的厚葬之风。《旧唐书·虞世南传》中记载："又汉君之法，人君在位，三分天下贡赋，以一分入山陵。"近代以来的考古发掘中多次发现大型的汉代王侯贵族墓葬，有在山中开凿洞窟的，有在地下建筑墓室的，都是形制复杂，工程宏大，从而造就了一大批汉代墓葬建筑中特有的黄肠石刻。这是汉代墓葬中特有的建筑用石附属石刻。

黄肠石是指汉代构筑大型陵墓中使用的石料。清代学者把它们看作是代替黄肠题凑的墓室建筑用石，所以称之为黄肠石。黄肠题凑是汉代早期大型墓葬中的一种特殊葬式，即使用大量柏木枋等木料堆砌墓葬外椁。由于柏木木心为黄色，故称作黄肠。《汉书·霍光传》中记载："光薨，赐……梓宫便房黄肠题凑各一具。"注引苏林的解释："以柏木黄心致累棺外，故曰黄肠，木头皆内向，故曰题凑。"在北京丰台大葆台发掘的西汉燕王墓葬中发现了保存比较完整的黄肠题凑木椁室，可以给汉代黄肠题凑墓葬制度提供可靠的实证。现代考古报告中有时仍在沿用黄肠石这一称呼。近来也有些考古报告中将这一类墓建筑用石称之为塞石。但塞石可能是用于堵塞墓道的大型石块，专用于在山岩中开凿的洞室墓葬。而黄肠石则应用于建筑土坑墓中的墓室。东汉时期帝陵中已经用石块建筑墓室，见《后汉书·礼仪志下》："司空择土造穿，……方石治黄肠题凑便房如礼。"严格说起来，这两种石材使用的场合还是有所不同的。

而后汉的大型墓葬有所改变，从在土坑墓中修建黄肠题凑之类的木质建筑，转而采用在山体中开凿洞室与在土坑墓中建筑石室等形式。由此需要在建造墓葬中开凿使用大量的石料，成为一个耗费巨大的长期工程。《后汉书·中山简王传》

记载"永元二年蘦。……大为修冢墓，开神道，平夷吏人冢墓以千数，作者万余人。发常山、钜鹿、涿郡柏黄肠杂木，三郡不能备，复调余州郡工徒及送致者数千人。"可见王侯墓葬建筑所耗费人力财力的巨大。建筑这种大型墓葬时，会征调或雇用大量的工匠，在官吏监管下进行施工。按照秦汉以来"物施工名"的法律制度以及建筑工程施工的需要，这些石料上往往有刻写或墨书的文字题记。内容主要是记录工匠的名字、籍贯，石料的编号、建造时间等。它们的文字内容虽然简略，却对于认识汉代陵墓建筑情况与确定陵墓的时代、主人等重大问题具有宝贵的参考价值。因此，在清代就已经有金石学者注意到它。实际上，早在《水经·济水注》中就记录了北朝时期浚仪渠石门用的石料上刻有"建宁四年十一月黄场石也"等字样，可能就是用当时出土的黄肠石改制的。清末民初的金石著录中也有黄肠石的记载，如《陶斋藏石记》《居贞草堂汉晋石影》《广仓专录·专门名家》等著录中都记录了多件当时流传于世的黄肠石。20世纪的一些考古调查与发掘工作中，曾经发现过汉代的各种黄肠石刻，并且发掘了多处使用黄肠石构件的大型墓葬。如1923年在洛阳发现过大量有铭石材，大多是东汉永建年间的刻铭，可能是当时王侯大墓出土的石材。据原洛阳关林石刻艺术馆馆长赵振华统计，现在洛阳保存的汉代题铭黄肠石共194块，无字的黄肠石数量就更多了；开封博物馆藏有铭黄肠石31块；此外在西安碑林博物馆、千唐志斋博物馆、河南省博物院、偃师商城博物馆等处也有东汉有铭黄肠石的收藏。近年来在洛阳的考古调查发掘中还有新的发现。又如20世纪60年代发掘的河北定县北庄汉墓，据发掘者推测为汉和帝时中山简王刘焉的墓葬。该墓葬中使用了石材4000多块，根据不完全的统计，其中的174块上刻有铭文或书写有墨书文字（图30）。这些文字的内容主要为进贡建筑石材的县名和石工的籍贯、姓名与石材尺寸

图30 定县黄肠石

等。例如"北平安国石尹伯通""北平石工卫山作"等等。从所刻的地名来看，以中山国所属的县名为多，有卢奴、北平、北新城、唐、安险、望都、苦陉、安国、曲逆、新市、毋极等11处。这为判断墓葬的墓主与时代提供了可靠的证据，也与上面所引用的《后汉书·中山简王传》记载正相符合。

在陕西咸阳西汉帝陵陵区发掘的西汉济南王刘咸墓，是一座王莽时期的大型积沙石墓。该墓的构筑方法比较罕见，在砖券洞室四周的回廊及其顶部均填以砂石，积石达400余块，用以防盗。在已经清理的207块大石上，有170块写有文字。在洞室墓中的砖壁上也发现有1007处文字。这些文字以隶书为主，也有部分小篆与行书书体。刻写得比较少，朱砂书写得最多。内容有属于将作大匠的五令丞之简称"左""右""前""后""中"以及"中校""宫府""宫石"等。根据铭文可以知道这些石块由地方官署与个人贡献，地方贡献的来自15个地点，个人贡献者有70余人。采石地点是咸阳附近的槐里（今陕西兴平）。砖文中涉及了制作工匠50余人，并记载了他们的制作情况以及制砖的作坊多处，并且记录了管理的官署名称。这些铭刻文字，是研究这座墓葬墓主与墓葬建造时间的宝贵材料，也为研究当时的官制情况、行政地理、社会状况等提供了重要的原始资料。

近年在河南永城芒砀山西汉梁国王陵出土了大量建筑石室墓的石材，其中包括大量铭刻材料，是历来发现汉代墓葬黄肠石中数量最多的一批。

芒砀山西汉梁国王陵区，根据现在的勘察，可以分为三个区域，即保安山陵区、僖山陵区与夫子山陵区。在这些陵区内发现的大量大型洞室墓中，都出土有刻写文字的石料，主要是用于填塞墓道的石块，发掘者称为塞石（图31）。例如：被认为是梁孝王墓的保安山一号墓，原已在早年被盗，现在仅存空墓室。从清理斜坡墓道的情况分析，当时墓道是用每块约1吨重的塞石充填。大部分塞石上刻有排列的序号文字。柿园山一号墓的墓道及甬道全部由石块封填，部分塞石上刻有做工的日期、姓名、长、宽、厚尺寸等。僖山一号墓的墓道后段用408块石料封堵，大部分石料上面刻有文字。其内容是石块的方位、编号与工匠的姓名等。西黄土山一号墓墓室是一座较小的竖穴岩坑石墓，内壁的石板上阴刻有多处文字，其中有一些官员的官职与名字。据发掘者推测，这座墓可能是某位梁国官员之墓。

图 31 徐州汉楚王陵塞石

保安山二号墓，是河南省文物考古研究所在 1993 年清理的大型洞室墓。墓中出土的塞石及石刻文字数量极为庞大。这里就以它为例证，将汉代陵墓中使用的黄肠石、塞石铭刻体例详细介绍一下。保安山二号墓的墓道、甬道、前庭与甬道内各个侧室的门道全都用巨大的塞石来封堵，除去被破坏者以外，还清理出近 3000 块，几乎每块塞石上都有刻文。字面上多发现有朱砂书写的痕迹，有的塞石上还保存有朱砂文字。根据封堵情况与石料上刻写的序号对照，表明当时封堵时预先进行了精心设计与合理安排，使工程按刻写的石料顺序有条不紊地进行，表现了当时建筑中高超的工艺与管理水平。结合上面提到的秦代建筑石材题记，可以看到，这种管理方式在古代曾长期延续下来，是中国古代国家行政制度中的重要组成部分。

在这些塞石上发现的文字共有 10000 余个，不同的单字为 100 余个，刻字的风格不同，显然是出于多人之手，书体以篆书为主。主要为数字、干支、尺寸单位与一些人名等（图 32）。刻字内容可以大致分为八大类：有顺序刻字。就是几乎在每块石料上都有表示其具体位置的顺序号，如第四廿、第一六十七、第

图 32 保安二号墓塞石铭文

八五十八等等。结合具体封堵的情况分析，顺序号中包括所在层的排号与所在层中的顺序号，如第四廿就是在第四层中的第二十块石料。有记录塞石的尺度。例如："长五尺、广三尺二寸、厚尺五寸""厚尺四寸、广三尺二寸、长八尺三寸""厚二尺、广三尺、袤六尺三寸""厚二尺、广四尺""厚尺四寸、长五尺"，等等。这批度量数据，对于了解汉代尺、寸的长度是宝贵的实物证据。

将每块塞石的实测数据与上面记录的尺寸相换算，再将这些数值加以平均，可以得出汉尺折合现在公制 22.708 ~ 22.724 厘米的结果，与以往学术界根据其他出土实物测算出的结果相近。有干支计时。如"正月""癸卯""四月丙辰""五丙午"等。通过这些记载，有助于了解工程进行的时间安排。有石工的名字，如"佐崖工禄""佐婴工婴""何徒王""何徒印""佐崖工偓"等。有记录宫室方位。可能是用于指示墓中各个宫室的位置。如"西宫东北旁第二二，第二北""东宫东北旁第三一""东宫东南旁第三一""西宫西南旁第一一"等等。它们虽然简单，却为确定墓葬各部位的名称与相对关系提供了宝贵的证据。这些刻字所指示的宫室位置情况与清理时的结果完全符合。有记录施工顺序。上面除了刻有顺序号与个别刻有尺寸以外，都刻有"南方"二字，有些还刻作"始施南方""二施南方""南方三施""四施南方"等。可能是在表示先后几次施工的顺序。有墓葬部位的尺度记录。这类内容的石刻只在墓葬的前庭发现一件。上刻"第二一第二广二丈九尺八寸长五丈七尺"。这里记录的应该是前庭的长、宽尺寸以及其他零星刻字。例如"备""甲""里""宋阳""猪"等。这些有的可能是石工的名字，有的可能是地名。

通过大量黄肠石与墓葬建筑用石上面的铭文，反映出汉代上层社会大型墓葬的建造制度与有关官方管理情况，对于认识汉代的墓葬制度、分期与礼仪制度都具有重要的作用。这些铭文虽然简单，但是它们在近代考古研究中的价值却是不可低估的。

近 50 年来，对大批古代建筑遗址进行了发掘，在发掘工作中，曾经发现了一些刻写在柱础或其他建筑用石上的铭文，表现出当时在施工中对建筑构件普遍加以标记的管理制度，即"物勒工名"的传统。它们对于遗址的断代与有关研究具有重要的参考价值。例如在西安发掘的汉代长安礼制建筑遗址中，遗存的柱础上就有多处刻写或朱砂书写的文字，有些是监工与工徒的名字，有些是吉祥用语，有些是数字、年号、地名等。还有一些用于标明建筑奠基的石刻，例如在陕西西安的唐代含元殿遗址中出土了一件方形的石志，上面刻写了"含光殿及球场等，大唐大和辛亥年乙未月建"。它既标明了建筑的时间与地点，又说明了宫中打马球的风习，是一件重要的唐代建筑标志。这些用于建筑石材上的题记，既反映了文字石刻发展中的一个重要阶段，也是石刻研究与考古研究中的重要资料，喜欢古代书法的人们也对它很感兴趣。

## 碑的兴起

古代石刻中的大多数分支类型都是具有一定纪念性、宣传性意义。刻写铭文的本来目的就是为了昭示给人们来看。这样，把大型的石材竖立起来刻写文字就是最便于观看的形式，由此产生了我们常见的碑。碑是我们平时最容易见到的石刻。它也具有最广泛的使用功能，是人类文明的重要史料。中外各种古代文明中都使用类似形制的碑石来表现纪念意义。碑具有最突出的彰显作用，可以单独竖立，也可以与其他石刻组成一组纪念性石刻群，如帝王陵墓的神道石刻群等。有些著名历史建筑物、地理名胜、大型寺院等地值得立碑纪念的事件较多，前后累积，往往保存了大量的历代碑刻。宋代以来，常有将历代的碑刻汇集到一处加以保护的情况，后人称之为碑林。例如著名的陕西西安碑林，首创于宋代，现已收藏了历代的各种石刻材料 11000 余件，可以称作中国石刻博物馆的先源，是中国古代文化的重要宝藏。

中国的碑，有着自己独特的民族文化特色（图 33）。它的主体是一件长方形的平整石材，在表面上刻写文字和装饰纹样。我们把它叫作碑身。早期的碑大约

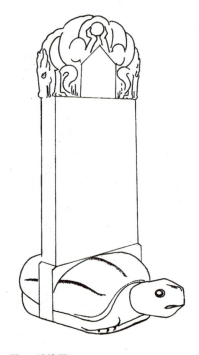

图 33 碑线图

就只是一件碑身,下部埋在土中使之竖立。顶端修饰成平直形状、三角形或者圆形,后人称之为平首、圭首以及圆首。东汉末期以来,逐渐在碑身的上部雕刻缠绕的螭龙纹样,形成一种以螭龙身躯为外轮廓的固定外形,使碑首成为一个重要的装饰部分,习惯把它叫作螭首,与碑身明显地区分开来。汉代晚期的碑石中对碑首的装饰已经比较普遍。东汉建安十年(205年)《樊敏碑》、建安十四年(209年)《高颐碑》等碑石的碑首上已经雕刻了蟠龙纹饰。两晋南北朝时期,这种蟠龙纹饰比较多见,并且演变成对称性的交龙纹。它可能也是由四灵中的青龙纹饰转化来的。作为南朝碑石突出代表的梁代诸王墓碑,至今保存基本完好,如现在南京甘家巷的萧憺墓前东侧碑石,为圆首,有穿,碑额顶部雕刻交龙纹饰。就现有的南朝碑刻情况来看,这种形制与雕饰已经成为南朝帝王贵族表明身份的礼仪制度标识。大型碑石更是为了雕刻装饰的方便,进一步将螭首制作成单独的一部分,装配在碑身上面。隋唐以来还创造有庑殿顶等式样的碑首,模仿建筑物的大屋顶,有些还在屋顶下面装饰云纹,似乎碑首高耸入云,极为壮观。有人认为这种形制是唐代重大政治礼仪的表现。如现存河南登封的唐天宝三载(744年)《嵩阳观纪圣德感应颂》,就具有雕刻得极其精美繁复的庑殿顶式碑首,碑首顶部为宝珠,宝珠下面是四角攒尖形式的屋顶瓦垄,屋顶下面的收分表面雕刻着大量云朵装饰(图34)。这种形制甚至影响到周边的民族碑刻,例如西藏琼结的藏王陵区中一些墓碑就采用了类似的庑殿顶。

碑首的中央部分在古代金石著作中被称为碑额。碑额部分往往刻写碑名、吉祥语等铭文,称作额题。额题的书体多样,富于艺术性。汉碑的一个特点是往往在碑中凿有圆孔,叫作穿。穿的位置最早是在碑身的中央,以后逐渐上移。穿的四周刻有一圈圈的晕纹。这种晕纹大多为不均匀的分布，一侧多而另一侧少，如《韩仁铭》《中部碑》等。值得注意的是从《费凤碑》《高颐碑》等汉碑碑额上可以看到，晕纹多的一侧又刻画成多条螭龙的纹饰，所以这种晕纹也可能是简化的螭龙象征。至于前人认为晕纹是源自绳索摩擦的痕迹，这种说法是否可靠还需要更多的证据来确认。现在还有学者认为汉碑中的穿是玉璧的象征，具有祭祀中通天的含义。

东汉的碑额上已经雕刻有各种纹饰，包括仙人、瑞兆、祥兽、四灵等图案。如东汉光和六年（183年）《白石神君碑》，在其圭首上左右两侧分刻两只神兽，中间有一个人用两臂推挡兽腹，很像当时画像石中常见的斗兽图。又如东汉延熹八年（165年）《鲜于璜碑》，在圭首上正面线刻青龙白虎，背面刻朱雀（图35）。《隶续》碑图中的《柳敏碑》《是邦雄桀碑》（均阙年），则上首为朱雀，碑身下部雕刻玄武。可见用四灵装饰碑石或者在碑石中隐含四灵的意义是汉

图 34 唐嵩阳观纪圣德感应颂　　　图 35 汉鲜于璜碑

代流行的意识。这可以在汉代建筑中大量使用四灵图案的做法中得到佐证。

由于碑身逐渐增高，碑首加大，让碑身竖立稳定、不会仆倒就是在建碑时必须注意的问题。因此，人们在碑身下面添加了比较宽大的石质基座，增加了碑的稳定性。它被称作碑座，或者碑趺。早期的碑座多为长方形，后来很多碑座被雕刻成一只乌龟的形状，这是中国碑石特有的外形。在古代文献中，龟形碑座又称作龟趺。巨大的龟身俯卧在地上，头颈高举，双目突出，很像才从水中浮起。使用这种龟趺，能表现墓主的崇高身份。到了唐代，还曾经在礼仪制度中明文规定，只有五品以上的官员才可以使用有龟趺的墓碑，表现出严格的尊卑等级观念。当然，高级官员的墓碑也往往会做得比较高大，采用底面积较大的龟趺就坚固稳定许多。采用龟来作碑座，除了可以发挥雕刻艺术、增加欣赏程度外，更可能是在表达古代四象的神灵崇拜与方术意义。中国古代一直存在着朱雀、玄武、青龙、白虎四方四灵，即四象的崇拜。早在西汉初年就大量出现了玄武的图像，如在陕西出土的西汉瓦当、北方墓葬壁画以及墓中出土的陶明器等。它们都是由一只龟与其身上缠绕的蛇组成玄武神的形象，也有仅用一只龟表现的。结合在天津武清发现的东汉延熹八年（165年）《鲜于璜碑》碑身上的装饰情况考虑，其纹饰中包含了四灵中的三种，只有玄武缺失，而玄武为北方，从水，性属沉降，一般位置在下方，由此推测，可能是用碑座代替了玄武的位置。龟趺就是玄武的象征。

后代对于龟趺的来源另有一种解释，传说神龙共有九个儿子，模样各不相同。老大叫作囚牛，喜欢音乐，所以胡琴的琴首上刻有它的形象。老二叫作睚眦，喜好武力，动辄发怒，在装饰刀剑的柄首时常采用它的图案。老三叫作螭吻，能够登高临风，古代大型建筑屋脊上的兽头便是它。老四叫作蒲牢，擅长鸣叫，古代铜钟钟组做成的兽头形状就是它。老五就是力大无穷，擅长背负重物的托碑石龟，叫作赑屃。剩下的四个叫作狴犴、饕餮、蚣蝮、椒图，也各有独特的用途。这种说法出现比较晚，如明代学者杨慎在其所著《升庵外集》卷八十一中记载："俗传龙生九子，……曰赑屃，形似龟，好负重，今石碑下龟趺是也。"可见它只是后人的附会。但是这种传说神奇动人，容易流传，所以明清以来的人们就常把龟趺叫作赑屃，雕饰也越来越夸张，真是把它当作龙子来塑造了。

最早的碑座实物例如东汉《鲜于璜碑》。其碑座为长方覆斗形，长1.25米、宽0.73米、高0.25米，表面上刻画有三角形折带纹和斜线平行纹。座顶雕作一长条形碑凹槽。而隋开皇六年（586年）建造的《龙藏寺碑》则已经具有蟠龙纹的碑额。全高达3.24米、宽0.905米。该碑现在可见的一直是长方形碑座，但在1987年清理基础时，发现这个长方形碑座并非原来的碑座，在其下面发掘出的原碑座是一个大型龟趺。可见类似的形制在南北朝晚期与隋代已经流行开来。降至清代，众多大型碑石仍然采用这种形制，如河北承德清外八庙、遵化清东陵等地的多件巨碑，其螭龙首与龟趺的雕刻十分精致，具有很高的艺术价值。隋唐时期，还出现了受佛教造像艺术影响的须弥座等形式。

这样形制固定、由多种构件组成的碑已经形成一座宏大雄伟的纪念性建筑，引人注目，可以成为明显的地标，因此能担负起众多的宣传、纪事、歌功颂德等政治文化使命，传至久远。这也是碑从汉代一直到明清延续使用，特别是被帝王贵族广泛使用的基本原因。

自汉代至今2000多年来流传于世的历代石碑，大小各异，装饰和附属成分也各不相同。大者可高达10米以上，而现在所见以往竖立的碑石高度大多在2米至6米之间，一般不超过10米。而最小的碑石不过高数十厘米。

碑是历代最为常见的一种石刻形式，甚至直到现在还经常有人用碑这一名称来代替所有的文字石刻。当然，在对古代石刻的认识与分类日益深入明确的今天，这种叫法已经是很不科学了。在中国古代的石刻发展历程中，碑出现得比较晚。但是碑作为一种具有典型外部形制的石刻，在中国古代历史的长河中存在的时间十分长久，至少从西汉末年起一直延续使用到当今社会，并且基本没有形制上的重大改变，使用的范围也十分广泛，这在古代器物中是比较突出的。

值得注意的是，从中国考古发现的情况来看，在东汉时期，碑这种形制固定的纪念性石刻突然兴起，开始大量运用，形制也变得高大醒目。而且自从碑在中国古代社会中一出现，它的外部形制就已经固定完善，没有其他古代器物发展过程中那些早期的不定型状态与漫长的演变阶段，而且迄今为止也没有什么根本性的改变。这是一个至今尚待探讨与解释的考古现象。

上面我们已经说过，属于西汉早中期的石刻主要用来表明人物姓名、年月、建筑材料的尺寸方位等内容，应该还是古代法律对手工业产品要求"物勒工名"

的孑遗。西汉中期以后，出现了用于标识地界、记录符契等用途的实用石刻。而在西汉晚期至新莽时期，则产生了坟坛、祠堂神位等供丧葬礼仪使用的石刻。这一变化过程大体反映了西汉石刻仍处于刚刚开始被社会利用，正在以实用价值走向民间，还属于古代石刻发展史上的初期阶段。以前曾有人认为没有西汉石刻存世的原因是王莽下令天下禁毁碑刻。这种说法未免失之片面。试看现存西汉晚期的《麃孝禹刻石》、新莽《莱子侯刻石》等，虽然其形制已经与后来东汉的碑颇为近似，但是体积较小，并且仍然在石面上刻画出竖行界格，仿效实用文书中简牍材料的形制格式。这种借鉴或模仿其他实用器物形制的做法应该是表现出一种器物的原始性。由此推测，在西汉晚期碑这种石刻仍然处于初具雏形的萌芽状态，考古发现中很少见到西汉时期碑石的现状与这一推测是比较吻合的。

　　就现有的考古文物资料来看，东汉时期社会上制作的文字石刻数量已经相当可观，进入了中国古代石刻发展的第一个高潮期。碑这种主要的石刻形制在此时脱颖而出，被社会广泛使用。除了现存的实物之外，在古代文献记载中也出现了大量的东汉碑刻。北魏地理名著《水经注》中曾经记录了当时可以见到的100多座汉碑，主要是东汉碑刻。宋代金石著作《隶释》中收录了汉代碑文115件。近人统计，目前可见到的有明确纪年的东汉碑刻可达160余种。这些东汉碑刻大都具有相近的固定形制，经过精工修整，铭文体例规范，为后代碑石制作确立了一个可供沿循的标准模式。例如现存东汉碑刻中刊立时间较早的永元四年（92年）《袁安碑》，由残存部分看，它原来是长方形碑身，中部有穿，已经是典型的汉碑形制了。从现有的考古发现与传世情况来看，东汉时期的碑远不止现存的区区百余种。

　　如果我们把有关碑的古代信息归纳一下，可以看到，中国古代"碑"的起源会追溯到近3000年前的先秦时期。对于中国古代碑的来源，有过多种不同的解说。以往一般是根据古代文献的记载，把它与古代的宗庙用碑、丧葬用碑这些器物联系起来。前人主要引用古代经书中的《仪礼》等文献资料去探讨碑的原型。例如《仪礼·聘礼》中记载："东面北上，上当碑南。"是说人们去宗庙祭祀时要站在碑的南面，面向北方。东汉学者郑玄注解这句话时说："宫必有碑，所以识日景，引阴阳也。凡碑引物者。宗庙则丽牲焉，以取毛血。其材，宫、庙以石，窆用木。"这是说：古代的宗庙中一定要有碑。用它来看太阳的影子，来确定南北阴阳方向。

图 36 新郑战国碑

普通的碑是用来牵引物品的。宗庙里就用它来拴住牺牲的动物，以便在祭祀时取毛血。宫殿、宗庙是用石块做碑，下葬时用木材做碑。《礼记·祭义》也记载："既入庙门，丽于碑。"孔颖达注疏时讲："君牵牲入庙门，系著中庭碑也。"也是说祭祀时要把献祭的牺牲动物牵进宗庙里，系在碑上。这些文献记载，都是把古代标示日影、拴系牺牲的立柱称作"碑"。可见中国古人所用的碑就是一根木桩或者石桩。

这种说法是比较传统的观点。现在还有人在这一基础上强调中国文字碑的由来主要是来源于宫庙的石碑，这种石碑原始的作用是通过看日影来确定时间，也就是相当于日晷的作用。同时它也起到标志方向的作用。中国古代居住在中原一带的人，在新石器时代就已经进入了农耕社会，由于农业生产特殊的季节性与时间性，要求人们对一年四季有清晰的认识。而他们对于季节与时间的认识，则主要依靠观察太阳的运转情况来确定。所以利用太阳标志时间的日晷产生得很早。同时人们出行确定方向也要依靠太阳。居室建筑的朝向也要决定于太阳的照射方向，进而城市的建筑布局也要考虑方向。这样，在城市中心和宗庙里竖立表柱或石碑，起到上述作用，就成为古代建筑布局中必要的一个组成部分。

这方面有一个考古发现的例子。1997 年在河南新郑战国都城的发掘中，出土过一件圭形的石碑，高 3.25 米、宽 0.45 米，圭首的两侧带有翼耳，中部有圆穿（图 36）。它正位于该都城的宗庙遗址中心，正好说明了古代都城建筑中存在石碑的建筑规律。

后来的《释名·释典艺》记载："碑，被也。此本王莽时所设也。施其辘轳，以绳被其上，以引棺也。臣子追述君父之功美，以书其上，后人因焉。无故建于道陌之头，显见之处，名其文就，谓之碑也。"就不提及宗庙的碑，而是把下葬用的辘轳架称作碑，认为它原是用来向墓葬中放置棺木时竖立的辘轳木架，后人在上面记述死者的功德，改立在地面，称作碑。这种说法与上文中所引《仪礼·聘礼》的郑玄注解中所说的"窆用墓"相似，但是把它的起源推迟到王莽时期，就与历史不符了。这些记载反映出，古代人所说的碑实际上还包括墓中辘轳的架子，最早是用来在下葬时牵引绳索、放置棺木的。推寻其原形也是一根木桩，这一点在近年来的考古发掘中已经有所证明。1986年，在陕西凤翔南指挥村发掘的秦公一号大墓中，曾于墓道里出土了四座木制的碑柱，证明古代确实存在着下葬用的辘轳架——碑。这是符合中国古代文献中记载的。《礼记·檀弓下》记载："季康子之母死，公输若方小。敛，般请以机封，将从之。公肩假曰：不可，夫鲁有初，公室视丰碑，三家视桓楹。"这一段话记录了春秋时期贵族丧葬时墓葬的制度。机封是指要在墓中设置防备盗墓的机关装置，是葬礼比较奢华、等级也很高的表现，应属于一种僭越的行为。所以公肩假说鲁国当初的制度是：王公的墓葬中只用大碑下葬，而大夫的墓葬中只能用木架下葬。东汉的学者郑玄注释这一段话时，详细解释了丰碑和桓楹，他说："丰碑，斫大木为之，形如石碑。于椁前后四角树之，穿中于间为鹿卢。下棺以绋绕。天子六绋四碑，前后各重鹿卢也。桓楹，斫之形如大楹耳。四植谓之桓。诸侯四绋二碑，碑如桓矣。"这种说法虽然用了一些后来的形式去解释前代事物，但是大体上相差不远。是讲下葬时，在墓道两侧竖立大木桩，木桩中间凿空，安装横向的辘轳轴，在轴上面缠绕绳索用来牵引棺木。这种木桩叫作碑。

　　上文已经提到汉碑的穿。早期的汉碑石中多凿有圆穿，或许也可以协助说明碑的由来。马衡指出："汉碑之制，首多有穿，穿之外或有晕者，乃墓碑施鹿卢之遗制。其初盖因墓所引棺之碑而利用之，以述德纪事于其上，其后沿习成风，碑遂为刻辞而设。"这样，它就把原型辘轳上的洞孔保留了下来。正说明了它来源于辘轳柱的发展过程。有人认为这个孔具有供阳光穿过，以指示时间的作用。这种说法可能不大符合古代的事实。因为这个孔比较小，碑身又厚，太阳位置高的时候阳光是无法穿过的。

从以上文献记载与实物证据来看，墓碑的产生乃至碑这一名称的产生都受到墓葬中木制碑的影响，应该是没有什么疑义的了。但这只是表现出中国古代从用于下葬的木碑到建筑中使用的石碑之间，有这样一个发展过程。而文字铭刻是如何来到这种材料上面，使实用器变成了纪念标志。其中的起因还无法用上面分析的这一过程来解释。特别是无法用它来解释碑以及其他石刻是在西汉晚期和东汉时期突然大量出现，而且有关石刻的形制自出现之时起就是非常完备的这一现实。从现有的考古发掘情况来看，远自春秋时期，墓中的木碑就已经有所使用。但是为什么直到东汉初期才改行石碑？为什么石碑的形制、置放位置等都与先秦墓葬中的木碑存在着相当大的差距？这些明显存在的问题，上引文献与前人的论说均未能予以解答。由此可见，东汉时期出现的定型石碑与先秦的木碑之间并非一脉相承的直系关系，在这之间可能经过漫长的演变与多种文化因素的综合作用。

我们认为，促成东汉时期石碑大量产生和定型的原因是多方面的。就目前所见，当时石刻运用得最广泛的场合，还是在标榜功德的纪念性建筑以及丧葬建筑之中。所以，汉代封建社会大一统的政治格局形成后，生产发展，社会财富增加，同时在思想意识方面提倡儒家道德体系，加强宣传教化、歌功颂德、扬名传世的思想与儒家礼仪思想日益深入人心。在此基础上，中国古代丧葬制度有了重大的变化，标示着墓葬的习惯逐渐普及，厚葬之风大肆盛行。这些可能是石刻在汉代风行开来的一个根本因素。而且在汉代，随着开通西域，西亚、北非等地文化的影响逐渐传入，带来了这些地区刊石纪功的社会习俗。以上这些内外因素的共同作用造就了在中国古代社会流行开来的重要石刻——碑。

碑这种石刻形制固定下来，被古人作为重要的信息传播工具广泛实用后，就被派上了各种各样的用途。首先被运用于为统治者歌功颂德的政治宣传方面。刻碑宣传统治者们的文治武功，仁义道德，既满足了这些人凌驾天下的虚荣心，又通过这些宣传威慑引导臣民服从于既定秩序，树立执政权威，应该是在古代社会官方的政治经营中起到过重大作用的。此外，出于古人思想中对于神灵的无限崇拜，结合祭祀活动赞美神明灵异，祈求上天恩泽的碑刻也纷纷出现，成为礼仪活动中的组成部分。利用石刻来进行这种政治宣传，先源可以推衍到秦《石鼓文》和秦刻石一类较为原始的石刻类型。很明显，竖立刊刻这种大型的石制建筑物，没有一定的财力与人力是办不到的。因此，树碑立传这样的活动当然会被统治者垄断。在这种歌功颂德风气的引导下，治理地方的官员有了所谓德政，也会被树碑赞颂。甚至古代的良臣名将、孝子节妇，由于具有封建社会统治思想的典范作用，其功业也被后人立碑纪念。所以，历代碑刻中相当大的一部分属于这种歌功颂德的功德碑。这样的碑石一般制作比较考究，文字书写得很精美，文辞内容也极为典雅，是历代文化水平的最高体现。现存东汉碑石中，《张迁碑》《曹全碑》等著名碑刻都是这样为地方长官颂德的内容。汉晋以下直至近代，竖立这样功德碑的风气始终存在。

其次就是被应用于各种记录事件、传播信息的实用场合，可以使用各种各样的实用文体。这种具有实用纪事功能的碑刻我们把它统称为记事碑。如果大致划分一下，还可以根据刊立者的身份将这些记事碑划分为官刻与私刻两类。

官刻的记事碑用于宣布皇帝的圣旨、诏书敕文，记录官方来往文书以及对官员的训诫、符牒、札子、告身等各种官司文书，还有记录官方重大活动以示纪念的碑刻。这样的记事碑自汉代至清代都有制作，数量很大，是研究古代政治经济的重要资料。私刻在民间应用得更是十分广泛。古代基层民间的各种重大社会活动，如修桥建寺、祈福求雨、设醮备斋、游幸赏玩、宴乐唱和、民事裁判、地界租约、里社组织，往往都要建造一座石碑作为记录凭证。甚至官僚文人们的私人信札、诗文策论、家族的典章谱系等等，均可以立碑形式流传下来。这里面包含了古代社会方方面面的实际情况，很多属于传世文献中不可得见的宝贵历史资料。

有关宗教的碑是反映古代宗教思想状况的重要实证。它们以往主要是竖立在各种宗教庙宇之中，记录了有关宗教的传承演变、重要的宗教人物、庙宇的建设兴废、信徒的供奉礼拜等等宗教活动情况。与世界上其他国家相比起来，中国古代对于外来宗教是比较宽容的，所以不仅产生过源于中国传统文化的儒教、道教，还接收并改造了来自印度次大陆的佛教。此外，还有很多外来宗教传入并存在过一定时期。例如原来流传在北方游牧民族中的萨满教，南北朝隋唐时期陆续传入的祆教（拜火教）、摩尼教、景教（基督教聂士托利教派），唐宋以后传入的犹太教、清真教（伊斯兰教）、天主教等等。这些宗教在中国传播的过程中，都或多或少地使用过石刻形式进行宣传与记事。碑是他们主要使用的石刻形式。有些重要的历史宗教碑刻由于涉及外来宗教的历史实证，在世界上都十分著名。例如唐建中二年（781年）《大秦景教流行中国碑》、元大德十年（1306年）《兴明寺也里可温碑》、明弘治二年（1489年）《重修清真寺记》、正德七年（1512年）《尊崇道经寺记》、清康熙十八年（1679年）《祠堂述古碑记》等。

实用的碑石中，刻写儒家经典及其他书籍的碑历来受到人们的重视。儒家石经是中国古代重要的官方文化工程，自汉代至清代，有过多次大规模的刊刻。根据文献记载，中国最早的石经是西汉末年汉平帝时，掌握朝政的王莽让甄丰摹刻的。但是迄今未曾见到过西汉石经的实物残存，这件事是否属实也就无法验证了。这样一来，现存最早的石刻儒家经典还得说是东汉末年的《熹平石经》。它的出现，是中国石刻发展历史上的一件大事。根据《后汉书》的《灵帝纪》《蔡邕列传》《卢植列传》《宦者列传》等文记载，东汉著名学者蔡邕鉴于当时社会上流传的儒家经典出自多门，文字错谬很多，给学人造成疑惑错误，便和五官中郎将堂溪典、光禄大夫杨赐、谏议大夫马日磾等人一起上书，请求审定六经文字。汉灵帝当即批准。于是从熹平四年（175年）开始，据说是由著名学者蔡邕、李巡等人主持订正文字，审定了《诗经》《尚书》《易经》《仪礼》《春秋左传》和《公羊传》以及《论语》的文本，书写上石。当时官方刻立石经，主要是由于当时儒家的今、古文学派之争，影响到国家政治稳定。而刻立石经的目的也很明确，就是要把刻写在石碑上的儒家经典著作作为一个标准的正字本，供给士子学人读书使用，进而平弭今古文之争。同时也表明了国家政权对于文化的垄断地位。《熹平石经》至光和六年（183年）全部完成，竖立在东汉都城洛阳城南的太学中。根据文献记载，石经刻成之后，各地群儒争相前往校对、抄录，太学之前车马盈途。可见当时石经的刻立对于学术界具有多么重大的影响。

《熹平石经》全部刻写在碑形的巨石上，既沿循当时流行的碑石外形，又开创了以后官方刻写石经的形制体例先河（图37）。根据杨龙骧《洛阳记》一书的记载，汉石经共计46块碑石，所有经石顺序排列在东汉太学讲堂前面。东汉太学遗址，据文献记载大致位于汉洛阳城南郊，属于北魏洛阳城的劝学里，在近代洛阳城东南三十里洛水南岸。讲堂长十丈，宽二丈，是当时规模极其宏大的建筑。20世纪50年代以来，中国社会科学院考古研究所等单位对洛阳南郊太学遗址一带进行调查与发掘，探查确认了东汉太学遗址，现存遗址东西长约 200 米，南北宽约 100 米。并陆续出土了大量石经的残石碎片。《后汉书·儒林传》的注文中引用谢承《后汉书》的记载说：石经竖立后，曾经在碑上面修建了瓦屋遮盖，四面设有栏杆，由河南郡官府派人看管。看来当时对于石经的保护还是很认真的。

图 37 熹平石经残石

　　《熹平石经》虽然有着这么辉煌的历史，但是也仅仅昙花一现。儒家经典一向是为大一统的专制皇权统治服务的。石经建立后不久，东汉政权灭亡。《熹平石经》的命运也就不大美妙了。东汉末年，洛阳一带战乱频繁，城市残毁，如同诗人王粲诗歌中吟唱的"出门无所见，白骨蔽平原"。《熹平石经》可能也遭到一定程度的破坏，宋人郑樵甚至在他的《通志》一书中说：石经都在东汉末年战乱中被火烧毁了。这种说法可能不大可靠。《熹平石经》的主体到曹魏时期应该还存在。这些经石与曹魏新刻的《正始石经》一同存留到北魏时期。于慎行的《笔塵》中就认为洛阳石经到了晋代还保存完好，是在北魏年间被前后两任洛州刺史冯熙、常夫拆去修建佛寺，才遭到毁坏。但根据北朝晚期杨衒之《洛阳伽蓝记》卷三报恩寺条的记载："开阳门御道东，有汉国子学堂。堂前有三种字石经二十五碑，表里刻之，写《春秋》《尚书》二部，作篆、科斗、隶三种字，汉右中郎将蔡邕笔之遗迹也。犹有十八碑，余皆残毁。复有石碑四十八枚，亦表里隶书，写《周易》《尚书》《公羊》《礼记》四部。又赞学碑一所，并在堂前。魏文帝作《典论》六碑，至太和十七年，犹有四存。"可见《熹平石经》至北魏晚期还有所保存，只是他错把《三体石经》当作蔡邕的笔迹。方勺著《泊宅编》中称：东魏武定四年（546 年），尔朱氏将都城与百官迁至邺城，也把这批石经移向邺城，运至河阳时，遇到河岸崩塌，将近一半碑石落入水中。残余的石经运到邺城后，保存到北齐灭亡。类似说法出自《隋书·经籍志》和《隋书·刘焯传》，并称：北周大象元年（579年），统一北方后的北周政权又把这些石经运回洛阳。隋开皇六年（586年），定都关中后，剩余的石经被再次迁移到长安。看来这时已经把石经看作是标志中央政权文化统治和最高教育的一种象征，所以要移到各个朝代的首都保管。隋末的动乱中，可能这些石经被废弃，甚至改作柱础等建筑用材。所以，在唐代初期魏徵加以收集时，已经很少有完整的碑石存在了。

近年来，有人看到洛阳太学遗址出土石经碎片的情况，就断言说《熹平石经》在汉代末年战乱后被当地修建房屋的人打碎做了建筑基石。这种说法过于片面。在中国社会科学院考古研究所洛阳工作队的发掘中，确实从北魏以前的地层中发现了一些《熹平石经》的碎片。尤其是在1980年发掘太学村西北一处遗址时有比较多的出土，共获得残碎的石经661块，其中96块上面刻有文字，经过核对，这些残石分别是《诗经》《论语》《仪礼》和《春秋》等几部经书的碎块。但是根据地层情况来看，这只能证明部分《熹平石经》在北魏之前已经被破坏，还不足以证明它在汉代末期就全部被破坏掉。《熹平石经》在汉代末年遭到过破坏是不错的，《三国志·魏书·王肃传》的注中记载，曹魏黄初年之后，曾经"补旧石经之缺坏"。由此可见《熹平石经》当时只是部分破坏，尚可加以修补完整。《熹平石经》的彻底破坏，还是在经过北朝末年的几次迁移转运后。

唐宋以后，由于金石学逐渐兴起，《熹平石经》残石不断出土的情况被记载下来。宋代的《广川书跋》一书中说："唐造防秋馆时，穿地多得石经。""国初（北宋早期）开地唐御史府，得石经十余石。"宋人洪适的金石著作《隶释》中，收录了多件当时所见的《熹平石经》残石。以后历代又陆续有过《熹平石经》的残石出土。最多的上面有几百个字，例如20世纪初在洛阳发现的《春秋》残石。我们现在要想了解汉石经的原貌，只能靠这些残石了。

从《熹平石经》残石来看，它的碑面上面没有刻画界格，但是文字十分规整，行距均匀。全部用隶书书写。现代学者们根据传世文献中的经文内容，把有关的残块拼合起来，空缺的地方可以通过碑石上文字的尺寸大小去估算有多少行及多少字。这样来推算出每块碑上的总字数、现有的碑数以及每块碑之间的顺序关系。

研究结果发现，当时的石经碑石大小并不统一，每个碑的行数与字数也不相同。只是各碑之间的差异并不太大。看来当时手工雕刻的管理标准并不十分严格。近代学者王国维曾经考证，每座碑上刻有碑文 35 行左右，每行均为 75 个字。这样一座碑的两面一共可以刻写 5250 字左右。也就是每 10 个字占汉代建初尺一尺长。碑的下面有碑座，整个碑的高度将近一丈，宽四尺。换算成现在的标准长度大约为 3 米高、1 米宽。

《熹平石经》的刊立，使得石经成为各种儒家经典版本的最高表现形式，也具有了在文化教育方面中央政权所代表的象征性意义。所以，东汉以后的诸多朝代统治者，也陆续有过刻立儒家经典石经的举动。其动机不外乎标榜使用儒家思想来治理国家，笼络知识阶层，同时也是表示中央政权控制文化思想的权力所在。

在东汉灭亡后，历代刻立石经者，首先就是统一北方的曹魏文帝。曹魏建都原在邺城，平定北方后迁至洛阳，复建都城，恢复太学。黄初元年后，先补刻修复了《熹平石经》，见于上述《三国志·魏书·王肃传》的注中记载。而后在正始二年（241 年）开始刻立了新的石经，后人称之为《正始石经》或魏石经，也竖立在太学讲堂的西侧。由于它用隶书、篆书与古文三种书体书写，所以也被称作《三体石经》（图 38）。但书写时每个字排列的方法却写成了两种形式，可能是两批书者分别书写，没有统一。一种是古文在上，小篆居中，隶书在下的一字形竖排，后人把它叫作"一字式"；另一种是古文在

图 38 正始石经残石

上，小篆与隶书并排写在下面，后人叫它"品字式"。这种三种书体的书写方式在历代石经中是独一无二的。可贵的是它们保留了相当数量的战国古文字形体，在古文字学的研究中曾经起到重要的参考作用。《正始石经》包含的儒家经典数量比较少，仅刻写了《尚书》与《春秋》二种。或许是汉石经中的这两种经典损坏得最严重吧。

《正始石经》的遭遇和《熹平石经》相同，除了北朝时期在洛阳遭到破坏之外，也曾被迁移到邺城与长安等地，最后全部被毁。1957年，在西安曾经出土了一件魏《三体石经》的残石，可以证明《正始石经》的确被迁移到长安。1922年，在洛阳的汉魏太学遗址曾经出土过一块最大的《正始石经》残石。它的正面刻写了《尚书》的《无逸》与《君奭》两篇中部分内容，背面刻写《春秋左氏传》的僖公、文公年间记事。共保存了1800多个字，是了解魏石经原貌的重要资料。此外，近代在洛阳等地还陆续发现了一些《正始石经》的残块。

汉魏石经的刻制，不仅在统一儒家经典文字、保存儒家文献上起到过重大作用，而且在中国历史上开创了使用大型石刻来保存历史文献的独特传统。这种用碑刻写书籍的形式甚至影响到民间文化与宗教经典的传承。道教徒刻写石刻道经，佛教徒刻写石刻佛典，民间常用的字书、药方等也会采用石刻保存宣传。例如四川三台保存的翻刻唐颜元孙《干禄字书》，宋代梦英刻写的《篆书目录偏旁字源碑》等。

以后的一些医方、书目、字书等等，同样是出于广泛传播的实用目的。这些刻碑出现后，人们纷纷来抄录摹写，推动了摹拓技术的产生，这种刻写经典书籍的活动直接影响了古代印刷术的产生。汉石经刚一问世，就有了进行摹拓的活动。《旧唐书·经籍志》中还记录有保存下来的汉魏石经拓本。如"今字石经（汉石经）尚书五卷""三字石经（魏石经）左传古篆书十三卷"等，这些将石经拓本装裱好的书卷，不就是印刷品的前身吗？由摹拓、捶拓碑石拓本拓展到雕版印刷，应该就是中国古代四大发明之一——印刷术的发展过程。印刷术，在世界文明进程中具有重大意义。碑石，尤其是石经的建造，就是这一重大发明的先源。

而后从唐代开始，屡次出现官方刊刻儒家经典的大型文化工程。这些石经大多刊刻在碑形的巨石上，形成一组统一的石刻群，气势宏大，显示出官方主流

文化的压倒性地位。唐代刻写的石经又称《开成石经》，刊刻于唐文宗大和七年
（833年）至开成二年（837年）。它一共刻写了12种儒家经典，即《周易》《尚
书》《诗经》《周礼》《仪礼》《礼记》《春秋左氏传》《春秋公羊传》《春秋
穀梁传》《论语》《孝经》《尔雅》，并且附有《五经文字》《九经字样》两种
字书。全部用楷书上石，总计立碑114石。石碑两面均刻写经文，连续成文。《开
成石经》是历代石经中保存较好的，虽然曾经几度搬迁，但没有缺失。现在全部
保存在陕西西安碑林博物馆。此后，还有五代时期后蜀国主孟昶主持刻写的十种
儒家经典，称为《广政石经》。据说一共用了上千块碑石，可惜的是这些碑石已
经全部遗失，不存于世。北宋提倡文治，宋仁宗时也曾经刻写过9种儒家经典。
它的特点是采用篆书与楷书两种字形书写，后人称之为《二体石经》。北宋石经
全部刻写完成于嘉祐六年（1061年），所以也被称作《嘉祐石经》。北宋石经原
竖立在北宋首都汴梁（今河南开封），现在已基本亡佚，罕见全石。1982年，在
开封陈留公社农机修造厂的基建工程中发现了一块刻有《周礼》内容的北宋石经
碑石。这件北宋《二体石经》碑石高1.75米、宽0.85米、厚0.2米，仅有部分损伤。
碑阳刻写《周礼》"天官冢宰"一节的文字，碑阴刻写《周礼》"春官宗伯"一
节的文字，每面分为三段书写，每段30行，每行10字。这对于复原北宋石经的全
貌，了解它的刻写方法、排列顺序都是极可宝贵的材料。

　　南宋迁都临安（今浙江杭州）。宋高宗于绍兴十三年（1143年）刻写7部经
典，现存85石（图39）。据说是权臣秦桧为了讨好皇帝，用高宗习字的稿本上石
刻成的。后来宋孝宗建光尧石经之阁存放石经，所以后人也称之为《光尧石经》。
部分保存至今，现存放在杭州孔庙中。

　　保存最完好，也最完整的儒家石经是清代在北京国子监竖立的《清石经》。
它由乾隆皇帝下令，将《十三经》全部上石，正楷书体，总共使用碑石190件。
其中经文使用189件，另有一件刻写皇帝谕旨与告成碑铭。这批石经现仍保存在
北京国子监旧址。

　　此外，还有散布在全国各地的单篇零散刻经，尤以《孝经》为多。最著名的
要数保存在陕西西安碑林博物馆中的唐代《孝经》。它刊刻于唐天宝四载（745年），
是唐玄宗亲笔手书自己批注的《孝经》全书。书体为隶书，颇具独特风韵。由于

图 39 南宋石经

图 40 唐玄宗书石台孝经

它将四块碑面环绕建成一个方柱形，顶上有平台护盖。所以通常被称作《石台孝经》（图 40）。

碑还被用来刻画地图、天象图、文人书画等。这样的碑就是以图像为主的宣传品和艺术欣赏品。地图碑在了解中国古代的疆域地理情况与认识古人的地理观念方面起着十分重要的作用。一些早期的地图碑一直受到人们的重视，例如西安碑林保存的伪齐阜昌七年（1136 年）《华夷图》《禹迹图》等。陕西出土过唐《兴庆宫图》残石，应该是现存最早的石刻地图。

专门刻画绘画、书法作品的书画碑是专门供后人欣赏的艺术性碑刻。它突出发挥了中国古代绘画中以线条运用为主的绘画技法。即纯粹运用线条勾勒来表现形体，并通过线条的疏密、粗细变化形成构图，表达出丰富的艺术韵味。中国古代的绘画理论家很早就认识到中国绘画与中国书法之间的密切关系。中国画之所以始终采用以勾勒线条为主的绘画技法，就在于它与中国古代书法同出一门。唐代张彦远《历代名画记》卷一《叙画之源流》中曾指出："是时也（按，指仓颉造字之时），书画同体而未分，象制肇创而犹略。无以传其意，故有书。无以见其形，故有画。""是故知书画异名而同体也。"中国画的技法因此以线条为主，是十分自然的。这种绘画技法被古代的工师们原封不动地移植到石刻工艺中。在中国古代的艺术品中，便产生了一种独特的艺术门类——石刻线画（图 41）。书画碑就是它的突出体现。

　　所谓石刻线画，就是模仿绘画技法的艺术石刻，或者说是把一幅绘画用錾刻的方法复制到平面石板上面。早期还是刻画在实用的器物上作为装饰。从北朝中晚期开始，中原的高等级墓葬中逐渐出现有多种石质建筑构件与石质葬具。例如石门、石床、石屏风、石棺椁等。在这些石制品上，大多刻画有丰富多样的纹饰图像，并形成了一定的礼仪制度。隋代虽然短暂，但也保留与延续了这种丧葬礼仪。进入唐代以后，石床、石屏风等逐渐被淘汰了，但有些石质构件与葬具仍然得以保留，在唐代考古发掘中多有发现，主要是石门、石棺椁等。石刻线画的技艺，在这些石件上得到延承，并反映着唐代绘画风格的时代特征。

图 41 石刻线画（东魏翟门生石屏风）

现在发现的唐代石棺椁，多为皇室成员与个别高级官员所使用。如唐懿德太子墓、永泰公主墓、章怀太子墓、薛儆墓等墓中出土石棺椁，都是在制作成殿堂外形的石棺椁上面线刻出各种纹饰和人物图像，包括侍女、宦官、仆从等栩栩如生的线刻人物画。这些刻画与同时期的墓中壁画绘制风格完全一致，同样表现出精妙的线条运用技法。在石墓门上雕刻的天王力士、神兽等具有宗教意味的纹饰，也是线刻的佳作，它们与唐代的佛教石刻艺术品同出一源。类似石刻线画作品，我们还可以在龙门石窟中的供养人、高僧画像等等唐代石窟艺术品中见到。

　　唐代石刻线画中的佛像作品也很多，延续着北朝的制作风格并有所创新，如西安大雁塔门楣上的佛像线刻，《道因法师碑》碑座上的供养人、武士等人物画像，《房山石经》碑上的各种碑额佛像画，都是以精细匀称的流利线条刻画出逼真的人物形象，可能就是源于唐代名画家阎立本、杨契丹、曹不兴、吴道子等人的范本。说明唐代张彦远在《历代名画记》"记两京外州寺观画壁"一节中所载的唐代佛画盛况与各种绘画风格确实存在。今日看来，这些石刻线画都堪称十分精美的艺术珍宝。现在，在一些集中收藏展示古代石刻的博物馆中，还收藏有历代的这类书画碑，如传说为唐代画圣吴道子所绘《孔子像》、苏轼画的《梅花图》、宋代画家崔白画的《布袋和尚像》等。

墓碑，顾名思义就是竖立在死者墓前的碑石，用以标榜与纪念死者。这也是古代建造最多的碑。现在见到最早的墓碑产生于东汉，正反映了当时社会上追求厚葬，大肆修建陵墓，夸耀祖先功德的风气。东汉永元四年（92年）刊刻的《汉司徒袁安碑》是比较早的一座标准形制墓碑，圆首，有穿，碑文用小篆书写，书体古朴端庄，记录了袁安的一生仕历。袁安这个人在《后汉书》中有传记，史称良吏，历任太仆、司空、司徒，为朝廷依赖。后代多人出任高官，所谓"四世三公"，在东汉历史上很有影响。但是这件墓碑并不大，高仅1.53米。可见那时对于墓碑形制还没有明确的礼仪制度规定。但东汉晚期的墓碑就逐渐高大起来。20世纪70年代在天津武清出土了一件延熹八年（165年）《东汉雁门太守鲜于璜碑》，碑座与碑身全高达2.67米。并且在碑额阳面刻画有青龙、白虎，阴面刻画朱雀，形制完美，书法严谨有力，是一件具有很高历史价值与艺术水平的珍贵文物。东汉的贵族官吏们在修建陵墓时不惜工本，影响到社会各界纷纷效仿。北魏学者郦道元在他的《水经注》一书中记录了很多处当时还可以见到的东汉陵园遗址。根据他的所见，东汉一般的官员墓葬前都竖立有墓碑。例如他记录河南获嘉的汉桂阳太守赵越墓："冢北有碑，……碑东又有一碑，碑北有石柱，石牛、羊、虎。"有些皇亲国戚的陵园规模更加宏伟，里面的墓碑等石建筑就更多。如山东定陶的汉代丁姬墓，"列郭数周，面开重门，南门内夹道有崩碑二所"。可见这一陵墓在北魏时已经遭到破坏，但还能留存两处残碑。保存好一点的高官陵园墓地中留下的墓碑会更多，例如《水经注·睢水》记录了位于河南睢阳的东汉太尉乔玄墓地上保存有多件碑石。一件是汉朝的儒士们共同竖立来颂扬乔玄德行的。一件是乔玄的故吏司徒崔烈、廷尉吴整等人竖立的。还有一件是陇西人赵冯等因为乔玄曾经任职凉州牧，为地方造福而来竖立的。这种墓碑实际上与功德碑

图 42 唐李勣碑

没有什么区别了。汉代以后的墓碑大多是死者的家人为之刊刻的，铭文内容以述说死者的世系履历、生平事迹，表达怀念之情为主。

竖立墓碑在古代社会被看作是丧葬礼仪中的重要组成部分。唐代以来的各种正史《礼仪志》对于各等级官员以及平民所使用的墓碑规格和形制都有着明确的规定，充分表现了中国古代社会等级森严的尊卑制度。《大唐六典》中记载："碑碣之制，五品以上立碑，螭首龟趺，趺上高不过九尺。七品以上立碑（原文这里是错字，应该是碣），圭首方趺，趺以上不过四尺。若隐沦道素，孝义著闻，虽不仕，亦立碣。"（图 42）可见在专制政权的法令限制下，一般的墓碑都不会十分高大。当然，由于某些官员贵族气焰嚣张，逾越制度的情况也有所发生。

按理墓碑应该是只有一座，竖立在坟冢前面。但东汉后期墓葬形制增大，一些大型的墓园里出现了在墓道两边竖立神道碑的做法。墓园入口处通向坟冢的道路被古人称作神道。神道碑的规制很可能来自原来竖立在神道入口两侧的神道柱。在汉代画像石表现汉代庭院建筑的图像中，我们可以看到在庭院或庄园的大门口两侧都竖立有一座木质的表柱，起到标志门阙的作用。古人是把墓园作为死者的住宅来看待的，神道柱就是在模仿庭院建筑中的表柱。东汉时期，大型陵墓的神道旁经常竖立神道柱，用石材制作，是一种类似多棱圆柱，顶端嵌有一块长方形石板的独特形制。以后增加竖立神道碑，也是竖立在神道两侧，一边一座，左右对称。这在《水经注·颍水》记录的东汉张伯雅墓地情况中可以清楚地反映出来。"茔四周垒石为垣，……庚门表二石阙，夹对石兽于阙下，冢前有石庙，列植三碑。……碑侧树两石人，有数石柱及诸石兽。"类似墓园建筑布局还见于《水经注·阴沟水》

记载的东汉晚期曹嵩墓地。特别是在南京、丹阳等地遗存的南朝帝王陵墓石刻中表现得最为明显。例如南京现存的梁临川靖惠王萧宏墓、梁安成康王萧秀墓等地，都保留着神道左右两侧对称的神道碑。到了隋唐时期，这种在墓葬神道两侧竖立神道碑的情况不再流行，只是在坟冢前保存一座墓碑。可是有时人们还在铭文中把单一的墓碑称作神道碑。可能是当时的人已经不去分辨墓碑和神道碑的区别了。

墓碑作为死者一生的总结，必然要好话说尽。豪门官宦的墓碑大多要请著名文人来撰写，文词典雅华丽，叙述详尽，但是也往往夸张吹捧，严重失实。后人称之为"谀墓之文"。这可以从东汉的一个故事中反映出来。东汉末年的著名文人蔡邕，一生给人撰写墓碑无数，可能也就违心地说了不少吹捧的话。所以他在参加完友人郭林宗的葬礼后，感叹道："我写过的墓碑铭文很多，但是只有郭林宗一个人是当之无愧的啊。"看来光凭传世文字记录，是无法做到客观全面地评价一个历史人物的。阅读史书和传世文献时，不要忘记一句至理名言："历史是胜利者书写的。"

## 墓志演变

由地面上竖立的墓碑延伸下去，就必须要说到墓志。墓志是中国古代墓葬中的一种重要衬葬品，具有独特的形制，所以一直被单独列作一种石刻类型。墓志在历代墓葬的考古发掘中比较多见，尤其是在社会上中层人士的墓葬中经常出土。由于历代盗掘墓葬的活动十分猖狂，大量被盗掘出来的墓志曾流散到社会上，历代文人有过一些收藏。尤其是近代以来，社会上对于墓志的收藏比较重视，传世保存较多，墓志的拓片也广泛流传于世，成为金石学者的重要收藏品。因此，墓志是存世数量巨大、影响广泛的一类重要文物，在古代石刻中占有较大的比重。近年来，在各地陆续汇集编纂出版的石刻资料著录中，有关墓志的总数已经超过万件。这些墓志中大部分被国有文博考古单位收藏，但也有一些留存民间私人手中。鉴于尚未公布发表，流散民间的墓志材料不在少数，由此估计全国现存古代墓志的总数在 15000 件以上，应该不会过分。

我们现在见到的历代墓志大多为平面正方形或长方形的石制品（图43），此外还有部分砖质、陶瓷质乃至铜铁制作的墓志，但它们的现存数量较少，不属墓志主流。历代石质方形墓志的边长自0.2米至1米以上不等，一般都遵循着当时的礼仪制度规定，通过大小表现出明确的等级区别。个别极大者边长可达2米左右。例如在河北邯郸出土的晚唐魏博节度使《何弘敬墓志》，就是边长1.96米的庞然大物，有一个双人床那么大，四周雕刻了精美的纹饰。它已经完全超越了唐朝的礼制规定，显示出晚唐地方藩镇的嚣张气焰。最多见的石墓志形制为盝顶形盒式。有些人也把盝顶形称作覆斗式，更为具体形象。一盒墓志由盝顶形的志盖与扁方形的志身两部分组成，平面为正方形，就像古代常见的漆木盒子。也有一些盒式墓志的志盖采取立方体而不做成盝顶形。部分志盖与志侧雕刻有纹饰。而做成平面长方形的石墓志则大多没有志盖，仅有志身。还有一些墓志做成竖立的小碑形状，取圆首或方首，下有跌座。此外，可能是出于丧葬方术的概念，出现过一些特殊形制的墓志，如北魏延昌二年（513年）《元显儁墓志》（图44）、隋大业三年（607年）《浩喆墓志》、唐贞观四年（630年）《李寿墓志》等就制作成模仿龟形的立体雕刻。龟背可

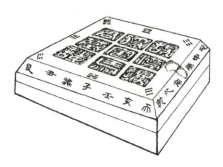

图 43 墓志线图

图 44 北魏元显儁墓志

以分开，作为志盖，龟身平面刻写志铭。砖质墓志多为长方形，很少有志盖。陶瓷墓志形制多样，有长方形的瓷牌，也有刻写在瓷盘碟上的。它们的文体、作用与石质墓志铭近似，这里就不一一说明了。

中国古代的墓志应该是一种中国文化独有的丧葬礼仪用品。在中国传统礼仪的影响下，它经历了长期的演变过程，从早期用来表现标志墓葬意义的多种铭刻器物形态，如铭旌、墓碣、砖瓦葬铭、墓碑等等，最终转化定型，成为以石质墓志作为主体的一大石刻类型。对于墓志的形成时间，学术界说法不一。我们主张把标志墓葬的风习与墓志这种器物分开来谈。标志墓葬的做法可以追溯到新石器时代。在墓中埋设铭旌的做法也至少可以早到周代。但是墓志这种石刻的正式出现与定名还是应该确定在魏晋南北朝时期，此后延续使用近两千年之久。根据历代墓葬的考古发掘情况来看，入葬时，一般把墓志安放在墓室中接近墓门的位置，也有安放在墓门口或甬道中的，使之在墓葬中位于十分明显的位置，应该是具有标志墓葬主人身份的实用意义。古代礼书中对于丧礼中安放墓志都有着明确的说明，如《仪礼·士丧礼》称："在圹。……施铭旌、志石于圹门之内。"可见墓志是古代丧葬礼仪中必不可少的一种纪念器物。

大体说来，墓志在古代社会中具有明显的等级标志。依照封建等级礼仪制度，身份地位较高的墓主会拥有形制较大、制作较精美的墓志。我们在一些朝代的墓志材料中，如北魏、唐代的墓志中，都可以总结出比较清楚的墓志形制等级。但这只是一个总体上的规范。实际上常有僭越现象或与实际官职身份等级不符的现象。墓志文是典型的纪念文章。历代墓志文体繁简不等，但因为都是要表现对死者的悼念，所以形成一些固定的格套，大多表现为程式化的溢美文辞。铭文最少的只有几十字，多的可以达到一两千字。早期墓志的字数较少，如魏晋南北朝时期的墓志，很少超过 500 字。越往后来，上层社会人士墓志的铭文字数越多，甚至可达数千字的长篇巨制。

对于墓志产生的时间，前人说法不一，没有公认的结论。有的学者认为我国最早的墓志出现在秦代。这是通过在秦始皇陵西侧发现的秦代刑徒墓中陶文得出的结论。也有的学者根据古代文献中的有关记载认为墓志首先出现在西汉时期。如清代学者叶昌炽《语石》一书中判断："王氏《萃编》曰：《西京杂记》称前汉杜子春，临终作文刻石，埋于墓前。《博物志》载西京时，南宫寝殿有醇儒王史威长之葬铭，此实志铭之始。"还有的根据出土发现的古代石刻认为墓志首先出现在东汉时期。例如罗振玉《辽居稿》"延平元年贾武仲妻马姜墓记跋"称："汉人墓记前人所未见，此为墓志之滥觞。"马衡在他的《中国金石学概要》一书中说："（墓志之制）始于东汉，《隶释》载张宾公妻穿中文，即圹中之刻。"赵万里《汉魏南北朝墓志集释》卷一（晋太康三年）冯基石椁题字的按语中认为："近年陕北出土郭仲理石椁，亦皆有铭。或以砖，砖之有字者尤多。……稍后以志铭代椁铭，与前世风尚殊矣。"

另外有人通过对历史风尚及有关制度的考证认为在魏晋时期产生墓志。如日本学者日比野丈夫认为："由于魏晋时代严禁在墓前立碑，迫不得已，在墓中埋下小型的石碑来代替墓碑，这被看作是墓志的起源。"在我国也有学者持同样看法。以往的清代学者根据当时可以见到的古代石刻与文献记载认为墓志出现在南朝。如顾炎武《金石文字记》卷二《大业三年荥泽令常丑奴墓志跋》提出："墓之有志，始自南朝。《南齐书》云：宋元嘉中颜延之作《王球石志》，素族无碑策，故以纪德，自尔以来，王公已下，咸共遵用。"端方在《陶斋藏石记》卷五中认为："《刘怀民志》作于大明七年，适承元嘉之后，此志铭文字导源之时代也。"都是把墓志产生的时间定在南朝。

为什么会出现这么多的不同看法呢？实际上，人们判断中国古代墓志产生时间的主要依据，往往是局限于所见到的出土墓中铭刻材料。现在，在考古发掘中不断发现新的有墓主姓名等文字的铭刻材料，而且这些材料的时代不断提前，因此，研究者们判断的中国墓志产生的时间也不断前推。但是他们都忽视了一个问题，就是确切判断墓志本身的概念定义。因此，研究者往往将一些并不是专门作为墓志使用的铭刻材料划归入墓志里面了，从而造成多种不同的看法。如果从考古类型学的研究角度出发，就应该把作为考古学上一类专门器物的墓志与其他用于标志墓葬的器物区分开来。特别是把墓志与标志墓葬的社会习俗分别开来。如果从考古学的角度给墓志作一个定义，它的特征应该是：埋设在墓葬中，专门起到标志墓主的作用；有相对固定的外形形制，有较为固定的铭文文体。不具有以上特征的器物，尽管也是在墓中出土的铭刻，也不应该称作墓志。

墓志的作用，首先应该说是为了标志出这一座墓葬的主人是谁，供后人辨识与纪念。因此，墓志的产生，也是在有了需要标志墓葬主人的实际要求这种社会观念以后才正式起步的。

在商周到汉代的历代墓葬中，可以起到标志墓葬作用的墓中铭刻等器物并不少见。近代的考古发掘中，曾经发现了大量这一类的铭刻材料。例如：墓中死者身上佩带的官私印章，刻有死者的官职或姓名；随葬的宗教用品，像告地状、解除陶瓶、铅券等，也会涉及死者的姓名身份；又如覆盖在棺柩上的铭旌，刻在石棺柩上的柩铭，以及画像石墓中的题刻等等。它们都可以起到标志墓主身份姓名的作用，从而说明当时已经有意无意地在丧葬仪式中给墓主作了标志。通过它们，可以推断当时已经出现有在墓中标志墓主的社会习俗。

标志墓葬的早期器物中，秦代刑徒墓陶文是比较有代表性的。1979年12月陕西省秦俑坑考古发掘队在秦始皇陵西侧的临潼赵背户村发掘出了刻在残瓦上的秦代陶文，总共有18件，其中16件刻写在残板瓦的内侧，另两件刻在残筒瓦的内外两侧（图45）。铭文的主要内容是死者的姓名籍贯身份等，例如"东武居赀上造庆

图45 秦始皇陵刑徒陶文

忌"，就是记录这位死者是来自东武的犯有亏欠钱财罪责的刑徒，他的名字叫庆忌，有上造一级的官爵。这些陶文都是从修建始皇陵的秦代刑徒墓中发现的，显然是用于标志死者。有人就把它叫作最早的墓志。但是它并没有固定的形制与文体，只能说是标志墓葬的用品，是墓志的先声。以后的东汉刑徒墓砖铭，就是沿袭秦代刑徒墓陶文形式来标志墓葬的最好实例。在河南洛阳南郊等地曾经发掘出大量东汉时期的刑徒墓葬。在墓葬中出土有刻写在建筑用砖上的刑徒砖铭，记录着死者的刑名、籍贯、姓名等。这些刑徒砖虽然与后来定型的墓志还有很大距离，但是它的埋设目的与墓志基本相同，对墓志的产生与普遍使用有着直接的影响。

汉代由于独尊儒术，提倡孝义，加上经济发展的条件，使得社会上普遍兴起厚葬之风。在帝王专用的黄肠石墓形制基础上，西汉末年兴起了画像石墓葬的丧葬形式，较为普遍地建筑起石室墓葬。它为石质葬具进入社会葬俗打开了道路。今天，我们可以看到，首先是在画像石墓中的石件上出现了刻有墓主官职姓名与葬年等字样的题记。例如河南唐河出土的新莽始建国天凤五年（18年）《冯孺人画像石题记》："郁平大尹冯君孺人始建国天凤五年十月十七日癸巳葬。千岁不发。"它刻于墓中主室的中央石柱上，使进入墓室的人一眼就可以看到，起到标志墓葬的作用。这些题记作为画像石的附属题铭出现，并不是主要作为墓志使用，也不是很普遍的现象。但它却是在墓中较早出现的成篇石刻铭文，开创了在墓葬中使用石质文字铭刻的先例。

根据在山东邹城、滕州等地的汉代石棺椁出土情况，在西汉中晚期已经大量使用石棺椁了。古代文献中也记录有汉代及汉代之前在石棺椁上面刻写枢铭的事例。《汉书·薛宣传》中记录："其以府决曹掾书立之枢以显其魂。"就是说薛宣死后，他的下属官员在他的棺枢上面书写铭文。《庄子·则阳》中记载："（卫灵公死）卜葬于沙丘而吉。掘之数仞，得石椁焉。洗而视之，有铭焉，曰'不冯其子，灵公夺而里之'。"是说在战国时期的卫国就发现了刻有铭文的石棺。《太平御览》卷五五二引用《博物志》记载："汉滕公薨，公卿送至东都门。四马悲鸣，掊地不行。于蹄下得石椁，有铭曰：'佳城郁郁，三千年，见白日，吁嗟滕公居此室。'"也记述了一个西汉时期夏侯婴下葬时发现刻铭石棺的传说。这些南北朝以前的文献记载，虽然掺杂有神异迷信的成分，但是仍然可以反映出在汉代已经有了在棺柩上刻写柩铭的习惯。从《庄子》的记载来看，甚至可以说在战国时期就有了这种习俗。但是现在还没有见到战国时期的实例。不过现存实物中有在四川芦山出土的东汉建安十六年（211年）王晖石棺，棺首刻有妇人掩门的画像，右侧刻写铭文，就反映了汉代的柩铭原状。在汉代以后，晋代也存在着柩铭，而且现在还保存有实物证明。例如晋太康三年（282年）《冯恭石椁题字》。刻在石椁外部的铭文为："晋故太康三年十二月三日己酉，赵国高邑导官令太中大夫冯恭字元恪。"又如晋元康三年（293年）八月十七日《乐生之柩铭》刻有"阳平乐生之柩"等。虽然柩铭与墓志附着的石材是两种不同类型的器物，但是晋代的一些柩铭却改变了自己的形制，不再刻在石棺柩之上，而是刻成一块单独的小型碑石，外形也向墓碑与墓志靠拢。以至在以前的金石著录中，人们也将它们作为墓志一类看待。例如晋元康六年（296年）《贾充妻郭槐柩铭》，是西晋的开国元勋贾充妻子的墓志。它的外形像一座圭首的小型立碑，高0.76米、宽0.312米，与同时期的另一件晋永平元年（291年）《徐君夫人管氏墓碑》相似。这件《徐君夫人管氏墓碑》虽然在上面刻写的是"墓碑"，但却出土于墓室中，应该也是作为墓志使用的。

　　除此之外，在东汉时期埋设在墓中的石刻文字还有些自称为墓门、封记、墓记等。这些铭刻用近似正方形的石板或砖刻写而成，它们就和墓砖铭一样，是与墓志作用相近的石刻了。在金石著录中记载的传世品有东汉延平元年（106年）《贾武仲妻马姜墓记》等。1929年在洛阳北郊王窑村出土的《贾武仲妻马姜墓记》，刻于红砂岩上。根据当时收购的古董商郭玉堂所见，这件墓记"似黄肠石，字刻石端"。现存石长0.46米、宽0.585米，石面经琢磨，仍存凿痕，显然是经过盗掘者的截断修整。考古学家黄展岳曾指出："王窑村一带系东汉帝陵区，曾多次发现黄肠石和黄肠石刻，马姜墓石为黄肠石无疑，马姜墓应是黄肠石墓。此墓石原来很可能是嵌在墓室壁的明显部位。"该石铭文共15行，约200字。它具有文体较为完备的铭文，专门为标志墓主制作。这件墓记铭文首先记载死者丈夫的卒年，然后叙述死者的出身家世与子女情况，其中不乏赞美之辞，最后记载马夫人的卒年、葬地，并且特别说明是子孙害怕后世不知道这是夫人的墓，不了解夫人的德行，所以刻石记录。铭文中表明了它专门用于纪念死者的礼仪作用。这一铭刻的文章体例与内容叙述，和后代正式定型的墓志已经十分相似。所以这些墓记可能就是最早的墓志，只不过当时不被称作墓志罢了。

综合以上介绍的各种秦汉时期墓中铭刻器物的情况，我们就可以看出，在秦汉时期的丧葬礼仪中，存在着用不同形式标志出墓主的习俗。这种标志墓葬的习俗与墓葬形制的改变，促使人们不断改进标志墓葬的器物，使之更加坚固持久，更加富有纪念性。墓志就是在这样的改进中逐渐形成的。只是它在汉代的墓葬中还没有形成统一的一种固定形制，所以才出现了名目众多、形制各异的柩铭、墓门、封记、墓记等多种石制品与砖制品。这是正式定型的墓志出现前的准备阶段。

东汉晚期，在墓地竖立墓碑的风气在官僚士大夫阶层十分流行。墓碑也被纳入国家礼仪制度的范围，成为上层社会经常使用的丧葬用品。我们纵观历代史书中《礼仪志》的记载，都对各级官员墓碑的使用制度有具体的规定，说明墓碑已经成为社会等级身份的一种标志。这种用石刻来表示等级制度、体现身份高下的观念一旦形成，便长期没有改变。墓志的产生，也是这种礼仪观念的体现。从文学角度去看，墓碑的碑文在汉代逐渐形成了一种专门的文体。可以看出，它源于哀悼死者、表达纪念心情的诔文，也就是后人所说的悼词。与使用铭刻去标志墓葬的这种社会习俗结合后，添加上叙述死者姓名籍贯履历的内容，逐渐发展完善，成为定型的墓碑文体。墓志的文体就直接承袭了墓碑的文体形式，只是限于墓志形制较小，文词有所减少而已。

建造墓碑，实行厚葬，需要耗费大量财物，甚至到了影响国计民生这种程度。后人评价汉代时，讲"三分天下贡赋，以一分入山陵"，就是说全国的财赋收入有三分之一用来建筑皇帝的陵墓了。如果全国上下都参照这一做法去修建坟墓的话，可想而知，有多么巨大的社会财富浪费在了地下。所以在汉代末年的战乱之后，经济凋敝，迫使官方开始提倡节俭，禁止立碑。根据《宋书·礼志二》记载："汉以后，天下送死奢靡，多作石室石兽碑铭等物。建安十年，魏武帝以天下凋敝，下令不得厚葬，又禁立碑。"晋武帝咸宁四年（278 年），又下诏书命令："此石兽碑表，既私褒美，兴长虚伪，伤财害人，莫大于此，一禁断之。其犯者虽会赦令，皆当毁坏。"在这样严厉的行政命令下，盛行一时的墓碑只得从地面上消失了。我们今日极少能见到魏晋时期的私人墓碑，可见当时这些官方禁碑的命令是被严格执行了。虽然地面上不让立碑，但是用铭刻标记坟墓的风俗又已经形成，人们只好就采用变通的方法，把文字铭刻转入地下。汉代偶尔见到的做成小碑形式的墓记，这时较多地出现在墓室中。现在可以见到的一些考古发掘出土的魏晋时代墓中铭刻，大多做成缩小了的碑形，竖立着安放在墓室内。例如晋太康八年（287年）《王□墓志》，原石制成小碑形；晋元康九年（299年）《美人徐氏之铭》，制成长方形碑形。直至十六国时期，这种碑形墓志仍然流行。1975年，甘肃武威赵家磨村出土了一件比较罕见的前凉建元十二年（前秦年号，376年）《梁舒及妻宋华墓表》。梁舒的官职为"中郎中督护公国中尉晋昌太守"，是地位较高的地方官员。原石制作成圆首小碑形，高0.37米、宽0.265米、厚0.05米。碑额处仍沿用地面墓碑的称呼，题名为"墓表"。近年来，陕西咸阳渭城区密店镇东北原又出土了一件十六国时期的后秦弘始四年（402年）《吕他墓表》，原石也是带碑座的圆首小碑形状，通高0.65米，竖立在墓室中。根据墓表铭文可知，吕他生前曾为幽州刺史。通过这些实例，可以说明在十六国时期西北地区存在着一种葬礼，就是在墓中安放小碑形状的墓表。对照晋代墓葬中的情况来看，这种习俗应该是沿袭了晋代的丧葬制度。墓志这种称呼在当时还没有出现。

1965年，在辽宁朝阳城北西上台发掘出土一件北魏《刘贤墓志》，这件石刻做成小碑的外形，高1.03米、宽0.304米、厚0.12米，螭首，碑额刻写"刘贤墓志"四字，下面有一个龟形的底座（图46）。铭文中没有刻写年月，只

图46 北魏刘贤墓志

是称："魏太武皇帝开定中原，并有秦陇，移秦大姓，散入燕齐。君先至营土，因遂家焉。"由此看来，《刘贤墓志》可能是北魏早期的石刻。使用碑形，应该是沿袭中原在晋代已经形成的丧葬习俗，但是又在碑额上写明是墓志，标志着进入墓中的小碑已经正式称作墓志了。自然，它也表明了墓碑与墓志这两种石刻的密切联系。使墓志这一名称的出现可能比以前见到的刘宋《刘怀民墓志》还要早，这种仿照碑式的墓志形制在南北朝时期还有所遗存。在洛阳等地出土的北魏太和二十二年（498 年）《元偃墓志》、太和二十三年（499 年）《韩显宗墓志》、正始四年（507 年）《奚智墓志》等都是制作成小型圭首碑的形状，可能原来也是植立在墓室之中。

　　由于墓室空间有限，大型的碑石无法放入墓中，立碑的形式也不适于在墓中使用。所以，墓志很快就采取了类似墓砖铭、墓记那样的长方形及方形形状，平放在墓中或立置在墓壁旁。现存较早出现"墓志"这一名称的刘宋大明八年（464 年）《刘怀民墓志》就是这样的方形石志。在此之后，南北朝时期的墓志形状逐步向统一规范化发展。由单一的一块志石，加上了志盖，发展成模仿覆斗形盒子外形的成盒墓志。而这种覆斗形的志盖，在当时人们的心目中又具有象征天穹四方的意义，使墓志成为一个小的天地宇宙模型，更丰富了墓志的宗教方术内涵。就现有墓志材料来看，有盖的石制墓志大约出现在北魏孝文帝迁洛以后。现知最早的有盖墓志有北魏正始二年（505 年）《寇臻墓志》，它的志盖上刻写"幽郢二州寇使君墓志盖"，说明当时已经形成了有志盖、有志身的固定形制。此后，这种形制就在各地使用的墓志中占据了主要地位。做成碑形的墓志虽然还时有出现，但已经不能代表墓志的主流了。墓志的文体这时候也基本定型，在当时的文学作品中成为一类专门的实用文体。以上变化，使墓志这样一种完善的专用石刻成为主要的墓中铭刻，取代了其他的各种墓中铭刻类型。近 1500 年来，墓志的主要形制没有什么根本性的改变，可以说是中国古代文物中使用时间最长、最稳定的一个大类型。

　　中国古代语言文学十分发达，辞藻丰富。随着时代变迁与语言表达的发展，文人们给墓志也起过多种别称。我们在唐代墓志铭文中就可以看到多种不同的名称。例如：墓碣、墓记、墓版文、玄堂文、玄堂志、阴堂文、灵舍铭等。宋元时期的墓志又有别称作埋铭、圹志、圹刻等。如元代《汪懋昌墓志》盖上就篆刻为"圹志"。但它们只是名称上的变化，形制、文体与使用方式等并无变化，就像古人另起的字号、室名，只是文人墨客的文字游戏罢了。

墓志具有纹饰装饰的部位主要是志盖上表面，加工得十分精细。盝顶形的志盖中央是正方形的平面，用于刻写铭文，标志墓志名称，而在志盖四周形成四个中央高、四边低的梯形斜坡，古人叫作四杀，上面用于雕刻装饰花纹。还有一些墓志会在志盖的四个侧面与志身的四个侧面上也雕刻有纹饰，或者仅在志身的四个侧面雕刻纹饰。这都是身份等级比较高的人物墓志。这种装饰手段也是逐渐发展起来的。北朝时期的墓志纹饰还不太多见，大多只是在志盖上雕刻文字。但也有一些墓志已经具有线刻花纹，或者采用减地凸刻结合线刻手法刻成的花纹作为装饰。部分墓志雕刻得十分精美，具有时代特色，可以反映出当时对于墓志的纹饰已经有了一定的装饰程式。有些雕刻甚至可以称为罕见的艺术珍品，引起国际艺术界的关注。流失到海外的北魏正光三年（522 年）《冯邕妻元氏墓志》就是这样的一件艺术珍品（图 47）。它的雕刻极为精美细腻，在志盖中央刻有一朵莲花，莲花的周围缠绕着一条蟠龙，衬有云气纹，四角上刻有四个兽足鹰爪、形象怪异

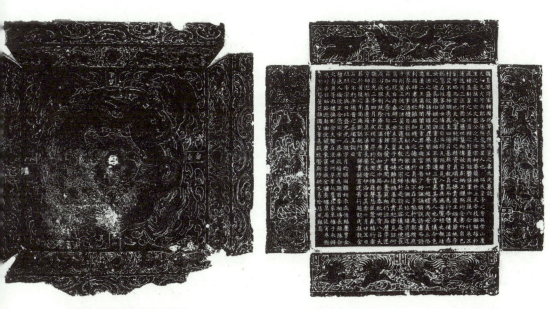

图 47 北魏冯邕妻元氏墓志

的神物，志侧也刻了十四个类似的神物。它的四杀上每一面的中央都有大朵花卉，两侧各有两头野兽奔驰。志盖的侧面刻有连续的变形忍冬纹。整体充满了神秘威严的气氛。这些神怪旁边还有榜题，刻写了它们的名字，有"唅螭、拓仰、攫天、拓远、乌获、礔电……"，但是现在还不能在古代文献中找到与之相应的神怪记录，具体这些神怪代表着什么意义还不能确认，给我们留下了一个有趣的谜题。又例如北魏孝昌二年（526年）《侯刚墓志》，它的志盖上在志名四周用线划分成八个部分。四角为四个正方形，减地刻云纹，上面安装了四个铁环。四边为四个长方形，各刻一组飞腾的神怪。这些身披火焰的神怪与《冯邕妻元氏墓志》上刻画的神怪相似。类似的神怪形象还大量出现在北朝的石窟造像中，例如河北邯郸响堂山石窟等地，可见是当时流行的神怪造型。还有北魏永安二年（529年）《筍景墓志》，志盖中央刻志名，志名外侧四角安有铁环，四杀上衬有云纹，刻着神怪、异兽、千秋万岁、莲花、火焰祭坛等图案。这就表现出了多种宗教因素的影响，尤其是火焰祭坛，是外来宗教祆教的典型代表。而主要表现中华传统文化影响的图案就要看永安二年（529年）《尔朱袭墓志》，它的志盖上在志名四周刻有青龙、白虎、朱雀、玄武四象，四象上还乘坐着仙人，背景衬有云气、树木等纹样。这些形象与后衬的云纹纹饰都十分精细生动。仅存志盖的《魏故司徒范阳王墓志》，出土于洛阳张羊村，雕刻得十分细致优美。它的四杀分为上下两层，上层减地刻变形云纹，下层减地刻有莲花、怪面、神鸟、神兽等图案。这种分层的繁缛纹饰，一直流传到唐代前期，是高级官员墓志的重要装饰。

可以看出，在现有的北魏墓志中，纹饰变化较多，组合也比较任意。不像以后的唐代墓志纹饰那样程式化。在这些墓志纹饰中，反映出北朝上层社会信仰的种种宗教思想，内涵十分丰富，其中有中国传统的道家方术，有佛教的天国崇拜，还有祆教的拜火天神。其中尤其突出的是表现了大量佛教文化的艺术影响，除去以佛教常用的莲花作为志盖的装饰以外，云朵、花草等装饰图案的造型及雕刻技法都与当时的佛教造像艺术石雕如出一辙。这时的雕饰技艺与构图、形象等方面都具有北朝时期的艺术特征，如纹饰整体清秀修长、布局显得精细繁缛等，可以看出与隋唐时期以及其他时代的纹饰有着明显的不同，表现出独特的北朝艺术风貌。

隋代墓志中，加以装饰的做法更加普遍。常见的纹饰如卷草、莲花、四象、十二辰，以及云气、动物等线刻。值得注意的是在隋代墓志中还出现了山水画面、联珠纹、盘龙纹等图案，并开始在四象、十二辰等图像外围加刻壸门。这些新的纹样与装饰在唐代墓志中得以继承。这时的墓志装饰比较随意，还曾经有一些较为罕见的装饰手法，如传世藏品开皇四年（584 年）《杨居墓志》，在志盖上圆雕凸起的兔子形状，这种装饰在山西长治地区出土的唐代墓志上也有发现。可能是具有地方特色的做法。又如甘肃新出土的开皇二十年（600 年）《张荫墓志》，在志盖中央减地浮雕团龙纹，也是比较罕见的。

与其他朝代的墓志相对比，唐代墓志大都具有明显的艺术特征，一般很容易与其他朝代的墓志区分开来。主要是由于大部分唐代墓志的志盖与志侧上的花纹装饰相当丰富，尤其是唐代早期的墓志纹饰，雕刻精细，种类繁多，具有较高的艺术水平。比如在陕西礼泉昭陵出土的唐代显庆四年（659 年）《尉迟敬德墓志》和《苏斌墓志》这一对夫妇墓志，都表现出造型庞大、纹饰繁缛华丽、书法精美的特点，是难得的艺术珍品（图 48）。就拿苏斌墓志盖的装饰来说，在志盖中央是规整的篆书志名"大唐故司徒并州都督柱国鄂国忠武公夫人苏氏墓志之铭"，四周刻画了减地凸起的缠枝蔓草纹，每一边的中央还有一朵宝相花。四杀与四面的侧边也都装饰有同样的花纹。整个志盖显得花团锦簇，华贵异常。大致归纳，在唐代墓志上常见的纹饰包括忍冬纹、缠枝蔓草纹、缠枝卷叶大花纹、海石榴纹、团花牡丹纹、联珠纹、宝相花纹、四象纹、十二生肖纹、野兽纹、神兽纹、飞鸟纹、莲花纹、云纹、几何折线纹等等。就现有材料所见，唐代前后近 300 年间，墓志的纹饰出现了多次重

图 48 唐苏斌墓志盖

大的变化，阶段性十分明显。这些变化与唐代其他艺术品上装饰纹样的变化，如纺织品、金银器、绘画等上面的装饰纹样变化具有大体相同的规律，可以相互印证。这可以反映出唐代文化艺术发展的不同阶段，并可以深入联系，说明造成这种变化的社会变动条件。

宋代的墓志装饰比较简单，以折线纹、云纹为主。志盖上大多只刻写名称，题名的字体也由北朝、唐代以篆书为主发展到包括楷书、隶书、美术体篆书等。仍有一些身份较高的人物墓志在使用四象、十二辰的纹样装饰，但是刻工则显得板滞，造型也在唐代纹样的基础上稍有变化，在艺术表现的生动丰富方面远不如唐代墓志的装饰。宋代已经出现在铭文周边刻画装饰纹的模式，如刻折线纹等。辽代的墓志大多附有装饰纹样，基本沿袭唐代墓志的装饰图案，如在志盖及志侧刻画十二生肖、牡丹纹、八卦图样等，显示出唐代文化的深远影响。明清时期在铭文周边刻画装饰纹的模式仍有延续，各种花草纹很少出现，而增加有云龙纹、回字形纹等，尤其是在志文外边每一侧线刻一条完整的飞龙，是以前没有过的，极具时代特征。但是在墓志侧边装饰纹饰图案的情形已不多见。

墓志是重要的考古资料，在墓葬年代与墓主人身份的判断上具有宝贵的实证价值。它的形制、纹饰等信息有助于历史时期考古中的类型学研究。同时，墓志还是历史研究中不可替代的宝贵史料，里面记录了丰富的古代历史人文信息，可以与历史文献互为补证。墓志的字体多样，异体写法多见，是古代文字学研究的重要原始材料。它的书法水平一般比较高，甚至有很多著名书法家的作品，历来是书法学习的首选范本，也是书法研究的宝贵基础资料。除汉字外，墓志中还出现过多种古代少数民族文字，如契丹文、女真文、蒙文、藏文等，甚至有用婆罗钵文书写的古波斯语等外国文字，对于有关民族文字的研究极为重要。墓志还是古代的一种重要文体，很多墓志出于一代著名文人之手，文辞优美，感情真挚，声韵和谐，对后代文学写作起到了重要的范本作用，在古代文学史上也占有重要的地位。因此，墓志在今天的考古学、历史学、文字学与古典文学等学科领域中都具有十分重要的研究价值。对于各界民众来说，欣赏古代墓志的书法、装饰艺术，了解有关历史人物的活动情况，从而增加对于古代历史文化的理解与认识，也是一种很好的文化享受。

## 买地券与镇墓券

中国古代的丧葬礼仪具有悠久的历史，它的先源来自原始社会中就已经存在的祖先崇拜和族群意识。进入阶级社会以后，统治阶层更是用丧葬礼仪来规范上下等级，约束社会思想，巩固统治秩序。所以我们看到在长期作为封建社会统治思想经典的三《礼》，即《周礼》《仪礼》与《礼记》中，丧礼都是作为一个重要的礼仪部分加以宣扬的。而人们对于死亡和未知未来的恐惧，对于自然界各种奇异现象的疑惑，造成了人类社会早期宗教思想中的"万物有灵论"。这种思想意识就是当时人们信仰的多鬼神论原始宗教思想，认为一切事物都具有灵异，可以给人们带来灾祸或者福祉，从而将人生的一切变化都归结于神鬼的影响。在与未知世界联系最密切的丧葬活动中更是如此。出于这种思想意识，造成了中国古代的丧葬礼仪中除了对祖先亡灵的崇敬之外，也始终存在着宗教方术的因素。人们运用各种方式来祈求神鬼的护佑，驱除邪恶危害，保佑死者在地下的安宁。买地券和镇墓券这两种古代铭刻就在这样的思想背景下产生了，并且随着石刻的普及，逐渐从原始的竹木简牍、铅券等演化定型为石刻形制，成为使用时间十分长久的一类实用石刻。

买地券与镇墓券在以往的金石著录中比较少见。近年来，随着考古发掘与基建活动的增多，它们的出土发现数量也在不断增加，表现出它们是古代墓葬中大量使用的小型石刻。特别是宋代至明清时期的买地券与镇墓券材料比较多见，现在各地公布与整理发表的材料已经有数百种。追溯以往的有关发现及出土材料，可以看出至少在东汉时期就已经存在买地券了。它是一种用于标志土地财产所有权的铭刻材料，至少是一种象征性的标志。这种铭刻主要应用于丧葬礼仪中，埋设在墓室内或者茔域之内。有时甚至可以在同一座墓葬中出土几枚刻有同样铭文的铭刻。从铭文内容中，我们可以了解到，这类买地券实际上是在向地下的神灵通报墓主对于葬地的所有权，表现了土地私有概念的深入人心。当时的人可能是认为，死者所去的地下世界，与人世间一样，也有层层神鬼官吏管理着地下的居民，也存在着死者私人拥有的土地财富。将死者的土地所有权证书转交给地下官吏，就可以保证死者的葬地所有，不受鬼怪侵扰。

考古发现中的汉代买地券有过多种形制。由于铅在古代方术中具有辟邪意义，所以现在所见的汉代买地券多为铅质，制成狭长的长方形铅板，模仿当时使用的竹木简牍形状。表明在这之前会有使用竹木简牍书写的买地券存在。在湖北江陵等地西汉墓葬中出土的"告地状"简牍就是类似的宗教方术性材料，而后，出现用砖刻写的买地券等材料。南北朝以后开始主要使用砖质与石质材料。历代的买地券虽然材质不同，但是它们的文体内容一直基本相似。这种砖石并用的情况一直延续下去，直至明清时期仍有相当数量的买地券、镇墓券存在。

早期的买地券完全仿效了日常生活中的民事契约文书形式，有时甚至就是原来买地文书的复写件。我们可以看到在文书中记录了买卖双方姓名、地价、地块所在的范围四至以及中人等具体内容，是一份当时标准格式的契约文书，表现了完整的法律程序，可以有效地证明土地所有权的转移。当然，出于对神鬼的畏惧，买地券里所写的人名都是虚拟的带有方术意义的名字。以后为了增强驱邪镇墓的作用，买地券里又加入了具有镇墓"解適"作用的文字。或者以汉代同时流行的镇墓券铭文作为基础，加入了虚拟夸张的土地价格，成为不具有人间实际文书作用的宗教方术专用品。

这里可以抄录一件典型的买地券《东汉延熹四年买地券》来看一下买地券的文辞格式："延熹四年九月丙辰朔卅日乙酉直闭。黄帝告丘丞、墓伯、地下两千石、墓左、墓右、主墓狱吏、墓门亭长，莫不皆在。今平阳偃人乡苌富里钟仲游妻薄命早死，今来下葬。自买万世冢田，贾直九万九千，银即日毕。四角立封，中央明堂，皆有尺六桃券、钱布、铟人，时证知者先□曾王父母□□□氏知也。自今以后，不得干扰生人。有天帝教，如律令。"

由于人们希望买地券也具有方术驱邪的作用，所以除中国传统的道教方术语言之外，铭文中还会夹杂进一些反映其他宗教意识的词语，如反映佛教影响的词语："南瞻部洲""谓佛彩花"等。在安徽合肥出土的五代与宋代买地券中就出现了这样的词语。这些内容上的变化，表明在古代丧葬习俗中会逐渐增添世俗流行的各种宗教意识，从而使古人对冥界与神灵的概念越来越丰富多样，也使有关的石刻材料内容更加复杂。由于宋代平民一般不能使用墓志，现在见到的宋代买地券中，还有一些加入了对墓主履历家世的记载，同时起到了墓志的作用。地券与传统宗教、方术迷信有着十分密切的关系。比如用朱砂书写地券，就是表现了古代方士与道教方术的惯用辟邪手段。《文物》1959年第1期《无极甄氏诸墓的发现及有关问题》一文中介绍的出土品砖买地券，就是用朱砂书写铭文。后来的地券上还往往刻有符箓，有些地券上还线刻有日月云纹及星座图像等。出于道教方术的特殊做法，地券的铭文在书写形式上也会有一些奇特的现象。例如将铭文一

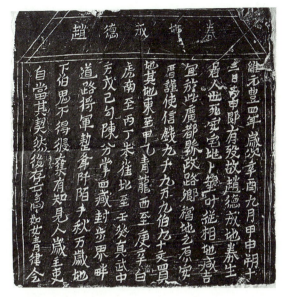

图 49 宋赵德成买地券

行正写，一行倒写，或者由内向外旋转着排列书写，类似盘香形式。这样的地券在五代以后的出土实物中有所发现（图 49）。

除去以后长期沿用的买地券石刻之外，我们还可以见到汉代墓葬中出土的另一种墓中铭刻材料，叫作镇墓券。这是明显具有古代方术"解適"作用的宗教专用铭刻。顾名思义，镇墓券的铭刻内容主要是用于驱逐鬼怪邪祟，保佑墓主安宁与生者平安的诅咒镇压术语。上面说过，由于古代人们对死后的未知世界充满了疑惑与恐惧，在万物有灵论的思想基础上，自然会认为在墓葬地下有着能危害死者灵魂的各种恶鬼，甚至害怕这些恶鬼还会危及在世的亲属，因此就要采取方术手段去镇压它们，以求平安。这种方术思想可以从20世纪70年代以来出土的多种秦汉简牍《日书》中清楚地了解到，例如在湖北云梦睡虎地出土的秦代《日书》"甲种"中就记录了刺鬼、丘鬼等71种鬼怪妖异，并且详细讲解了各种驱除鬼怪、解除灾祸的方术。

这样，我们就会觉得，在墓葬礼仪制度中，从作用与意义上来看，镇墓券和买地券在很大程度上是一致的。镇墓券也是有铅质、砖质与石质等材质之分。从西汉墓葬中出土的竹木简牍"告地状"一类的宗教用品来看，这种汉代的镇墓习俗应该起源很早。我们推测最早的镇墓方术中可能使用的还是竹木质简牍，从出

土铅镇墓券的早期形制是模仿竹简的外形就可以证明这一点。通过考古发掘，我们在汉代墓葬中发现了大量用于镇墓的器物，表现出普遍存在的镇墓习俗。例如在墓室中安放五色石，在壁画及画像石上绘制镇邪驱鬼的武士、神灵、方相氏等。考古发掘中还获得过一种书写在陶罐、陶瓶上的镇墓文，考古界也把这种陶瓶称作镇墓神瓶或解除神瓶。它上面用墨或朱砂书写驱邪解除的方术文字以及符箓图像，用于驱除恶鬼。它的铭文内容、使用目的都和当时使用的镇墓券基本相同，初步统计这样的镇墓神瓶已发现100多件。这些用来镇墓的器物应该都是在起着同样的宗教作用。汉代以后，这些器物逐渐变化消失，只有镇墓券沿用下来，并且镇墓券大多采用了石质，形制一般做成正方形或长方形的石板，在平面上刻写文字符咒，但都没有上面的盖子，只是单独的一块石板。

镇墓券的特点之一就是在上面刻写了道教符箓。早在汉代镇墓陶瓶与镇墓券上，就出现过方术所用的符箓图像。这种符箓被后来的道教术士，如曾广泛流行的天师道等继续采用，并在道教方术中形成一套完整的体系。它以文字组件与图像结合，常书写成类似古代篆文的形式。在隋唐五代以及宋元明清时期的镇墓铭刻中，都出现过类似的符箓图像，也有人叫它秘篆文（图50）。

从考古发现得到的实证中，我们所能见到最完整的早期古代符咒应该是东汉时期墓葬中出土的解除神瓶上面书写的符文。用文字形体来表现方术意义，是中国文化中的一大特点。《淮南子·本经训》中记述："昔者，仓颉作书，而天雨粟，鬼夜哭。"汉代文人高诱的注解认为："鬼恐为书文所劾，故夜哭也。"说明古人认为文字具有震慑鬼怪的神异作用。可见以文字为主去驱除鬼魅的方术应该源远流长，甚至可以追溯到在占卜的甲骨上刻写文字的商代。而用图形符号来表示驱鬼方术

图50 唐金仙公主镇墓券

的历史应该更早于文字符咒出现的历史。虽然现在考古发现中还没有更早的确切实例，但是在湖南长沙马王堆出土的西汉初年帛书中有一件绘制太一星图与神灵形象的帛画，可能就是当时的符咒。

符咒在道教活动与其影响到的民间方术活动中占有极其重要的地位，实用性极强。道教徒们赋予它极大的法力，用它作法驱邪。道教经典《太上洞玄灵宝素灵真符》里说符咒"可以录召万灵，役使百鬼，无所不通也"。正因为这种意识的存在，在中国古代长期沿用通过方术咒语对墓葬施行解除法术的做法。由于南北朝时期道教的迅速发展与其方术仪轨的普及，在隋唐时期已经出现了形制比较统一的镇墓石刻，在上面都刻写内容近似的镇墓文。在传世金石著作中，清末学者叶昌炽的《语石》一书最先单独著录了唐代的镇墓石刻，其中记录了出自顺天皇后父亲鄜王墓与金仙公主墓等处的四方镇墓石刻。后来，大约在1943年，在陕西蒲城桥陵御道旁发现一方唐睿宗窦皇后的镇墓石，1974年又在桥陵西门外的北侧石狮身后发现另一方唐睿宗窦皇后的镇墓石，现在它们都收藏在蒲城县博物馆中。唐睿宗窦皇后的第3件镇墓石近年被发现后，由私人收藏者捐赠给西安博物院。它们的陆续问世，表明在唐代的大型墓葬中会埋设多件镇墓石刻，一般为东西南北中共5件。20世纪中叶，曾在陕西西安南郊的唐寿王第六女清源县主墓葬与咸阳的武三思墓葬等处出土了唐代镇墓石。这些镇墓石上面书写摘自道教《太上灵宝洞玄灭度五炼生尸经》的文句，并且有符篆文。近年来，在陕西西安附近还陆续出土了多件唐代贵族墓葬中的镇墓石。如在唐咸通十三年（872年）的曹用之墓中出土5件镇墓石，在长安县出土的5件唐李义圭墓中镇墓石，以及原来应该放置在唐中宗李旦陵墓中的2件镇墓石，唐玄宗女儿普康公主墓中的1件镇墓石等。看来当时的王公贵族墓葬中使用镇墓石已经成为一种惯例。不知道是不是王公贵族们亏心事做得多，生怕有鬼来敲门。

镇墓石在唐代经道教思想的影响而定型之后，成为社会上流行的一种丧葬方术用品。五代与宋以后的历代墓葬中都有所采用。北宋时期，更由官方确定了在帝陵中使用镇墓石的方法，记录入《宋史·礼仪志》。在四川、江西等地的宋代墓葬中，曾出土了大量的镇墓券、真文券等。它们的形制、内容都与唐代镇墓石一脉相承，上面刻有众多符篆文字，有些还有汉字与符篆文作一对照。宋代人所说的真文券，应该是指单纯书写符箓文而没有汉字咒文的镇墓石，现在考古发掘中有过不少发现，例如现存成都文物考古研究所的北宋《田世中镇墓真文券》等。在四川成都东郊发现的北宋张确夫妇墓，墓中出土 4 件石刻，1 件为买地券，另 3 件是刻写符箓文的镇墓石，上面还刻有与符箓文字对应的楷书汉字释文，可以帮助今人认识这些符箓文的来源与本来含义。

由于佛教的影响，唐代还出现过自称为"咒石"的《陀罗尼经咒》刻石。在墓葬中安放它，应该与安置刻写道符的镇墓石作用相似，也是用于保护墓主安宁的宗教石刻。《尊胜陀罗尼经咒》在佛教经典中具有破除地狱的功能。佛教徒用以在墓葬中震慑邪恶，表达使自己免于堕入地狱的愿望。后来人们在墓葬中安放佛教经幢，刻写或陪葬《陀罗尼经咒》，也都是出于这一目的，并且逐渐形成习俗。直至清代，帝王陵墓中还有在墓室中刻写《陀罗尼经咒》的做法。

## 佛教经幢和墓幢

如果有一丝尘土飘落到你的身上，或者有一缕日影落到你的身上，就可以使你消除一切罪业，免去打入地狱的痛苦，这是多么便利的祈福方式啊。今天的你可能不会相信。而在唐代以来，古人们却是真心真意地认同这种方式的。这就是佛教经幢带给人们的憧憬与慰藉。

经幢在中国大地上出现得比较晚，它是在唐代初期才产生并迅速兴起的一种宗教石刻。这种石刻的外部造型模仿了佛教供养用品——佛幢，所以被世人称之为经幢，或者根据上面刻写的经文咒语称作"佛顶尊胜陀罗尼经幢"。由于经幢大多是单独竖立的大型石结构建筑，有关古代建筑史的论著研究中也把它看作是一种独特的古代建筑形式。

幢是梵文"驮缚若（Dhvaja）"的中文译名。这种器物不是中国的土产，而是源自西方天竺，原本是一种由丝帛制作的类似伞盖形状的装饰品。它的主体为一根长木杆，在顶端上装有如意宝珠，用丝帛缝制的伞盖垂挂在木杆周围。古印度佛教信徒把它供奉在佛像前面，作为敬仰佛祖的功德。唐代兴起的石经幢，应该就是模仿丝幢的形状用石材雕刻建造的。现在根据文物普查的结果，可知最早的纪年经幢是保存在陕西富平的唐永昌元年（689年）《佛顶尊胜陀罗尼经幢》。由于这种石刻上面所刻写的《佛顶尊胜陀罗尼经》是在唐高宗永淳年间（682年）被北印度罽宾国沙门佛陀师利传译入中国的。那么，在永昌元年（689年）之前，很可能还有一些更早的没有刻写纪年题记的经幢。所以，现在一般认为经幢是在初唐高宗时期出现的，一直沿用到明清时期。

石经幢的形制比较规范，长期以来变化不大，一般可以分为座、身、顶三个部分。各个部分往往是单独雕刻的石构件，然后组合成一体。经幢的主体是一根八面（平面八边形）或四面、六面（平面四边形、六边形）等形状的棱形石柱，叫作幢身。承接幢身的底座大多雕刻为覆莲纹，下面有须弥座。幢顶一般雕刻成仿木结构建筑顶部常用的攒尖顶形式，顶端托有宝珠。幢身上雕刻经文及佛像。简单的经幢只有一级幢身，甚至没有底座，而复杂的大型经幢幢身则分为若干段，每段之间加隔莲座、伞盖等装饰。在五代时期已经出现了三段幢身的大型经幢，宋代时这种三段式经幢便已十分流行。例如河北赵县的宋宝元元年（1038年）经幢，就是国内现存的最大经幢。它高约18米，底部为三层须弥座。须弥座侧面雕刻有佛像、力士、伎乐、蟠龙、莲花等众多生动精细的浮雕图像，须弥座上面有大型雕刻宝山承托幢身。幢身分为三段，中间以宝盖分隔。宝盖上面还有莲花座承托上一级幢身。幢顶也分为三层，顶端装有铜质的火焰宝珠。这件经幢是古代经幢雕造技术发展到巅峰时期的代表作品，历来受到人们珍视，是第一批列入全国重点文物保护单位的国宝（图51）。

图 51 赵县宋代经幢

佛教经幢上大多刻写《佛顶尊胜陀罗尼经咒》。陀罗尼是梵文的音译，义译为"总持"，是说佛、菩萨有定力，能够把持神咒的功德。佛教中的陀罗尼分为四种，分别称法陀罗尼、义陀罗尼、咒陀罗尼、忍陀罗尼，《佛顶尊胜陀罗尼经》是其代表。由于《佛顶尊胜陀罗尼经》具有兼济生者与亡灵，并可以破地狱的巨大功能，在传入中国后便迅速流传，普及民间。《佛顶尊胜陀罗尼经》中称："告帝释言，天帝有陀罗尼，名为如来佛顶尊胜，能净一切恶道，能净除一切生死苦恼。……佛告天帝，此佛顶尊胜陀罗尼，若有人闻一经于耳，先世所造一切地狱恶业皆悉消灭。"佛教宣告《陀罗尼经咒》具有如此巨大的去除罪业功效，使崇信佛教的人们相信，把《陀罗尼经》写在经幢上，就可以使接触到经幢的人消除罪业苦恼，甚至经幢的影子映到身上，经幢上的尘土落到身上，都可以消除一切罪业，免除打入地狱的痛苦。

唐代是佛教十分兴盛的时代。尤其是女皇武则天为了登基，利用佛教宣传给自己做皇帝营造舆论基础，使得佛教的影响遍及宇内，佛教信徒数量空前。因此，佛教徒兴建的经幢也大量出现。在公众场合建造这些经幢，应该是有希望借此感化过往人众，扩大佛教影响的目的。陕西泾阳一座唐代张炼撰写的《尊胜陀罗尼宝幢铭并序》中就明确地指出："暴慢者闻之肃恭，往来者睹而愕眙。轩骑读过，历险无惊。樵夫诵行，履危不惧。……则知圣教慈力，广大莫量。"看来这是一座竖立在道路附近的经幢，可以保护行人平安度险，同时让人们感受佛教的教义。这些经幢还可以供给人们拓印经文，予以散布。有一件唐元和八年（813年）《那罗延建经幢》上就刻写道："打本散施，同愿受持。"这也是一种佛教功德，同样起到了普及宣传的作用。

经幢不仅竖立在庙宇、通衢，甚至在私家庭园、家族墓地中都有所刊立。近年在河南洛阳发掘出的唐代诗人白居易故园中，就清理出当时刊刻的经幢残件。有些经幢还安放在墓葬之中，被后人称为"墓幢"或"坟幢"。当然也是看上了它的破地狱功能，祈求通过这种佛教活动保佑死者安宁。不仅平民官员的墓地竖立墓幢，甚至帝王陵园中也要建立墓幢祈福。南宋诗人陆游到四川游历时，曾经见到五代前蜀高祖王建的永陵前竖立一对墓幢，并且写诗感叹："穿残已叹金凫尽，缺落空余石马双。攫饭饥鸟占寺鼓，避人飞鼠上经幢。"但是随着岁月沧桑，这些墓幢现在已经不存在了。根据现存的金、元时代葬书《大汉原陵秘葬经》记载："凡下五品官至庶人，同于祖穴前按石幢，上雕陀罗尼经，石柱上刻祖先姓名并月日。"可见当时在墓前建立石经幢是被官方确认的丧葬制度。根据上述陆游诗作以及在辽庆陵、永兴陵等地残存的经幢遗迹，可以得知这种建立墓幢的丧葬制度甚至上达帝王陵墓的建筑设计之中。所以唐代以来，建立墓幢的现象在各地普遍存在。现在仍得到保存的历代石幢中，墓幢占有较大的比重，正证实了这一点。

墓幢最早被安放在墓地里坟冢之前，后来也有将其放置到墓室之中的。如唐会昌四年（844年）《李潜为亡父所造墓幢》的铭文中就明确记载："闻西方教有佛顶尊胜真言，可以福荐神道。用是购集镌刻，谨立于封树前二步。"而在近年考古发现中，也有多处墓葬中发现了墓幢。像1954年在西安发掘的唐代高克从墓，就在墓道中出土了一座佛顶尊胜经幢。1992年在辽宁朝阳的一座金代墓葬中也出土过一座墓幢。由于墓幢安放地点的特殊性，它的制作就不像佛教徒为了祈福功德建立在寺院、道路、公众场合等地的大型经幢那样精细考究，外部形制也明显缩小。很多墓幢高度都在1米以下，大多不刻写全部《佛顶尊胜陀罗尼经》，只是刻写咒语部分，书体也"每况愈下"。而在幢身上刻写有关墓主的内容，表明为死者祈福，则是墓幢的特点。

清代学者叶昌炽曾大量收集历代经幢拓片，自称五百经幢馆。而这仅是他一人之力所能得到的收藏，可见历代刊刻的经幢数量之多。由大量现存的古代经幢资料可以看到：早期经幢上刻写的都是《佛顶尊胜陀罗尼经》。而后随着时代演进，经幢形制加大，在经幢上刻写其他陀罗尼以及其他佛经的现象也越来越多。例如刻写《般若波罗蜜多心经》《佛说阿弥陀经》《六门陀罗尼经》《妙法莲华经》《金刚波若波罗蜜经》《大悲咒》《佛说大佛顶陀罗尼》《佛说随求即得大自在陀罗尼神咒》《大轮金刚陀罗尼》《佛说观弥勒菩萨上生兜率天经》《陀罗尼灭罪真言》等。

中国古代常常存在多种宗教并存、互相影响、互相竞争的现象。佛教有完整的佛藏经典体系，影响到道教也日益完善自己的经典体系，并且创造出《老子化胡经》这样的经文来压制佛教。而佛家制造经幢之风日益盛行，便影响到道教刻经也采用了类似的经幢形制。著名的《易州龙兴观道德经幢》就是道教采用这一形制的代表。这件经幢在唐开元二十六年（738年）立于易州开元观，金大定九年

（1169年）迁至龙兴观，保留至今，成为全国重点文物保护单位。它也是由幢顶、幢身、幢座三部分构成，幢顶为庑殿顶，下面有仰莲花座托举幢顶，平面八角形幢身，莲花底座。在幢身上刻写了唐开元二十一年（733年）唐玄宗亲自注解的《道德经》八十一章，在道教经典研究中具有重要地位。该铭文传说为唐代著名书法家苏灵芝所书，也是书法界珍视的著名碑刻。

## 佛教刻经

　　在中国古代佛教的发展历史中，南北朝时期是一个佛教极其兴盛、广泛普及的阶段。当时，在帝王贵族至平民百姓的大力供奉下，僧教寺庙及石窟寺遍及南北各地。所谓"南朝四百八十寺"并不是夸大的形容之词。这时，除了开窟造像、建塔立寺外，刻写佛经用于宣传和祈福，也是僧人与广大善男信女们热衷的功德善举。从现在遗存的一系列北朝刻经遗迹来看，应该是先有刊立经碑的活动，而后发展到大型摩崖刻经与石柱刻经等形式。刻经碑应该与造像碑同出一源，先在平原与政治经济中心地的寺院中产生。随着佛教宣传的扩大与寺庙向山中的推进，越来越大的摩崖刻经才逐渐发展开来。近几十年间，在河北、山东等地的考古文物调查中发现了多种摩崖刻经。它们代表了佛教刻经的初期阶段。例如山东平阴发现的《文殊般若波罗蜜经》与"大空王佛"等题记十余篇，就受到了学界的高度重视（图52）。

　　这些刻经里面，绝大多数只是摘录经典中的个别章句。这就应该表明它们是当时僧人的一种宣传手段，将自己所精心研

图52 东平北魏摩崖刻经（局部）

习佛经的心得，自己认为佛法精义所在的语句广泛宣扬给世人。就像现代书写大字标语一样，应该是当时僧人宣传佛教与世人造作功德的结果。直至涉县中皇山与北响堂山唐邕的刻经，才有了整篇刊刻佛经的石刻，具备了保存佛教经典的性质。

北朝刻经中，首先要提及的就是泰山经石峪的摩崖刻经。北齐时期，山东地区兴起摩崖刻经之风。据说是当时僧人在泰山经石峪的大片岩石河床上，刊刻出大字《金刚般若波罗蜜经》。字径可达50厘米，气魄宏大，是泰山的著名景点。它以其宏大磅礴的气势与朴拙浑厚的书体彪炳千古，成为中国书法艺术宝库中独具特色的一件佳作，也是中国佛教发展史上一件重要的历史实证。

泰山金刚经石刻，体积宏大，可以说是中国古代石刻中刻写面积最大、个体文字也最大的代表作。现在对经石峪刻经的介绍中说法不一，有称面积为两千多平方米的，有称面积为三千多平方米的。但无论哪种说法，都可以称作是面积最大的古代刻经。关于泰山金刚经的石刻文字数量，以前一直没有一个确切的计算。现在经过保护清理，确定可见者存1069字。但是其中很多字已经残损，已经远非原貌。

常见的北朝摩崖刻经材料还有山东邹县的岗山、铁山等四山摩崖。除此之外，在近年有关佛教摩崖造像题记的考古调查中有不少新的发现。例如在河北、山东、山西一带发现了大量北朝时期刻写在山间崖壁上的佛经及有关题记。河北涉县中皇山中发现的北齐刻经就是近年的一批重要发现，总计在崖壁上刻写经文达13万余字。2003年，在河南焦作博爱县大佛山发现北魏永平二年（509年）完成的刻经《妙法莲华经普门品》。1993年，河北曲阳西羊平村还发现了一些刻在摩崖造像经龛内的佛经与题记，根据题记，它们大多为隋代的铭刻。这些材料对于了解北朝晚期及隋代佛教在华北地区流行的状况与传教内容都是很好的参考资料。

河北邯郸北响堂寺石窟中保存有北齐天统四年（568年）刻写的《涅槃经》等石经，并且竖立着武平三年（572年）《唐邕写经铭碑》。碑文中记录了唐邕在天统四年（568年）与武平三年（572年）刻写佛经的经过，说明这时正式开始刻写成部的完整佛教经典。新近出版的中美合作研究成果《北响堂石窟藏经洞》一书以文字、图像、拓本、测绘与电脑复原等形式提供了该洞窟的全面考古资料，归纳出这里石窟内外所刻写的佛经等铭文共有：《无量义经·德行品》赞佛偈、《维

摩诘经》全文、《胜鬘经》、《孛经》、《弥勒成佛经》、《无量寿经论·愿生偈》、
《大涅槃经》节文以及大量佛名题刻。

　　这些刻经还都属于摩崖刻经的形式，字体也比较大。有些属于语录与佛名性
质的刻经文字甚至达到字径 1 米以上。类似摩崖刻经在唐代、五代、宋辽时期乃
至后来都有所出现，如四川、重庆等地保存的历代摩崖刻经。现存山西太原晋祠
内的《风峪石经》则大多是利用长方形未加雕琢的石材刻写经文，每件石柱高 1
米以上，属于刻石类型（图 53）。但其中也有少量的五面、八面棱形石柱。这批
刻经共有 160 件以上，完整刻写了武周时期翻译的八十卷《华严经》。在四川都
江堰还出土过刻写在石板上的佛经。由于环境条件的限制，这些刻经的经典种类
与内容都不是太多。而一般常说的佛教石经，则指的是主要利用石板形式刻写的
房山《云居寺石经》。

　　保存在北京房山云居寺的《云居寺石经》是积聚了近千年持续努力的历史文
化成果。它基本完整地刻写了佛教藏经，并且是世界上仅有的两处具有完整内容

图 53 风峪刻经

的石刻佛教经典之一。除此之外，另一处石刻佛经是现存缅甸的小乘佛教经典，用巴利文刻写。房山《云居寺石经》则用汉字刻写，包括了大乘佛教《大藏经》的主要经典。由于云居寺刻经时代悠长，经历了隋、唐、辽、金、元、明等众多朝代，所刻石经的形制不尽相同。其中以存放在石洞与地穴中的长方形经板数量最多。这些经板整齐地叠放在石经山上开凿的 9 个石洞和云居寺南塔下的一个地穴中，每个石洞以及地穴装满后就加以封闭。显然这些石经是随着岁月流逝陆续刻写完成陆续存放的。这些埋藏的石经在 20 世纪 50 年代曾开挖出来加以整理，近年又陆续装入新修建的地下库房中密闭保存。

房山《云居寺石经》的刻写工程开始于隋代，创始人静琬是北齐时期天台宗二祖南岳慧思大师的弟子。可能是为了完成慧思的遗愿，静琬立志刻写石经，这也是一种预防佛法毁灭的措施。佛教经典中把佛教的发展演变分为三个阶段，末法是第三个阶段，这时佛法走向衰落，遭遇劫难。而在中国历史上，也确实出现过统治者下令灭佛的事件，就是佛教史上著名的"三武之厄"。它是指北魏太武帝、北周武帝和唐武宗三位皇帝曾经命令在全国废除佛寺，销毁佛经佛像，使佛教受到重大打击。因此保存佛教经典，以保留佛教存续的思想火种，成为一些名僧与佛教信徒全力从事的大型工程。正如房山云居寺所存静琬贞观八年题刻残碑中所说："此经为未来佛法难时拟充经本。世若有经，愿勿辄开。"隋代僧人静琬因此隐居幽州云居寺，立志刻经。至唐贞观十三年（639 年）静琬去世时，房山石经已经刊刻完成有《法华经》《华严经》《涅槃经》《维摩经》《金刚经》等常用经典，存放在山上的雷音洞中。雷音洞里现存有 4 根八角形石柱，每一面都密密雕刻了小型的佛像，总共有 1056 躯。洞壁上嵌着静琬最初刻写的 146 块经石，证明这里是静琬最早的一个藏经洞。附近的小洞中封藏了部分石经。

自静琬以下，在唐代一直有他的门人以及地方信徒持续进行刻写石经的工程。从现存刻经上的题名可以看出，历代大量佛教信徒捐钱集社支持了这一工程。唐玄宗开元、天宝年间（713—756 年）是刻经极盛的时期。唐玄宗的妹妹金仙公主曾经赠送佛经4000 多卷用作刻写石经的底本，资助刻经事业。到了天宝十三载（754 年），已经将《摩诃般若波罗蜜经》《大方广佛华严经》《大般涅槃经》等重要佛教经典刻完。以后虽然经历安史之乱、藩镇割据等政治动乱，但是刻经事业依然持续下去，不仅信徒捐资，就是唐末地方藩镇也赞助过刻经。后来的辽代皇室与官僚等也曾大量捐钱修造。如辽兴宗赐予钱财，刻写了《大宝积经》《陀罗尼集经》《放光般若经》等656卷经典，共达1000多件碑石。以后《房山石经》的刊刻主要依靠各地信徒的捐助，仅辽代的通理法师一人就募化刻写了《首楞严经》《大智度论》等443卷经典。

现在对《房山石经》进行的发掘清理工作取得了很大成绩，统计出石刻经板14620件，现在可见的经板多采用长方形石板，横向竖行阴文刻写，类似纸质写经或后代的版刻经书（图54）。另有残刻经420件，各种碑铭82件。共刻写了经文1100多种3500余卷。经过多年整理，已经编写出《房山石经》的详细目录，印制了全部拓本。这是对佛教研究的重大贡献。此外，在经板上附刻的刻经题记可达6000则以上，其中记录了大量各个时代的人名、地名、行会、商业、职官等方面的记录，有关唐代幽州地区地名、商业行会等方面的材料尤其引起唐史与北京史研究者的兴趣。在清理石经时新发现的唐玄宗《御注金刚般若经》一部，体现了

图54 房山刻经

李唐皇室融合儒、道、佛三教，实行三教并用，来为巩固封建统治服务的思想意识，对于研究佛教的历史具有很高的学术价值。

类似《房山石经》经板这样的刻写石经，唐宋以来各地也有部分出现，多安放在佛塔之中，如河南开封繁塔、浙江杭州六和塔、江苏句容圆照寺塔等处，都藏有宋代刻写的佛经经板。只是篇幅有限，仅刻了《金刚经》《四十二章经》《观世音经》等一些常见的经文。

近年来，在西南地区的大量藏传佛教刻经也引起了人们的关注。这些用藏文、梵文刻写的经石往往堆积成长长的石墙，十分壮观。例如四川甘孜藏族自治州石渠县保存的穆日玛尼石经墙，已经被列入全国重点文物保护单位。

## 画像石到佛教造像

上面我们说的主要是以文字为主的石刻类型。我们知道，人类表达思想感情和文化信息的方式不仅仅限于语言文字，绘画与艺术雕塑也是重要的表现形式。古代利用石雕制作的艺术品也应该包括在古代石刻之中。中国古代的艺术石刻中，主要有佛、道教徒制作的各种佛、道教造像，墓葬和建筑物等使用的大型石雕，以及画像石等。

现在学界所说的画像石主要流行于汉代，而在汉代以后，虽仍然有所沿用，但被艺术界统称作石刻线画以及石浮雕。在建筑物与墓室装饰中使用画像石的情况也明显减少。现在所见，汉代以后，石刻线画大多出现在佛教的造像、造像碑及塔身装饰上，或者单独刻成一块碑，成为上面所说的书画碑刻。汉代流行的画像石多用于建筑大中型墓葬和装饰石质建筑，是当时十分普遍的实用石刻。由于汉代建造画像石墓的风气很是盛行，留存量极大，近代以来，汉代画像石大量出土，总数已达数千件。汉代画像石的主要分布区域为河南、山东、江苏北部、安徽北部、陕西北部、山西西北部、四川等地，近年在浙江也有发现，可以说涵盖了汉代主要的政治中心与经济发达地区。但是由于地区文化差异，各地的画像石雕刻风格大多具有独特的地方特色，主要的构图、造型等艺术表现形式也有所不同。汉代画像石是重要的文物收藏，国内在画像石出土集中的地区已建有多所专门的汉代画像石博物馆，有些馆藏画像石达到千件以上，如河南南阳汉画像石馆、江苏徐州汉画像石馆、山东滕州汉画像石馆等，另外还有众多地方博物馆与文物保管所都收藏有汉代画像石。

数量庞大的汉代画像石，其中包含了十分丰富的文化内容。现在对于画像石的研究已经成为专门的考古学与艺术学研究课题，有关研究成果十分丰富，涉及墓葬形制、葬俗、艺术史、工艺技术、社会风貌、历史文化等广泛范畴。

总起来看，画像石的外部形制不一，根据建筑所需的石材决定。一般是利用长方形的石板或梁、柱等建筑石材，在加工后的石材平面上用减地浅浮雕、线刻、浮雕或透雕等加工手法雕刻出各种图画与纹饰，形成一件建筑构件，同时也是精美的艺术雕刻。根据出土情况来看，古代画像石脱胎于壁画等古代绘画艺术。很多画像石要在雕刻出的画面上涂加彩绘，以模仿绘画效果。由于中国古代绘画中常见书写题榜的做法，就是在画面上加注文字说明，所以模仿绘画的画像石也会在空隙处附刻铭文，或者在图像中刻写标明人名、故事名称等说明文字的题榜。这些附加的文字，我们统称之为画像石题记（图 55）。

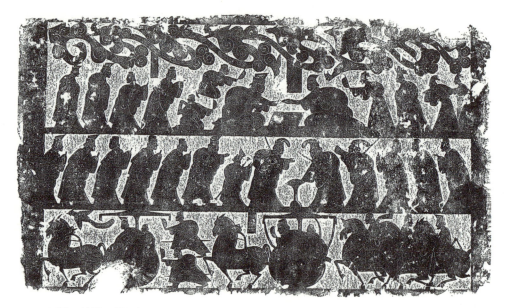

图 55 嘉祥汉武梁祠画像石

现在所见的汉代画像石主要来源于当时建筑的石阙、墓葬、祠堂、石棺椁等。根据科学考古发掘揭示的汉代画像石墓建筑情况，我们可知这些雕刻了图像的画像石构件是用于构建墓室的四壁及屋顶、石柱、墓门等。例如著名的山东沂南北寨汉墓，分为前室、中室、后室三大部分，两侧还有环绕一圈的侧室环廊。全部由石料构建，共用石材 280 块，其中画像石 42 块。画像总面积达到 442.27 平方米，涵盖了几乎全部内墙壁面。画像内容十分丰富，有反映墓主人生前生活的画像，也有表现古代历史故事、神话传说的画像，还有具有辟邪升仙等宗教意识的画像。我们曾经分析过汉代画像石墓中的绘画布局，找到当时流行的布局规律。那就是把整个墓室看作一个缩小的宇宙空间。顶部和四壁上方，表现天界与仙界，所绘图像主要是云气、星象、神仙、羽人、奇禽、怪兽、灵瑞图像等等。同时它也在表现墓室中的天穹与上下四方等空间概念。墓室四壁中央、立柱等处，表现由历史人物故事画构成的历史人文环境。它同时象征着社会流行的伦理、法律、道德观念与文化教育意识，也可能还存在着一定的辟邪驱恶方术意义。常见的有舜、曾子、董永、齐孝女等孝义人物，神农、黄帝、管仲、赵盾等古代名贤，以及周公辅成王、孔子见老子，泗水捞鼎、七女复仇等众多古代历史故事。在墓室四壁偏下的位置或横梁上面，则是地面上的人间现实社会场景，重现墓主及有关人物组合成的各种生活画面，如官员的日常政务活动、显示身份威严的外出巡行、拜谒、学习，以及庄园生产、耕种收获、歌舞百戏、庖厨宴乐、射猎捕鱼等拥有财富的体现，还有庄园、亭台、楼阁、家具、车马等财产图像。这些可以说是汉代中上层社会成员一生中最有代表性的场景，体现了汉代社会最为流行也最受推崇的人生愿望。

此外还有各种装饰性的图案纹样，穿插于以上画面之间或填补石材空白，如菱形纹、云气纹、圆弧纹、绚纹、三角纹、树木纹、穿璧纹等。它们衬托着各种主体图像，将整个建筑装点得华丽壮观。

画像石上面的题榜文字大多安排在历史人物故事画中，起到说明作用。也有一些画像石题记是单独成篇的长篇刻铭。近年来，在考古发掘中陆续发现了一些带有较长题铭文字的汉代画像石。2013 年在山东邹城发现的一件汉代画像石上刻写了 605 字的题铭，记录墓祠主人的家庭成员姓名等情况，是已发表的画像石题铭中最长的一篇。还有的画像石题记记录了死者的生平，像河南南阳出土的东汉建宁三年（170 年）《许阿瞿画像石题记》。它们对墓志的形成也起到一定的促进作用。

具有中国传统艺术特色的画像石制作技法在中国古代石刻中长期保留下来。自汉代以后直至清代，在石材上采用线刻或减地浅浮雕加线刻来雕刻的绘画作品数量还有不少，表现出中国古代民间世代沿传、从不间断的汉文化礼仪传统。

佛教是世界三大宗教之一，创立于公元前 6 世纪至前 5 世纪的古印度，公元前 3 世纪开始向周边各国传播，而后北经大夏、安息、大月氏等国传入中国西域。通过文献记载与有关考古发现证明，佛教在西汉末年已经传入中国内地，东汉时期在社会上逐渐流行。东汉末年，安世高、支谶、竺佛朔等外来僧人把多种佛经翻译成汉文，促进了佛教在民间的宣传与普及。当时除西北以外，徐州、四川等地也都有明显的佛教影响存在。据《三国志·吴志·刘繇传》记载，汉末，佛徒下邳相笮融已经大肆修建宏伟的佛寺。"以铜为人，黄金涂身，衣以锦彩，垂铜盘九重，下为重楼阁道，可容三千余人，悉课读佛经。"佛教传入的这一状况，已经有东汉画像石、壁画中的佛像和六牙白象等图形，四川等地出土的摇钱树座上的佛像装饰，江苏连云港孔望山摩崖雕刻中的涅槃像等多种考古文物发现予以证明。三国及两晋时期，中原与西域的交通往来一直持续。据《魏书·释老志》等文献记载，当时，西域和印度来中原的僧人不断增加。中原信徒增多，兴建佛塔、佛寺的风气也已经兴起，"凡宫塔制度，犹依天竺旧状而重构之"。十六国时期，在西域僧人佛图澄等努力下，得到后赵皇帝石勒、石虎的崇信。中原佛教得到较大发展，建立佛寺 893 所。经僧道安等名僧的推广，佛教逐渐普及士庶，民间的僧团组织也开始形成，寺院的兴建越来越多。大家都知道，十六国时期的战乱纷争，北方游牧民族进入中原建立政权的频繁变动，给当时人民的生活造成极大的困苦动荡。因此，宣扬因果轮回、祈求来世幸福的佛教思想就在这种社会环境下得到了迅速普及。作为佛教宣传的重要手段，建造各种佛像顶礼膜拜的风气随之兴起。石窟寺与石佛造像的兴建由西向东在中原大地上遍地开花，造成了至今仍有大量遗存的佛教造像文物，留下了大量古代石刻艺术的瑰宝。可以说佛教的传入直接促进了古代中亚及西域地区的佛教石刻艺术进入中原地区，并且极大地推动了中原石刻技艺的发展，使石刻的应用更加深入民间。

石窟寺是佛教在中国流传后，受古印度佛教石窟影响所引进的一种宗教建筑。因为这种寺院的主体是由开凿在山岩间的石窟构成而得名。石窟寺往往由集中于一地的多座石窟以及摩崖龛像等组成，相当于殿堂结构的寺院，用于僧人的聚集修道与世俗礼佛祈福等佛教活动。就国内现存石窟情况可知，中国开凿佛教石窟的历史大约始于北朝早期（公元 3 世纪），最晚至明代（公元 16 世纪）仍有零星开凿。南北朝时期应该是中国佛教发展史上的第一个高潮时期，开凿石窟寺、刊刻佛像的风气在这时兴起。首先，有著名的凉州石窟（即今甘肃炳灵寺等一系列石窟）的兴造。而后在北魏文成帝时，便开始兴建著名的大同云冈石窟。在此前后，又有大量大小不等的石窟寺在各地建成，逐渐形成了一个遍布中原的佛教石窟体系。官方以及笃信佛陀的民众们纷纷捐资造像，造就了在世界文化史上也享有盛名的北朝佛教石刻艺术。由于石窟寺有专门的著作论述，这里就不再具体介绍。

但是，在各地建造的大小石窟之外，还有一些在山崖上开龛雕刻的摩崖造像。其组合与表现形式和石窟造像基本相同。此外，在民间广泛刊刻各种类型的单体佛教造像。这些中小型造像应该是信徒们在自己家中供养，或者捐赠到寺院中作为功德。近几十年来，在河北、河南、山东、山西、四川、陕西、甘肃等地多次出土了大量南北朝隋唐时期的石质佛造像与造像碑。例如河北曲阳的修德寺造像、山东博兴的龙华寺造像、山东青州的龙兴寺造像、四川成都的万佛寺造像、甘肃泾川的大云寺造像窖藏等。这些造像原来可能都是保存在当时的寺院中，由于某些变动被集中埋藏起来。埋藏的原因可能多种多样，比如遭遇到官方的灭佛行动，或者处理不宜供奉的破损造像等。2012年，在河北临漳的北吴庄河滩内发现了一处造像埋藏坑。仅此一处就清理出发掘编号至2895的大量造像及造像残块，其中有300多件刻有题记，另外还有3000块造像碎片。这些造像大多为东魏、北齐时期的制品，由此也可以看出当时人们信仰佛教的热诚与刊刻造像的盛况。

佛教造像的雕刻技法与汉画像石那样传统的平面线刻完全不同，以圆雕为主，表现立体的人物形象，写实因素比较强。佛教的造像以所崇拜的佛陀、菩萨等神灵形象为主，现在常见的造像主要有以下几类：

佛像：主要塑造的佛像有释迦、弥勒、阿弥陀、药师、四方佛、七佛像及千佛像，以及毗卢舍那佛像等，他们的面相基本相同，但是不同时代与不同地域的造像会略有变化。根据佛教《造像量度经》的解说，雕刻的佛像有一定的规范。一般为面容丰腴，高鼻大耳，螺发肉髻，眉间有白毫相，赤足，袒肩臂，身披袈裟或僧祇支，手作出各种姿势的手相。佛造像有立、坐、卧三种姿势。立佛脚下踏莲花座；坐姿多采用盘腿的跏趺坐以及一腿盘曲，另一腿垂下的半跏坐与善跏趺坐等；卧佛是表现释迦牟尼涅槃时形象的全身侧卧像。

菩萨像：造型均为梳高髻，戴宝冠，面容端庄，裸露上身，披戴璎珞环佩等饰物，赤足，下身着裙。有些造像手中拈花或手持净瓶、滤水器等佛具。包括文殊、普贤、观音、大势至、弥勒、思惟菩萨等造像。密宗流行以后，石窟造像中出现有千手千眼观世音菩萨、千臂千钵文殊菩萨、如意轮观自在菩萨、不空羂索观世音菩萨等形态特殊的造像。金铜、漆木造像中也有类似菩萨像，但单座石造像中却不大多见。

弟子像：均为光头僧人形象，身着袈裟或僧衣，身形较小。常在佛像两侧侍立的，有一位面容枯瘦的老人形象和一位身形丰满的少年形象，就是释迦牟尼的重要弟子迦叶和阿难。自然，佛陀的弟子不仅这两位，只是单座造像无法容纳更多的人。石窟造像和寺院雕塑中就可以加入众多弟子，云冈十八窟中有雕刻的佛陀十大弟子。晚唐以后兴起的罗汉造像，也是表现释迦的众多弟子，有十六、十八、五百罗汉等组合形式，这些罗汉像均为僧人形象，面容多变，各具特色。

天王像：天王作为护法的猛士，多为甲胄戎装的武将形象，怒目圆睁，手持兵器及法器，足踏夜叉、鬼怪等，一般成对位于一组造像的最外侧。有时天王像改作力士像。北朝石窟中的力士多表现为类似夜叉的形象，裸体披发，手足作鸟爪状。唐代后转变为勇武壮士的形象，上身赤裸，肌肉雄健，下着战裙，握拳赤足。也有天王、力士一同出现的造像群体，如洛阳龙门奉先寺大佛群雕中的天王力士像。

八部及诸天像：八部指佛教中作为释迦眷属侍卫诸佛的各种神鬼，包括诸天、龙、夜叉、乾闼婆、阿修罗、紧那罗、迦楼罗、摩睺罗伽等。他们的形象多种多样，如云冈8号窟门侧有骑牛的摩醯首罗天、骑金翅鸟（即迦楼罗）的鸠摩罗天、三首六臂或八臂、手持日月作勇猛跏趺坐的阿修罗等。他们多用来作为石窟窟门、窟顶等处的装饰造像，单体造像中不多见。

飞天像：是表现天堂中飞翔的神像，佛教中称为乾闼婆，《大智度论》中说："乾闼婆是诸天伎人，随逐诸天，为诸天作乐。"可见她们是表现乐舞的天神。造像中雕刻成在空中飞翔起舞的女子形象，手持乐器，多装饰在佛像背屏或石窟洞顶等位置。

供养人像：表现的都是世俗人物以及僧人的图像，有男有女。不同时代的人物在发式、衣装上表现出不同的时代特征。这一类的人物图像一般采用平面线雕，刻画在造像底座或者背面，以及造像碑面上。有些造像碑上刻画众多供养人形象，往往千人一面。也有些造像上的供养人形象各自不同，比较生动逼真。至于《帝后礼佛图》那样表现帝王供养的大型石刻，就更是精工细雕、人物生动的艺术佳作了。除线刻外，也有浮雕或小型圆雕的供养人像。

单座的石造像大多只雕刻一尊主佛。例如保存在西安碑林博物馆中的北魏皇兴五年（471年）交脚弥勒像，佛相弥勒坐在须弥座莲台上，双腿在座前交叉垂放。背后有巨大的桃形背光，上面雕刻多层精细的火焰纹、忍冬纹和小佛像。在佛头后面雕刻圆形的头光，分为三层，中心为莲花，外层为一圈小佛像。造像背面与座旁雕刻双狮、供养人以及分格刻绘的佛传故事，最下面刻有长篇造像题记。这是一座具有代表性的石造像。也有各种组合的佛造像，如一佛二菩萨、一佛二菩萨二弟子、一佛二菩萨二弟子二天王、二菩萨并坐、三世佛并坐等等。借以体现不同的供养对象。例如北魏永熙三年（534年）佛立像，中央是主尊立佛，双手作施无畏印；两侧为站立在莲花上的菩萨，一位手持净瓶，一位手持滤水器，可能是观世音与大势至二位菩萨。他们身后为一座巨大的桃形背屏，上面浮雕出多名飞天和宝塔、神龙等装饰。又如东魏武定元年（543年）骆子宽造释迦像，属于一佛二菩萨二弟子的组合（图56）。造像的背光已残缺，主尊为站在中心莲台上的释迦立佛，两侧分别有一位菩萨与一位弟子。菩萨的身形大约是佛的三分之二，而弟子的身高仅为佛的一半，着重突出了释迦佛的形象。造像背面和底座上精细地雕刻了佛像、天王像、供养弟子和狮子等平面浅浮雕，特别是在底座上的十神王像，是目前罕见的标注了神王名称的图像，可以凭借它为其他各地造像中的神王形象定名。

信徒所供奉的造像具体是哪位佛像或菩萨、天王、弟子、罗汉等，随着不同时代流行的佛教宗派与崇尚经典的变化而有所不同。但是各大类型内的基本造型相对固定，只是在衣饰、持物、手印等装饰上有所变化。除了题记中的记述外，也可以通过一些体貌、法具、组合等具体特征来推断。就整体形象来看，不同时代造像的面容、体态、衣褶、饰物等也有明显差异，表现了各时代不同的审美观念，这些独特的时代雕刻特征是今天判断造像年代的重要依据。

佛教造像中有大量极其精美的艺术珍品。在世界各地的重要博物馆中几乎都收藏了中国古代的佛教造像，尤其是北朝造像，在世界

图 56 北魏骆子宽佛教造像

文化史上也享有盛名。这些造像雕刻的技艺中比较多地体现出了源于西方的佛教艺术风格，以圆雕为主，写实因素比较强，对于肌肉与人体比例等解剖知识掌握得比较好。这些造型特征反映出这些造像范本来源于西方的犍陀罗等佛教艺术。但随着中原工匠的加入，在雕像形象上与细部的处理上已经逐渐有了适应中原审美观念的改变。在造像的龛楣、背光中的纹饰、佛座装饰等辅助雕刻与壁画装饰中表现出一定的汉代传统艺术，大多采用线刻或减地浅浮雕的手法刻绘人物、神怪等纹饰。唐代以来，艺术本土化的成分逐渐增加。罗汉像、布袋和尚像、水月观音像等具有汉化佛教特色的造像，日益多见。密宗在唐代中晚期流行开后，新加入了具有密教特色的各种佛像，如千手千眼观音像、大日如来像、十大明王像、大白伞盖佛母像等等。这些造像就具有典型的南亚及西藏艺术风格了，但是在石造像中还比较少见。佛教造像与佛教壁画、建筑等共同构建了辉煌精美的佛教艺术体系，是中国考古学、历史学、美术史研究中十分重要的一个组成部分。

在上述的石窟、摩崖造像与单座造像中，有相当一部分附刻有文字题记。造像题记主要为捐资建造佛教造像的供养人服务，记录他们造像的情况与祈福的誓愿。铭文内容比较简单，常用语句呈现固定格式化。单座造像题记的位置不固定，除了常利用造像座的空隙外，有些较长的造像题记会刻写在造像的背光后面，还有些供养人的题名会插刻在佛像龛外或供养人像的旁边，类似汉代画像石中的题榜，这也是中国古代传统绘画艺术中特有的一种形式。由于往往是石工自行书写题记，限于文化水平，造像题记书写的字体大多比较草劣，文字异体纷呈，给释读造成一定困难。但也是研究这一时期异体文字变化情况的重要资料。

## 舍利函、石棺、石床

古代石雕加工技术逐渐成熟后，就出现了一些利用石材雕刻的实用器物，大多是模仿生活中实际使用的漆木器、陶器、铜器等，如石函、石香炉、石灯、石鼎、壶等祭器，还有供丧葬使用的棺、床、屏风等。它们主要是在寺观建筑、礼仪建筑以及墓葬中使用。这些石器雕刻得很精细逼真，有些器物上面往往雕刻着文字题记。这种文字题记也就成为文字石刻中经常出现的一大种类。我们选取其中文字与图像雕刻较多的几个小类型来介绍一下。

一个就是在佛教考古中很重要、发现较多的舍利函铭。"舍利"一词来自梵文，原释作舍利罗，它本来是指人类火葬之后的遗骨或身骨。公元前480年，佛教创始人释迦牟尼灭度后，信众对其火葬之后的遗骨礼敬膜拜，这就是佛教舍利信仰崇拜的来源。和舍利信仰相关的另一种佛教崇拜是佛塔的崇拜现象。古印度的坟墓建筑成一个下有基座，上面是半圆球体的形式，梵语叫作"窣堵坡"（stupa），汉译作塔。佛教史上讲释迦牟尼涅槃后，有过"八王分舍利"的事件，把佛祖舍利分到各地供养。佛教徒们为了安置佛身舍利而建立的古印度墓葬建筑——塔就是这样作为崇拜对象传播开来。早期佛教并不存在佛像崇拜，建造佛像崇拜的风气还是受到古希腊罗马神像崇拜的影响后才产生的。因此，佛教早期崇拜舍利和佛塔的风习就更被佛教徒尊崇，一直继承下来，并且在中原佛教徒中广泛存在。

建造佛塔，转塔礼拜便会得到莫大的功德。佛教中所说的舍利可以分为两种，一种是佛骨舍利，一种是法舍利。佛骨舍利一般是指释迦牟尼佛的舍利。但是佛经上也说到诸佛舍利，就是其他被认为成佛的人物舍利。在佛舍利里面包括有佛顶骨、指骨、佛牙、指爪、头发以及火化后的舍利子等，都被佛教徒认为是至高无上的圣物。法舍利则是指佛经。唐代高僧在西行求法时，在印度就看到了当地人以香末做成小塔，把佛经放在塔内，称作法舍利。然后再建一个大塔容纳很多这种香末小塔，叫作法舍利塔。中国佛塔中供奉的舍利一般都是指佛舍利。

　　佛教传入中国后，从西域来华的僧人也带来一些传说是释迦牟尼的佛舍利，并且建筑佛塔，把佛舍利装在舍利函中，埋设在塔内。这种风气大约是在南北朝时期流行开的。1964 年在河北定县出土了一个石函，外形模仿当时中原日常器具中的箱函式样，上面为盝顶。盝顶上面刻有铭文十二行，记述了它原来埋藏在北魏孝文帝太和五年（481 年）建造的一座五层佛塔的塔基下。这座五层佛塔可能是崇尚佛教的北魏冯太后下令建造的。这座出土的石函可能是现知最早的舍利石函。在石函上面用铭文记录有关事宜的做法是汉地文化传统中的习惯，说明自早期中国佛教使用舍利石函起，就同时采用了在石函上刻写铭文的做法。佛教徒瘗埋舍利时，采用十分隆重的埋藏方式，一般是制作多重金银棺椁，将舍利安放在最内层的金棺中。然后将金银棺椁安放在石函内，置于佛塔的地宫中。除去石函外，后来也有过使用小型的石棺代替舍利石函，做最外层的盛放舍利容器。在舍利石函的外表面上大多雕刻有与佛教有关的图像，如涅槃图、天王像、天龙、飞天等，还有关于瘗埋舍利的铭文与供养人题名。它的形制比较固定，用途也很单一，从而成为一类单独形制的古代专用石刻。

　　近两千年来，中国各地的很多佛教寺院里都建有佛塔。而佛塔建筑作为佛祖陵墓的象征，其中必须有瘗埋舍利的部位，一般是在塔基中修建地宫，将舍利石函安放在地宫内。由于时代变迁，佛塔多有毁废，但是其基址往往还能存在，可以在后世的发掘中重见天日。佛塔塔基地宫中往往瘗埋有舍利及信徒捐赠的各种供养品，因此，近代以来，中国古代塔基的考古发掘为佛教考古获得了大量重要的资料。如著名的陕西扶风法门寺塔、陕西临潼寺塔等地宫中，都出土了大量华美珍奇的佛教历史文物，有些甚至是皇宫中贡献的用品。并且通过各地不同时代的佛塔塔基发掘，可以基本展示出古代佛塔地宫建筑的发展过程。特别是在大型佛塔的地宫中大都安放有舍利石函。因此，舍利塔基的考古发现也就成为中国考古学研究的一个重要组成部分。近年来，随着佛教考古事业的发展，各地清理了多处古代佛塔的塔基，并且出土了一些精彩的舍利石函。有些石函上面刻写了重要的长篇题记，提供了宝贵的史料。

例如 1964 年在甘肃泾川发掘了唐代的泾州大云寺塔塔基遗址，在地宫中出土一座石函。它四周刻有《舍利石函铭并序》，共达 1000 余字，是现存舍利函中铭刻文字最多的一件（图 57）。这篇铭文的撰写者为唐代的著名文人孟诜，末尾记录有建塔官吏与僧众题名。这些参与建塔的人中包括了众多在唐代历史文献中有所记载的官员文士，如源修业、崔璩、赵贞固等人。有关记载对于了解泾州佛寺佛塔的兴建历史以及当时的社会风气都具有可贵的研究价值。这件石函盖上注明"大周泾州大云寺舍利之函总一十四粒"，石函中放置铜函、金棺、银椁，内装有舍利的玻璃瓶等多重器物，也都是珍贵的唐代文物。又如南京博物院在清理大报恩寺遗址时发现了宋代长干寺塔的地宫，出土一件高 1.5 米、宽 0.72 米的舍利石函。石函内有一只铁函，高 1.3 米，是目前国内最大的佛教舍利石函与铁函。铁函内装有一座鎏金嵌宝的阿育王塔。石函北侧刻写《金陵长干寺真身塔藏舍利石函记》长篇铭文。阿育王塔上也錾刻有记述施主、变相名称与吉语的铭文。这些都可以称作中国历史文物中的无价之宝。

大约是在隋代开始，有关建造舍利塔的记录题铭从石函上脱离出来，形成单独的一件刻石，以往的金石著录中称之为舍利塔下铭。根据现有材料看，这一变化应该是隋文帝在全国大肆建造舍利塔的结果。《隋书·文帝本纪》中记载隋文帝在仁

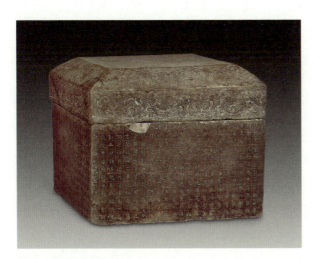

图 57 泾川出土唐舍利函

寿元年（601年）下诏命令在全国30个主要州内建造舍利塔，供奉舍利。《广弘明集》卷十七《隋国立舍利塔诏》中记录这个诏书："朕归依三宝，重兴圣教。思与四海之内一切人民俱发菩提，共修福业。使当今现在，爰及来世，永作善因，同登妙果。宜请沙门三十人谙解法相兼堪宣导者，各将侍者二人并散官各一人，薰陆香一百二十斤，马五匹，分道送舍利往前件诸州起塔。"从现在已有的文物来看，这一诏令是得到了完全的执行。我们可以看到存世的仁寿元年（601年）《青州胜福寺舍利塔下铭》："维大隋仁寿元年岁辛酉十月辛亥朔十五日乙丑，皇帝普为一切法界幽显生灵，谨于青州逢山县胜福寺奉安舍利，敬造灵塔。愿太祖武元皇帝、元明皇后、皇帝、皇后、皇太子、诸王子孙等并内外群官，爰及民庶、六道、三涂、人非人等，生生世世值佛闻法，永离苦空，同升妙果。孟弼书。敕使大德僧智能、侍者昙辩、侍者善才，敕使羽骑尉李德谌、长史邢祖俊、录事参军丘文安、司功参军李佶。"就是记录了隋文帝派遣僧人智能和李德谌等官员去青州逢山县胜福寺安放舍利，建造佛塔的事件。这些塔下铭已经刻成一件单独的方形碑石，叙述的文字内容也比较多，当初建造地宫时，很可能是把这件塔下铭覆盖在舍利石函上面。

在古代丧葬活动中，也曾使用一些石质的葬具。早在新石器时代的北方一些聚落墓葬中，就已经出现了用石板、石块构成的石棺。上面说到过《史记·秦本纪》中曾记载秦国的祖先飞廉被商纣王派到北方去采石，在霍太山获得一具刻有铭文的石棺。在现存文物中，可以看到在汉代就已经有大量使用石棺的埋葬现象。在一些石棺上也刻有文字题铭（图58）。四川博物院保存一件在四川芦山出土的东汉建安十六年（211年）王晖石棺。它的四壁与盖板都刻画了神仙、青龙、白虎、玄武等图像，右侧刻写铭文"故上计吏王辉伯昭，以建安拾六岁在辛卯九月下旬卒"，就反映了汉代的枢铭原状。类似的石棺在四川、重庆一带多有发现。在山东滕州、邹城和苏北等地也出土了大量两汉时期的画像石棺。它们多在两侧及前后挡上刻画各种神异、人物图像与装饰纹样，包括有羲和、嫦娥等神话故事，龙虎穿璧图像、楼阁建筑和人物等，是现存汉代画像石的重要组成部分。

而后，这种制作石棺的丧葬风气又在北朝兴起。1949年以前，在洛阳等地的北朝时期墓葬中，出土过一些石棺，其中多件被盗卖到海外。这些石棺上面雕刻

图 58 汉代石棺

有大量精细的图像，包括神异动物、墓主人、孝子故事画等。石工制作时沿袭了古代中原艺术绘画与汉代画像石的传统做法，在这些图像的中间常留有榜题的位置，在上面刻写一些简单的说明及人物名称等。按照北朝文献的记载，这种石棺多属于供高等级官员贵族使用的"通身隐起金饰棺"，应该是通体雕刻花纹并且贴金装饰的石棺。《北史·穆观传》记载，穆观死后，"明元（皇帝）亲临其丧，悲动左右，赐以通身隐起金饰棺，葬事一依安城王叔孙俊故事，赠宜都王。"可见只有王侯才能获得这种精致考究的贴金石棺，制作这种石棺的也应该是中央官府将作监中的御用工匠。例如现存美国明尼阿波利斯美术馆的北魏正光五年（524年）赵郡贞景王元谧石棺，上有彩绘与贴金。前挡中央刻一座门，火焰形门楣。门两侧各站立一位门吏，上部有一个宝珠、两个怪兽以及花草纹饰。左、右两侧帮的中央雕刻一个大型铺首衔环。两旁各有一个小窗，有人从窗口向外看望。窗子与铺首中间分别雕刻青龙、白虎、朱雀、玄武四象。其余空间刻有孝子故事与仙人、云朵、山水、树木等。在孝子图像旁的榜题标记了这些孝子的姓名，如丁兰、韩伯余、郭巨、闵子骞、眉间赤、原穀、舜、老莱子、董永、尹伯奇等。又如在美国纳尔逊博物馆收藏的北魏孝子石棺，也是在棺侧的两帮上刻画孝子故事图像，

图 59 北魏孝子石棺

并且有榜题孝子姓名（图 59）。此外，还出土过多件仅雕刻图像，没有榜题的石棺。例如河南洛阳上窑村出土的北魏石棺、新近在洛阳出土的北魏永安元年（528年）凉州刺史曹连石棺、陕西西安出土的北周保定四年（564 年）邯州刺史李诞石棺、咸阳出土的北周建德元年（572 年）匹娄欢石棺等。其中李诞还是来自天竺，经罽宾入华的印度婆罗门人士，他那具以四神图像为主、充满中原文化因素的石棺显然是北周皇帝赐予的官方制造器物。特别是 2005 年在陕西潼关税村出土的一件石棺，通长 2.9 米、高 1.42 米，外表刻有极其精美的神仙人物、奇禽异兽、门吏与四象等图像。据墓葬形制推测，它可能是隋代的废太子杨勇的葬具。唐代高等级的贵族墓葬中，还发现有制作成房屋形状的巨型石椁，同样雕刻有人物图像等。例如陕西的永泰公主墓、山西的薛儆墓等处，都在墓葬中出土了大型的殿堂石椁。2010 年，从美国追索回一件被盗卖出去的珍贵文物。这就是从西安长安区庞留村唐贞顺皇后陵中盗掘走的唐玄宗宠妃武惠妃石椁。这件石椁体量庞大，制作精美，由 5 块椁顶、10 块廊柱、10 块椁板、6 块基座组成一座宫殿型的石质建筑。高约

2.3 米、宽约 2.6 米、长约 4 米。其内外均雕刻有十分细致逼真的图案花纹，以多扇屏的形式刻画了众多唐代宫廷妇女形象。除一扇画面上是三位女子之外，其他每扇画面上均有两位女子，多似一主一仆。女子们有些穿着圆领襕衫和绣花短靴，头戴幞头。而更多的是身穿宽松的大袖长衫，束长裙，足着高头履，梳着各色发髻，袒胸露臂，装饰华贵，一共刻画了宫廷女官、侍女等 21 名人物形象。由此可见，这座武惠妃石椁是现在所知唐代石椁中最大也最华美的一件珍品。宋代以来，中原仍然有使用石棺的现象存在，在石棺上刻写题铭的情形同样有所发现。如现存河南省博物院的宋开宝九年（976 年）石棺、郑州文物考古研究院的西夏永安五年（即西夏贞观二年，1102 年）石棺。这些铭文刻写的位置、内容并没有固定的格式，随意性较强。模仿殿堂式样的石棺在唐代以后也还有孑遗。山东安丘的雷家清河出土过一件北宋绍圣三年（1096 年）的胡涟石棺，就是制作成殿堂的形式，但是仍然在它的题记中自称为棺。

在北朝墓葬中出现过的石床与石屏风是一种重要的考古遗存，也是极其精美的石雕艺术品（图60）。这类器物最早见于北魏时期的北方墓葬中，以山西大同出土的北魏太和八年（484年）司马金龙墓中石床为代表。就现有材料来看，使用石床与石屏风的时间下限应该在北周末年左右，以在西安附近出土的北周天和六

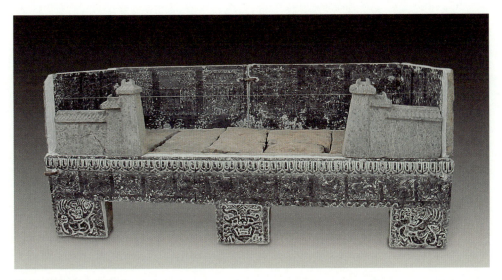

图 60 北魏石床与石屏风

年（571年）康业墓与北周安伽墓中石床为代表。石床与石屏风的外部形制相对比较固定，前后变化不大，都是在模仿人间实用的木床和漆木屏风，只是用石材制作，以图久远。为了显示奢华以及祈求神灵护佑，石床一般是在正面（即面向墓室门）的床架与床足上雕刻各种纹饰图案，尤其是具有神异作用的神兽、天人、狮子、力士天王等形象。还有表现祆教信仰的火坛、祭司等。也有在四周床架和床足上全部雕刻纹饰的，并已发现有多件石床在纹饰上描彩贴金，制作工艺十分华丽考究。石屏风放置在石床上，一般由4件横向长的石板材构成，正面2件，两侧各1件，竖立起来，围在石床的三边。每件屏风构件朝向床内的一面上刻画有图像，还发现过更为考究，在两面都刻画图像的。石屏风上的图像主要有墓主夫妇的生活像、仆从奴婢形象、出行车马图像、孝子故事画、竹林七贤图等，反映了当时社会的流行思想风貌。多件粟特人墓葬中出土的石屏风上刻画有粟特人的生活场景以及祆教徒宗教活动的场景，具有浓郁的异域文化特色。例如在欧美各国博物馆中分别藏有一组石床、石屏风的构件。姜伯勤曾撰文研究，将这些散布各国的构件组合起来。其中美国华盛顿弗利尔艺术馆存石床架的正面上部横架，最上方为椭圆形联珠纹，下面是莲瓣并列组成的饰带。再下面由透雕的壶门分出3个床足。左右两足浮雕手执三叉戟的祆教天神，足踏小型鬼怪及神兽。中央一足浮雕怪兽背负火坛，火坛的左右各有1名立在莲台上的合掌天女。壶门中凸雕莲花幢，幢左右各有1名头戴日月饰物的祆教神人，手托火珠。德国科隆东方艺术博物馆藏石床上左右门阙两件，美国波士顿美术馆藏石床上正面石屏风2石，法国集美博物馆藏石床上侧面的石屏风10石，以上这些石件可能是属于同一组石床。屏风的每件石上雕刻一幅图画，采用减地浅浮雕手法刻绘出具有胡人风格的饮食、出行、狩猎与家居场面。姜伯勤认为所描绘场景当是祆教节日，即汉文史料所谓的"赛祆"。20世纪90年代，日本美秀博物馆购进了一批石屏风构件与一对门阙。屏风构件11件，上面用浅浮雕加彩绘贴金的形式刻画了大量反映西域民族生活和具有祆教文化特色的图像，其中包括墓主人宴乐、狩猎、出行、野营、盟誓、商队等生活场面，也有向娜娜女神献舞祭祀、祭司举行丧葬礼仪等祆教徒的宗教活动图像。2000年，在西安大明宫乡炕底寨发现了一座北周时期的粟特人安伽墓葬，墓中出土1套石屏风与石床。石床正前方以及两侧的床架上用联珠纹勾画出椭圆形与方形边框，框内平面减地刻绘出动物头像，包括有鹰、鸡、象、狮、牛、马、龙、猪、犀牛等。床足上线刻畏兽。石屏风上浅浮雕生活景象图画11幅，并有彩绘贴金。这些图画中描绘的人物形象多为身着胡服，高鼻长髯的西域人士。原简报将这些画面归纳为狩猎、车马出行、野宴、乐舞、居家宴饮、商旅、民族友好交往、出行送别等具有西域民族特色的生活场面。美国纽约大都会博物馆曾经展出过一件借展的北朝石床，最近刚刚被返还给中国。它上面的雕刻十分逼真生动，细致刻画了高浮雕的祆教火坛、护法神与祭司祭祀的图像，以及作为装饰的神异动物、狮子等。应该是北齐前后时期的作品。这些考古文物的新发现，表明北朝时期的外来民族人士曾经采用石床作为他们的葬具，并且把表现自己民族文化宗教的图像艺术带入源自中国文化传统的石葬具中，显示了汉文化与外来文化的交融情况。

隋唐墓葬中没有出现过与石床相配的石屏风、石阙、石狮等丧葬器物，应该是在使用石葬具的习俗与礼仪制度上已经有了重大的改变。因此，我们将石床及与之配套的石葬具组合确定为北朝时期特有的葬具。根据现有材料，北魏晚期与东魏、西魏、北齐、北周时期使用这种葬具的情况比较多。以往，这类器物仅有零星被盗掘的传世品，经考古发掘出土的材料很少。现在可见的一些雕刻精美的珍品大多流散到海外各大博物馆，如上述美国华盛顿弗利尔艺术馆、美国波士顿美术馆、德国科隆东方艺术博物馆、法国集美博物馆、日本久保惣艺术馆、日本美秀博物馆等均藏有北朝石床组件。近年来，随着国内北朝考古工作的进展，北朝墓葬中的石床陆续有所发现，如在山西大同发掘的北魏太和元年（477年）宋绍祖墓中石床，河南固岸的南水北调工程考古抢救发掘中出土的东魏武定六年（548年）谢氏冯僧晖墓石床及石屏风，都向我们展示了当时石床及石屏风的使用方式。这些石制品上，尤其是石屏风上，常有刻写题铭的情况，其题铭内容及刻写形式与上面所说的北魏石棺基本相似。近年在深圳博物馆展出的一件石床，正面中央记载墓主姓名的刻铭"兴和四年七月廿日亡人朱洛石洑冥记"。这件石床现在被深圳金石艺术博物馆收藏。另一组被深圳金石艺术博物馆抢救回国的石葬具——翟门生石床与石屏风，根据同为一组的墓室石门刻铭，可知翟门生是一位来华的客使，并且很可能是属于粟特民族的一位来自西域的客使。但是他的葬具图案完全是来自汉文化传统的中原风格绘画，包括墓主坐像、孝子故事画、竹林七贤与荣启期图等。可能由于翟门生的客使身份，属于东魏官方供养。那么，这套葬具也是东魏官方制作赠予翟门生下葬的，所以与其他粟特人墓中的石床石屏风不同，没有加入任何的外来文化因素。

## 建筑物附属刻铭　石阙、神道柱、牌坊

　　人类在进化发展的过程中，不断改进着自己居住和使用的各种建筑物。从简单的地穴、草棚发展到宽敞高大的殿堂、楼阁。自然界慷慨地给人们提供了多种多样的建筑材料，树木、竹竿、泥巴、茅草……都是人们建筑居室的好原料。而坚固耐用的石材，自然也是人们在建设各种建筑物时大量运用的。虽然中国古代建筑往往是以土木结构为主，但是也会在柱础、台阶、散水等需要承重、耐磨的部位使用石材，甚至利用石材构建整个建筑物。在古代的各种石质建筑上面，常会装饰有各种图像纹饰，甚至刻写文字，从而加入石刻的大家庭。

　　这里介绍几种典型的古代石建筑。首先是汉代的石阙。阙是中国古代建筑群中的一个重要组成部分，也就是庄园、宫殿建筑的外大门。它的原形可能就是构建大门的木柱，后来逐渐发展成土木结构的大型门阙。石阙的外形应该是模仿土木结构的门阙而来。根据现在的文物发现，东汉时期已经出现了石质的门阙。尤其是在模仿实用建筑的陵园、墓园中，使用石阙的情况更多。现有公布的资料表明，全国尚保存有 30 余处汉代石阙的遗迹，主要分布于山东、河南、四川等地。这些石阙受到建筑界与古代建筑史学者的高度重视，是重要的古代建筑资料，其中大多被确定为全国重点文物保护单位（图 61）。

　　现存石阙根据其原来所属遗址的实际用途，可以划分为庙阙与墓阙两种。庙阙是原祭神庙宇建筑的大门，如河南登封的太室、少室、启母等诸阙。墓阙则是墓葬园域的大门，如四川雅安的高颐阙等。庙阙与墓阙的造型基本相同，只是建筑时的所在地不同而已。

　　现存的汉阙多是壮观雄伟的大型建筑。一般高度为 4 至 6 米，多为磨制规整、

雕刻精美的石块垒砌而成。一组阙分为左右两件，呈中央对称形，中间空缺，很像是一个影壁从中间切割成两半的形状。完整的一侧阙身包括几个部分：内侧比较高大的部分一般称作正阙，最下面为基座，基座上面的直立部分叫作阙身，再上面是雕刻成仿木结构的单檐式或重檐式阙顶。与正阙相连的外侧低矮部分称作副阙或子阙。它同样有基座、阙身与阙顶三个部分。也有些石阙没有副阙，这样的石阙也比较低矮，例如山东平邑发现的皇圣卿阙，高仅2.5米，用一块整石雕刻而成。值得注意的是它仍然在阙身上刻出纵横的石缝，模仿石块垒砌的大型石阙，说明垒砌的大型石阙是这类建筑的基础原型。

阙身上经常分层雕刻各种图像，如神兽、仙人、历史故事画等等。正阙的阙

图61 汉高颐阙

身上除去刻画图像装饰外，还往往刻写一些铭文。这些铭文刻写的位置并不固定，在左右两阙上均有发现。左右的铭文并不相同，也不必对称。甚至有的阙身几面都刻写有铭文，例如太室阙的西阙南面阙身上篆书有"中岳泰室阳城□……"，北面阙身上刻写"元始五年四月阳城□长左冯翊万年吕常始造作此石阙"。大致这些石阙的铭文都是类似的以记录造作人姓名、建造年月、赞颂词语等为主的记事内容。

魏晋以下，可能由于社会经济状况相对衰落，丧葬规模减小，耗资巨大的石阙逐渐被废弃。但现在仍发现了一些可能是西晋时期的石阙，四川渠县王家坪、赵家村等地出土了多件石阙就是这样的发现。而在一些高等级的陵园中主要保留了汉代流行的另一种墓前石刻标志——神道柱。与阙的形制不同，神道柱的主体是一根圆柱。后代使用的华表应该就是源于这类圆柱形的古代建筑。它最早应该也是一根竖立的木柱，上部横穿有一块木条，古人称作表柱，起到突出标识的作用。汉代庄园、宫殿建筑的大门前往往会竖立这样的表柱。在内蒙古发掘的和林格尔汉墓壁画中，一组官署建筑的门前就竖立着木质表柱。可以清楚地了解到它的原来面目。陵园墓园建筑的大门前也会竖立类似的表柱，为了经久保存，由木质材料变化为石质构件，就是后人所说的神道柱。神道柱的上部有长方形的额，刻写铭文。古人称之为神道，应当是根据它用来标识神道位置的用途而定名。它们都是竖立在墓葬封土前面神道的两侧，高高耸立，引人注目。

现存的石质神道柱首先建造于汉代晚期，并逐渐成为历代大型陵墓中的一种固定石刻，不但在东汉至南朝的陵墓遗址中都有所发现，在隋唐以后各个时期的帝王陵园建筑中也有遗留。例如在陕西乾县唐乾陵南阙竖立的神道柱、河南巩县北宋王陵中遗存的神道柱等，后人也把这些神道柱称之为华表。其中年代最早的是在北京石景山出土的汉幽州书佐秦君之神道柱，建造于东汉元兴元年（105年）。其形制为在圆形石柱上方有两只虎形圆雕顶举着的方形题铭石板。洛阳博物馆收藏有西晋的韩寿神道柱，但仅存中间一段，题铭石板的两侧也已经残缺（图62）。保存数量最多的是南京、丹阳地区的南朝陵墓神道柱。这些神道柱的基本造型十分相似，应该是有着一种比较固定的传世制作范本。

东汉、晋代与南朝时期的神道柱外部形制比较特殊，雕饰得十分精美。从造型来看，它们一般具有底座、柱身、额、柱顶等几个组成部分。其底座大多为方形，上面有盘龙或兽形的圆雕。竖立的柱身上面雕刻出圆弧状直棱纹，柱身上部有方额。柱身顶部为雕刻莲花或其他花饰构成的华盖。有些神道柱的华盖上面还装饰有一只蹲坐的怪兽，如狮子等。延续发展到明清时期，华表改变成通体雕刻盘龙与云朵的圆柱，顶部的蹲狮也变成了类似龙首的怪兽，被加上了"望天犼""望君归"之类的美称。天安门前的巨型华表就是典型的代表。

这种在竖立的柱身上面雕刻出圆弧状直棱纹的装饰，看上去与古希腊建筑以及古埃及石雕建筑中的柱身有些相像。因此，近代学术界的很多研究者，如朱希祖、朱偰、刘敦桢、姚迁等人都

图 62 韩寿神道柱

认为这种石柱是在西方艺术影响下产生的。有人提出：它实际上是古埃及中期石柱，即后人所称多利亚柱式的孑遗，在希腊、罗马、古代波斯建筑中都曾经大量使用过这种柱式，而后这种建筑式样东传来中国。这一说法对于古代中西文化交流研究无疑是很引人注意的想法，所以在 20 世纪前期曾经流行。

也有学者认为，神道柱上的直棱纹不是源自西方，而是模仿自中国古代丧葬制度中一种叫作"凶门柏历"的器物。"凶门柏历"是用细木棍捆绑在一起形成的一根粗圆柱，外层再绑一圈破开的竹竿。在丧礼时，竖立在死者庭院的门口，类似后代为办丧事专门搭建的牌楼。现在看来，很多神道柱上的纹饰确实分为向内凹进的直棱纹和向外突出的束竹纹两部分，中间还有表现捆绑绳索的绳纹。与文献记载的"凶门柏历"形制相似，而且"凶门柏历"的用途也与神道柱相近。所以这种看法是很有道理的。

图 63 清石牌坊

　　神道柱上方的方额是在原表柱上方横贯柱身的木板基础上发展而来的，成为专门刻写铭文的部位。上面常见的铭文体例为"某某人之神道"，左右两柱上的铭文对称。在南朝的神道柱额上可以看到一种比较特殊的铭刻形式，即一侧神道柱上铭文正刻，是平常见到的字形，而另一侧则反刻，呈现镜像中的反刻文字，梁文帝萧顺之建陵的神道石柱就是如此。

　　牌坊，又叫作牌楼，是后来兴起的礼仪建筑。最早应该是木材构建的，以后很多地方采用石雕。它就像一座大型的门楼，在上面用匾额或刻铭彰显所要旌表的对象（图 63）。有人认为，牌坊是由宋代祭天建筑的灵星门演变来的。灵星门后改称棂星门，在孔庙前建造，用以表示对孔子的崇敬。实际上它的前身可以推衍到汉代的门阙，甚至更早。浙江鄞县的横省石牌坊建于南宋早期，是现存年代最早的石牌坊，已经被纳入国家重点文物保护单位。它为二柱一开间单檐歇山顶仿木结构，比较古朴，反映了当时南方建筑的特点。而后的石牌坊形制与装饰就逐渐变得繁缛华丽。明清时期各地盛行竖立牌坊，如在山东曲阜孔林，建有六柱五门的"万古长青"石牌坊，是为了纪念孔子的礼仪建筑。它始建于明万历二十二年（1594 年），清代雍正年间又"奉旨重修"。两侧还有明嘉靖年间建造的御碑亭。牌坊飞檐起脊，气势恢宏，中间的两根柱子上浮雕盘龙，刻工精湛可观。在河北灵寿县城中，有一座建于明崇祯十四年（1641 年）的透雕石牌楼，全部由青石雕刻，仿照木斗拱结构建筑，具有五楼四柱三重檐，高达 12.1 米、宽 8

米。额枋上精工细雕出云朵、仙鹤、游龙、对凤等浮雕图案。每根柱子的夹柱石上还雕刻了各种形态、大小不同的狮子，整体造型显得宏伟壮观。福建仙游城内的东门石牌坊，是当地巨商陈天高父子因御赐"乐善好施"匾额所建造的，由清道光五年（1825年）开始兴建，历时三十年才建成，被誉为福建省内雕刻艺术最为精美的石牌坊。它也是五楼四柱三重檐的仿木结构宫殿式建筑，高约17米。飞龙卧檐缠柱，中央横额下雕刻历史人物故事，下面雕刻凤凰、金鳌、麒麟、莲花等祥瑞图案。安徽古徽州地区据说原来建有牌坊1000多个。现在还保存有明清牌坊100多处，保存最多的歙县甚至被称作"中国牌坊之乡"。歙县棠樾的石牌坊群，在进村路上连续建有7座石牌坊，分别彰显"忠孝节义节孝忠"。类似的牌坊普遍建于庙宇、祠堂、陵墓、官署以及街道通衢等处，大多是用来表彰人物，褒扬功德，纪念御赐旌表，显示皇恩等，具有明显的封建政治意义。

名碑名刻

## *先秦两汉——风气初起*

几千年来，散布在中华辽阔疆域中的古代石刻数不胜数。据不完全的统计，在各图书馆和文博单位中现存的古代石刻拓片材料就有 50000 种以上。在各博物馆和国家文物保护单位中收藏的石刻数量也可达几万种。而在地方山野和民间留存的各种石刻材料更是一个庞大的遗存，尚未得到详尽完整的整理统计。2023 年，为了更好地保护与利用古代石刻，国家文物局经过全国普查和专家论证，公布了《第一批古代名碑名刻文物名录》，包含了具有重要历史文化意义及现实意义的碑刻、摩崖石刻等 1658 件国有文物，这些石刻现在保管在 323 处文物保护单位和 221 家文物收藏单位中，遍及祖国大地，是古代石刻重要历史文化价值的代表。每一件石刻就是一个生动的历史故事，都要详细讲述出来，显然不是这本小书所能容纳下的。我们只能从数以万计的古代石刻中，特别是从《第一批古代名碑名刻文物名录》公布的著名石刻中选取部分有代表性的碑刻材料作一点概括性的介绍。

汉代是中国古代石刻发展的第一个高峰期。汉碑也历来受到金石学者、文人墨客乃至全社会的重视，在古代石刻研究中占有重要的地位。但是现存的汉代碑刻数量并不太多。北魏著名地理学家郦道元的《水经注》一书中，记录了各地保存的古代石刻，其中仅汉碑就明确记录了 100 多件。可见当时保存的汉碑还是很可观的。北宋学者洪适的《隶释》一书，专门收录当时可见的汉代石刻，所收汉碑达 115 件。后来有人统计过具有明确纪年的东汉碑刻，达到 160 多件。然而沧海桑田，风雨剥落，今天能够见到汉代碑刻原石的，连上述数目的一半都不到了。所幸近百年来的考古工作中又陆续有一些汉代石刻的发现。除大型碑刻之外，还有摩崖题刻、画像石题记、塞石与黄肠石刻、墓中刻石、建筑刻铭等等，大大充实了汉代石刻的宝库。除前文叙述中涉及的多种汉代石刻外，名闻遐迩的典型汉代碑刻现在大多集中保存在山东、河南和陕西等中原地区。这些地区都是商周以来的传统文化、政治中心，如齐鲁地区经济发达，自孔子以来一直是儒家文化的重镇，河洛地区与关中地区历来是政治经济的中心地域等。这一现象，或许可以说明汉代碑刻的发展与政治经济文化事业的发达具有密切的关系。

在巍峨的山东曲阜孔庙中，有一处古朴宁静的所在。院内廊庑间陈列着多座历经沧桑、斑驳残泐的古代碑刻，这就是孔庙内专门收藏历代碑刻的汉魏六朝碑刻陈列，其中收藏了多达 17 件的汉代著名碑刻，例如《乙瑛碑》《礼器碑》《史晨碑》等（图 64）。这几件碑刻都是书法界奉为至宝的汉代隶书经典作品。有研究书法史的学者曾高度评价《礼器碑》，认为此碑书、刻之精妙已达汉隶极则，受到明清以来金石学家和书法家一致的高度推崇。之所以如此，盖因其创作完整地体现了汉隶书法的用笔及空间构造中一系列艺术因素的对立统一，从而精蕴博蓄，兼备众美，艺术内涵的深刻性与丰富性均已超过同类其他各碑。要而言之，用笔以古质、瘦劲、凝润为基调，兼纳轻重、铺裹、方圆的妙变，在稳重蕴蓄中隐寓超拔飞劲的意致；结构精严而朗秀、

图 64 汉史晨碑

练达，平正中极尽虚实、擒纵之变，以正体书之雍穆而包含了"变化如龙，一字一奇，不可端倪"的奇险情态。并认为《礼器碑》是桓灵之际汉隶以质朴为本交融华彩的极成功的典范。

《礼器碑》，全称应为《鲁相韩敕造孔庙礼器碑》，碑身高 1.5 米、宽 0.73 米，四面都刻有文字，刊刻于东汉永寿二年（156 年）。正面碑阳刻写碑文，记录了当时的鲁国相韩敕推崇孔子，免除了与孔子有亲缘关系的颜氏、并官氏二族人口赋税。并且修饰孔庙，增置各种祭祀使用的礼器。为此，下属官吏民众共同捐资竖立碑石，

记载韩敕的这一德政，碑阴与两侧还具体记录了参与捐资立石活动的官吏民众姓名和他们所捐的钱数。中国历来有"一损俱损，一荣俱荣"的宗族连带习俗。尊祀孔子，并且延及孔子的姻亲宗族，是《礼器碑》中反映出来的汉代实际社会状况。《史记·孔子世家》中记载"纥与颜氏女野合而生孔子"，《史记索隐》引《孔子家语》"梁纥娶鲁之施氏，生九女。其妾生孟皮，孟皮病足，乃求婚于颜氏征在，从父命为婚"，说明颜氏为孔子母舅一族。《礼器碑》中写道："颜氏圣舅，家居鲁亲里。"证明在东汉时，颜氏家族还居住在曲阜，并且颜氏作为孔子母舅的说法被世人所认可。而《史记·孔子世家》"孔子生鲤，字伯鱼"一句的《索隐》引《孔子家语》称："孔子年十九，娶于宋之并官氏之女，一岁而生伯鱼。"也是证明并官氏为孔子妻子的记载。《礼器碑》中也写道："并官圣妃，在安乐里。"同样说明并官氏一族也一直在曲阜定居。《礼器碑》所记载的这一尊孔盛举，是东汉时期推崇儒学、尊尚孔子的有力实证。

同样表现尊孔风气的碑刻还有《乙瑛碑》《史晨碑》《史晨后碑》等。《史晨碑》《史晨后碑》同刻在一块高约 1.83 米、宽 0.8 米的碑石上，《史晨碑》在碑阳，刻于东汉建宁二年（169 年），《史晨后碑》在碑阴。《史晨碑》全称为《鲁相史晨祠孔庙奏铭》，碑文是一篇史晨上奏朝廷的官方文书，反映了汉代地方官员上奏文书的标准格式。史晨也是曾经任职鲁国相的一位官员。奏文中禀告尚书：他在建宁元年（168 年）到任后，举行秋飨大礼。然后去孔子宅邸拜谒孔子神座时，发现没有给孔子设置酒食祭祀，就自己出钱备了食品行祭。史晨在奏文中叙述了孔子撰述儒家经典的丰功伟绩，称自己在辟雍见到过用太牢祭祀孔子，而在孔子旧居却缺乏祭祀，与皇家圣恩不符，因此请求朝廷供给钱谷，于春秋两节在孔子宅邸行礼祭祀。在此十七年前的永兴元年（153 年）《乙瑛碑》（又名《孔庙置百石卒吏孔龢碑》）中曾经记载，大臣司徒吴雄与司空赵武上奏，转达鲁相乙瑛的上书，请求用辟雍礼仪在春秋两节大飨孔庙，并且设置一名百石卒吏来掌管礼器与祭祀事宜。然而至建宁元年（168 年）史晨到任时，这种官方祭礼还是有名无实。宋代的金石学者洪适认为是"有司崇奉不虔，旋踵废格。"可见当时对于孔庙的祭祀一事，地方官并不是多么认真进行，官方的经费也不能落实。

为各级官员歌功颂德的功德碑，是汉代碑刻中比较多见的。这类称颂官员的碑，往往是地方官员所属的下级官吏与当地的百姓共同出资竖立起来的。或许最早的确是由于地方主官治理有方，民众得到了实惠，感恩戴德，故而特地刊石立碑，歌颂官员的德政。这种扬名立万的事情自然会得到上峰和朝廷的看重，在考绩中得分。"利之所在，皆为贲诸"，引起各地仿效，蔚然成风之后，恐怕就成了一种套路，好像后代给官员送的万民伞一样，变成汉代地方奉承官员的必要科目了。清人的《笑得好》一书中记载了一个古代笑话，说一个县令生肖属鼠，下属拍马屁，就在他生日时送来一个黄金打造的老鼠作礼物。县令笑纳之后，告诉下属："过些天我家夫人也过生日，她是属牛的。"其中含义，不言而喻。汉代以及后来大量地方功德碑的竖立，会不会也是这样在官员的暗示与下属的逢迎中纷纷问世的呢？

明代万历初年，在陕西郃阳（今陕西合阳）旧城中出土了一块汉代功德碑刻——《曹全碑》（图65）。这件碑石出土时完好无缺，铭文书体工整秀美，深得书法界珍视，因此风靡一时。可惜它在后来的关中大地震时断裂为两截，但仍得到较好的保存，现在被收藏在西安碑林博物馆中。碑石高2.72米、宽0.95米，在汉碑中是比较高大的。碑阳刻写了近900字的长篇铭文，碑文中歌颂了东汉末年郃阳令曹全的功德与政绩，碑阴刻写了集资立碑的57人身份姓名与所出钱数，显然是郃阳的官吏和地方人士在曹全任职时立碑颂德的。这是一个比较标准的功德碑样式。

这件碑刻尤其受到近代学者看重，是由于其中保存了珍贵的历史资料。曹全虽然是一个职位不太高的地方官员，不见于正史记载，但是他一生的经历跌宕起伏，恰恰反映了东汉末年动荡的社会形势，留下了可贵的历史实证。曹全原籍敦煌效谷，根据碑文的记述，他是西周姬姓之后，祖先定居在敦煌，高祖父曾经任张掖居延都尉，祖父也做过金城西部都尉、北地太守等镇守西北边陲的重要官职，是一支在西北敦煌根深叶茂的豪门

图65 汉曹全碑（局部）

大族。因此，曹全自然受到良好的儒家教育，被地方推举为孝廉，进入仕途。

《后汉书·西域传》中记载了一次发生在汉灵帝建宁元年（168年）的重大战事。当时，位于今新疆西部的疏勒国，国王被汉朝授予汉大都尉的官职。一次射猎时，疏勒国王遭遇宫廷政变，被他的叔父和得射杀。和得自立为王，不向汉朝纳贡。建宁三年（170年），凉州刺史孟佗派遣从事任涉率领敦煌士兵五百人，与戊己司马曹宽、西域长史张晏一起，统领焉耆、龟兹、车师前后部的军队一共三万余人，征讨疏勒，攻打桢中城四十余日，没有攻克城池，军队撤走。这是一次影响到西域各国的重大战事。马雍曾经考证过这一史事，指出《后汉书》中所记载的戊己司马曹宽，就是《曹全碑》中称颂的郃阳令曹全。史书的记载有误。而且《曹全碑》的铭文中也记录了这次战事，称："（曹全）建宁二年，举孝廉，除郎中，拜西域戊部司马。时疏勒国王和德，弑父篡位，不供职贡。君兴师征讨，……和德面缚归死，还师振旅。"由此看来，《曹全碑》的记载与《后汉书》的记载略有不同，但根据成文时间的前后以及记述者的亲历与否来看，有学者认为《曹全碑》的记录更为可靠，这次战事是在取得胜利，俘虏和德后才收兵结束。

这次战事的记录之所以珍贵，就是它明确地告诉我们：在东汉晚期，汉朝中央政府仍然有效地控制着西域地区。西域地区的各个小国都听从汉朝凉州刺史、西域长史等官员代表中央政府发出的命令，向朝廷进贡，出兵参与统一征战行动。西方历史学界以往有一种说法，认为汉朝政府在东汉中期以后就失去了对于西域的控制，贵霜帝国的势力达到了葱岭以东。而《曹全碑》的记载则有力地证实了汉朝对西域的控制一直持续到东汉晚期，这对于维护祖国历史疆域具有重要的价值。同样记录汉朝控制西域的重要碑刻还有《裴岑纪功碑》，现在保存在新疆维吾尔自治区博物馆。这件碑记录了东汉敦煌太守裴岑率领郡兵三千人征讨北匈奴呼衍王的重要史实。这是东汉中期汉朝对威胁西域地区的北匈奴所取得的一次重大胜利，使河西地区及西域保持了十三年安定的局面。显然，《裴岑碑》的记功铭文也填补了古代史书记载中的一个重大空白。

《曹全碑》中还涉及东汉晚期席卷全国的黄巾起义，记录了当时张角起兵，"幽冀兖豫荆扬，同时并动"的巨大声势，甚至京兆三郡也纷纷告急。曹全在此时被调任郃阳，"收合余烬，芟夷残迸"。曹全既参加过维护边疆稳定的征战，又进行过镇压民众起义的活动。碑文中还大力称颂他施行惠政，抚恤民众，兴建城郭，治理有方，反映出这就是古代社会中儒家思想浸濡下的典型"循吏"形象。

这类"循吏"的人物形象，是大量汉代功德碑中极力要树立的官吏典范，也是汉代帝王所需要的行政人才。汉代儒教文化的发展，形成了彰显功德、宣扬教化的政治风气。现在的西方学者多认为中国自秦汉以来形成了大一统的中央专制制度，改变了以前的地方分封制。而在当时那种家天下的政治格局中，皇帝必须任用大量地方官员来维护中央的统治。而各级官员也都要标榜自己的执政本领，把所在地方管理好，以获得提升，也就是现在所说的要看政绩。同时，自汉武帝"罢黜百家，独尊儒术"以来，儒家学术成为官员文士获取名利的资本。我们可以看到史书中记载的很多官员都是通过学习儒家经传出身入仕的。儒家思想中特别强调礼仪道德，强调官员的个人德行，遵循后代所谓的三纲五常。所以通过儒士官员的大力宣传，从上到下都以儒家的道德标准作为典范，形成了一定的社会道德取向舆论。在这种形势下，各级官员自然会以标榜自己道德高尚、勤政爱民作为向上宣传的主要政绩。刊石立碑、歌功颂德因此成为社会的流行时尚，从而也就促成了汉代碑刻材料的大量运用。

近年的考古新发现也可以补充证明汉碑中对于"循吏"的大力称颂。例如在西南地区陆续出土的多件内容丰富、形制新颖的东汉石碑。先是在云阳的三峡工程考古抢救发掘中发现了一件精美的大型东汉碑刻《景云碑》。2011年，又在成都新发现了两件内容丰富的东汉碑刻《李君碑》与《裴君碑》，成为四川汉代考古中又一极其重要的发现。它们在了解东汉时期成都地区的政治文化教育状况，考察当时蜀郡学校建筑基址等方面富有历史考古价值。下面就来看看这几件汉碑。

《景云碑》是在2004年3月，由吉林考古文物研究所在重庆云阳旧县坪汉晋县城遗址发现的。该碑高182厘米、宽81厘米，碑面上共刻写13行367字的铭文。根据首行题铭可以定名为《汉巴郡朐忍令广汉景云叔于碑》（图66）。与中原地区常见的汉碑装饰方式不同，《景云碑》在碑身四周雕刻多种花纹图像，以阴刻的流云、飞鸟形成一个方框围绕着铭文。碑身有穿；碑首为圆形，有晕。碑首的三重晕线中刻有3幅浅浮雕，左侧为一朱雀，右侧为一长耳仙人形象。正中为一妇人立于半开门后，俗称"妇人启门"的图像。碑侧装饰青龙、白虎的浮雕。出

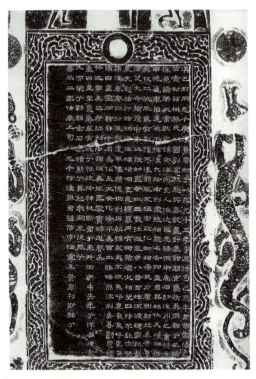

图 66 汉景云碑

土时原碑断裂为两截，现已复原，除断裂处有十几个字残损外，其他文字图案保存完好。此碑立于东汉熹平二年（173年）。由于它的文字书法精美，与中原的著名汉碑，如《礼器碑》《史晨碑》《鲜于璜碑》等碑刻上的书体很相似，所以特别受到书法艺术界的重视。

这件碑的刊刻目的也很有意思，它是在东汉熹平二年（173年）时任朐忍县令的雍陟为七十年前去世的前任朐忍县令景云叔于建立的。我们现在看到的汉代功德碑大多数都是为当时在任或者刚离职的官员建造的，而这件《景云碑》则是一件纯粹的纪念碑。我们推测雍陟应该是通过纪念在当地享有美名的前任官员来安抚民心，以利于自己的任职治理，也可以想见这位景云叔于应该是一个治理有方、遗爱在民的好官。碑中虽然没有具体说明景云叔于有过哪些德政，但赞颂他是"吏民怀慕，户有祠祭，烟火相望，四时不绝"。这些美誉如果不是撰碑者的夸饰，那么景云叔于就真是深得民心的一任好官了。这种做法在东汉的循吏行政中也有先例。如《后汉书·延笃列传》中记载，延笃就曾经在平阳侯相任上，给家在平阳的西汉著名官员龚遂"立铭祭祠"。按照《汉书》记载，龚遂任渤海太守时，使"郡中皆有蓄积，吏民皆富实，狱讼止息"。延笃的立铭，不也是同样的立碑纪念先辈官员嘛。

《李君碑》与《裴君碑》是在成都天府广场的改建工程中发现的，由于它原来是压在大型建筑物地下，受条件限制，未能在碑石出土地进行更广泛的考古发掘。但是这两件碑石保存基本完好。它们比起《景云碑》就显得比较朴素简单，没有什么纹饰，只是两件长方形的碑石，四周保留着粗加工的錾纹，中心一个长方形碑面磨光刻铭。两件碑的碑阳刻写长篇铭文，碑阴刻写立碑者的题名，《李君碑》甚至在碑阳的边框上还刻写了铭文。相比之下，这两件碑的铭文内容比《景云碑》就要丰富得多。从铭文内容看，这两件碑石应该是东汉时期蜀郡学官集资为地方主政官员竖立的功德碑。碑文颂扬的对象为先后任过蜀郡太守的李君和裴君，只是在现存历史文献中还找不到此二人的确切姓名与事迹。有学者曾经怀疑李君是东汉著名的党人李膺，《后汉书·党锢列传》中记载李膺也做过蜀郡太守，但是从时间上推寻，建碑的阳嘉二年（133 年）李膺应该还没有出仕。因为《后汉书》记载，李膺是被司徒胡广选拔起来做官的。而胡广是在汉安元年（142 年）才当上司徒，所以还不能完全认定这个李君是李膺。裴君，有学者推测为曾为孝廉、后任尚书的裴瑜，见《后汉书·史弼传》。但是他的主要活动时期在汉桓帝以后，与这件碑竖立的时期也不相符。在没有更充分证据的情况下，我们还是不要轻易把他们与历史人物对号入座。从碑文看，这两件由东汉郡学的教授吏员们竖立的碑刻，很可能就是竖立在当时蜀郡学官所在地。《裴君碑》可能竖立在汉桓帝元嘉二年（152 年），而《李君碑》则初立于汉顺帝阳嘉二年（133 年）十二月二十五日，后于汉质帝本初元年（146 年）六月因水灾倒覆，随即重立，此时裴府君已继任太守。

碑文中主要歌颂两任太守的德政，集中在宣扬教化、端正民风、公平选拔、清廉慎刑等方面。这对于了解汉代的政治风气与政治制度有很大的帮助。中国古代官僚政治中和民间舆论中，都特别强调"清官"的作用。直到现在，在很多人的思想中还是把国家与个人的命运寄托在"清官"身上。这应该说还是中国传统专制思想的影响，与民主政治的思想是完全不同的。而追溯这种"清官"理念的源头，就起始于汉代的"循吏"观念。

在司马迁的《史记》中，首先开列了《循吏列传》与《酷吏列传》，而后的《汉书》《后汉书》中也沿循着这种专题设定。说明在汉代，起码是在汉代读书人的眼中，是非常重视官吏的素质与治理手段的。《史记·循吏列传》的《索隐》中注解道：循吏"谓本法循礼之吏也。"可见循吏就是遵循法律礼制的官吏，也就是后世所谓的"清官"。我们看司马迁确定的一个循吏典型，就可以了解古人眼里的循吏是什么样的官员了。

《史记·循吏列传》中举了一个战国时期的楚国国相石奢，说这个人是"坚直廉正，无所阿避"。有一次他下乡巡查，发现有一个杀人的凶手，追上一看，是自己的父亲。怎么办呢？他就把父亲释放了。然后让人把自己捆绑上，送到楚王那里，对楚王说："杀人的人是我的父亲。我要把父亲抓起来法办，是我不孝。现在不按法律处理放纵了犯人，是我不忠。我的罪过该当处死。"楚王认为石奢是个好官，就说："你是追犯人没追上，罪不当死。还是去办公事吧。"明显是要放他一马。可是石奢却认为自己不能枉法，就自杀谢罪了。

当代历史学者研究汉代政治制度时，很注重秉承儒学思想的这批"循吏"所起的作用。20世纪30年代，张纯明曾分析循吏的主要作用，指出他们的成就表现为三个方面：一、改善人民的经济生活，二、教育，三、理讼。正是孔子所提出的"富之""教之"与"无讼"。说明汉代循吏确实是主要秉持着儒家先师的教导行事。那么这种思想指导下的行政措施对于维护古代社会的安定发展是起到过一定作用的。余英时指出："循吏兼具了'吏'和'师'的双重身份。而'吏'的基本职责是维持政治秩序，这是奉行朝廷的法令；'师'的主要任务则是建立文化秩序，其最后动力来自保存在民间的儒教传统。"汉代碑刻的内容正是鲜明地反映了当时官吏与儒士所追求的这种目标。

实际上，从这几件汉碑以及我们现在能够见到的很多汉碑中，都可以看出当时的官吏都在追求做到"富之""教之"与"无讼"这几点，从而得到社会的肯定与赞扬。此外，还有对李、裴二人道德清廉的赞颂，如《裴君碑》中赞颂裴府君执政时提倡简朴，诉讼清明，选举公正，遵守道义，表现出鲜明的儒家官吏行政道德标准。这些叙述，与历史文献中反映出的汉代循吏情况正可以互为表里，是历史的实物证明。

通过这两件碑刻的记载，可以看到汉代成都地区官方学校的兴盛情况与儒家经典教育的深入普及程度。不仅如此，立碑的时间恰巧也是东汉时期儒学经学与知识阶层社会地位一种转换的契机。

《后汉书·儒林传》载："及邓后称制，学者颇懈。……自安帝览政，薄于艺文。博士倚席不讲，朋徒相视怠散。学舍颓敝，鞠为园蔬，牧儿荛竖，至于薪刈其下。顺帝感翟酺之言，乃更修黉宇，凡所造构二百四十房，千八百五十室。试明经下第补弟子，增甲乙之科员各十人，除郡国耆儒皆补郎、舍人。"《后汉书·顺帝纪》："阳嘉元年秋七月……丙辰，以太学新成，试明经下第者补弟子，增甲、乙科员各十人。除郡国耆儒九十人补郎、舍人。"可见由于汉安帝以来长期轻视教育，致使汉顺帝重新重视经学教育，修整太学。这件事就是发生在阳嘉元年（132 年）。立于阳嘉二年（133 年）的《李君碑》开始就说："同心齐鲁，诱进儒墨。远近缉熙，荒学复殖。"表明正应该是在顺帝重修太学这种大背景下，李府君在蜀郡也重整府学，提倡教育，反映汉顺帝重视儒学教育的政令是上下贯通的。各地应该有着同样的提高教育地位的举措，这给以后党人集团的形成做了铺垫。

汉代儒家经学的兴盛，从这两件碑文的文词中也可以略见一斑。在碑文里能看到大量出自《春秋三传》《礼记》《周易》《诗经》《尚书》《周礼》等经典中的词语，说明当时撰文的文吏对于儒家经典的娴熟程度。同时，还有大量词语与《管子》《墨子》《战国策》等古籍中使用的相同，有些词语见于《史记》《汉书》《后汉书》等汉晋文献中，既可以反映出汉代语言文字的特点，也帮助我们深入了解上述书籍成书的具体时代、流行情况与文字校勘等古籍研究问题。

汉代石刻中，摩崖石刻占有一定的地位。在一些重要的大型工程地点和重大战役地点，为了宣扬和表彰有关的功绩、记录史实，会在崖壁上刊刻纪功摩崖题刻。这些摩崖也都被列入今天的名碑名刻之中。

原来在陕西汉中北的褒谷口，有一段修建于 2000 年前的穿山隧道，长 15 米至 16.5 米、高 3 米多。这是世界上现存最早的能够穿行车辆的人工隧道，历来被称作"石门"。直到六七百年之后的唐代，大诗人李白还在兴叹："蜀道之难，难于上青天。"可见从关中通往四川的道路有多么艰难险阻，石门就是关中到汉中的重要通道——褒斜道上的咽喉。褒斜道是在崇山深谷之中开辟的道路，以栈道和桥梁为主，贯通关中地区与汉中，并通向巴蜀地区，是连接西南与中央的大动脉。对于它的创建年代，说法不一，大多认为是在秦惠文王九年（前 316 年）秦国大将司马错灭蜀之前兴建的。而石门的开凿时间，则有秦国时期、汉高祖刘邦时期和东汉永平六年（63 年）等说法。根据后来的《汉司隶校尉犍为杨君石门颂》铭文记载："至于永平，其有四年，诏书开斜，凿通石门。中遭元二，西夷虐残，桥梁断绝，子午复循。"（图 67）应该是在永平六年（63 年）开凿石门的。可以想见，在没有任何大型机械和炸药，仅凭火烧水浇、人力挖掘的汉代，开通这座隧道该是多么困难的大型工程。故而，在石门旁边的峭壁上刊刻了大量记录和赞颂这一工程的摩崖题刻。

褒斜道应该是在东汉永平六年（63年）有过一次大规模的重修。在石门旁的峭壁上刊刻了《汉中太守钜鹿鄐君开通褒斜道摩崖》，记录了役使广汉、蜀郡、巴郡刑徒2690人，经3年开凿，修通褒斜道的巨大工程，还记录了用工数量及耗费的材料、钱粟，具有较高的史料价值。隶书大字，极富气势，深得后人尊崇。而后刊刻了东

图67 汉司隶校尉犍为杨君石门颂（局部）

汉建和二年（148年）的《汉司隶校尉犍为杨君石门颂》，称颂故司隶校尉杨君由于褒斜道荒废，改行子午道十分艰难，就多次上奏，坚持修复石门和褒斜道的功绩。这些摩崖记载了东汉时期交通建设的重要资料和有关经济情况，具有较高的历史价值。此外还有《汉右扶风丞李君表记》，《汉杨淮、杨弼表记》，汉隶大字"石虎""石门""衮雪""玉盆"等摩崖题刻。这些石刻都是在路旁的山崖上略加修整后直接刻写的，书体雄健浑厚，是汉代隶书的佳作、书法学习的典范。后世陆续兴修道路，又留下了曹魏时期的《李苞通阁道题名》、北魏时期的《石门铭》、南宋时期的《山河堰落成记》以及众多游人题记。据调查，石门内外的褒斜道石刻，共达100多种。其中以汉魏摩崖为主的13种石刻历来受到书法界的推崇，被称作"石门十三品"。1970年由于兴建褒河水库，石门被淹没，现在已经将这批石刻凿下，移至汉中汉台陈列。

类似这样的汉代摩崖题刻，在甘肃、新疆等地也有所遗存。甘肃成县县城西边大约10千米的天井山下，有一潭清澈的深水，两边双峰对峙，地势险要。潭左侧的崖壁上，有一块凿成碑石平面形状的大型摩崖题刻，高约2.2米、宽2.4米。这就是刊刻于东汉建宁四年（171年）的著名摩崖——《西狭颂》。它是为了纪念当时的武都太守李翕命令工官重修天井山的通道，开通峡谷，便利了商旅往来这一件利民工程。铭文中记述："郡西狭中道，危难阻峻，缘崖俾阁。……进不能济，

息不得驻。数有颠覆霣隧（殒坠）之害，过者创楚，惴惴其栗。"可见原来的山路狭窄难行，令行路者视为畏途。所以李翕兴建修路工程应该是深得民心，刻石纪功也势在必行。特别引人注目的是在这件摩崖铭文的右侧还刻画了一幅生动的浮雕《五瑞图》。图中描绘了当时世人推崇的五种瑞祥：黄龙、白鹿、嘉禾、甘露、连理树，看上去黄龙凌空飞舞，白鹿引颈长鸣，嘉禾粗壮丰美，甘露普降大地，连理树郁郁葱葱，象征着天下太平，生活丰足。根据图后的题记可知，李翕在任职黾池时，曾经见到黄龙、嘉禾、甘露、木连理等瑞像，所以在这里刻图赞颂。这一组摩崖铭文的书体古朴凝重，图像精美，其拓片历来受到文物收藏者和书法爱好者的珍爱。同样涉及李翕的摩崖石刻还有一件建宁五年（172年）《郙阁颂》，原位于陕西略阳嘉陵江西岸崖壁上，现在被凿下来迁移到灵岩寺博物馆保存。颂词记录了李翕在析里修建长桥，解除了郙阁这条栈道的路途险情，歌颂了李翕的惠民功德。它与上述的《汉司隶校尉犍为杨君石门颂》《西狭颂》并称为汉三颂，历来受到文学、书法、艺术等各界人士的推崇。

新疆的东汉永寿四年（158年）《汉龟兹将军刘平国治路颂》同样是记录兴建交通防卫设施的摩崖。这件石刻保存在新疆拜城县城东北方的喀拉克达格山麓的一座崖壁上，随着山石原状刻写铭文，既没有修整石面，也没有规范文字大小，纯粹是随意刻写的记事文字。经过近2000年的风雨剥蚀，铭文已经漫漶不清。根据早期的拓本辨识，可以知道它记录了东汉永寿四年（158年，即延熹元年。这一年六月改元延熹，由于龟兹偏远，可能还不知道改年号）龟兹国左将军刘平国指挥士兵修筑道路上面设置的守卫亭隧这一工程经过。喀拉克达格山口是一个险峻的峡谷，东西两面为高高的山崖。从山口向北，进入常年积雪的天山，翻越天山可以到达北疆伊宁乃至今哈萨克斯坦；向南进入木扎提河谷平原以及库车、拜城等地。可见它是一处交通要道，也是龟兹国防御北方入侵的重要关口。在这一地点联系龟兹国都城的道路上设置守卫亭隧，显然是为了防御北方的匈奴入侵，保卫东面的龟兹都城与南面的平原交通线。1928年，黄文弼曾经在此地考察，发现崖壁上凿有石孔。马雍认为"这两崖上的石孔似应为两座亭隧而设"。它与附近崖壁上的《汉龟兹将军刘平国治路颂》摩崖互相印证，给我们留下了汉代经营西域，政治文化影响遍及今日新疆各地的有力实证。

　　而近年来在蒙古国中戈壁省杭爱山脉中发现的汉《燕然山铭》，也是记录东汉与匈奴的大型战争、表现东汉影响所达西北疆域的历史实证。与大多数现存的古代石刻不同，《燕然山铭》是少数在古代历史著作中有着全文记录的铭刻。它的作者是东汉著名学者、《汉书》的编纂者班固。这篇铭文记录的是东汉外戚名臣窦宪在永元元年（89 年）北伐匈奴，出边塞三千余里，登上燕然山，刻石纪功。由于《后汉书·窦宪传》中记录了这篇铭文，多年来，人们一直在寻找这件石刻的所在。对于燕然山的具体地点，也有过多种推测。直至 2017 年 8 月，蒙古国成吉思汗大学才宣布，他们与中国内蒙古大学联合组成的考察队发现了这件石刻，并且确认为班固所作的《燕然山铭》。

　　早从秦代以前，北方的游牧民族匈奴入侵就成为中原王朝的重大边患。两汉终始，与北方匈奴之间的战争时断时续，边塞烽火长久不息。而在东汉永元元年（89 年），车骑将军窦宪和执金吾耿秉率领大军征讨匈奴，在燕然山地区进行了一场重大战役。根据《后汉书·窦宪传》的记载：当时，匈奴分裂为南、北两部分，南匈奴单于依附汉朝，请求汉朝出兵，和南匈奴一起攻打北匈奴。当时，窦宪是汉和帝的舅舅，依仗外戚身份私自杀了都乡侯刘畅，惹得窦太后发怒，将他关在后宫中。窦宪害怕被诛杀，就请求派自己去征讨匈奴。和帝发动中央军队一部和边境的十二郡地方骑兵，由窦宪、耿秉率领，和南匈奴左谷蠡王师子的军队一起出征，在稽落山与北匈奴单于大战，打败了匈奴军队，并且乘胜追击，陆续斩杀匈奴首领士兵一万三千多人，缴获牲畜一百多万头，受降各部落人众二十多万。这次战役，驱使战败的匈奴向西方远遁，脱离了漠北高原，消除了北方的入侵威胁，后人将它与西汉霍去病的战功相比，在历史上也是一次具有重要意义的战事。因此，窦宪等人就命令随军出征的班固撰写纪功铭文《燕然山铭》，镌刻在山崖之上，"纪汉威德"。正如铭文中所说："上以摅高文之宿愤，光祖宗之玄灵；下以安固后嗣，恢拓境宇，振大汉之天声。"

　　从清代以来，在天山等地陆续发现过一些汉人与匈奴作战后留下来的石刻，例如 1965 年在巴里坤哈萨克自治县征集到一块石刻，后来被释读出一些文字，就是记录汉代边塞征战的石刻。类似的石碣还有新疆保存的著名汉代石刻永和二年（137 年）《裴岑纪功碑》、永元五年（93 年）《任尚碑》、永和五年《焕彩沟碑》

等。可见这样的摩崖石刻以及碣曾经大量存在。

作为世界三大宗教之一的佛教，兴起于印度半岛，大约在汉代开始传入中国，并且逐渐流传普及开来。作为佛教宣传的一种重要方式，石刻从佛教入华那一刻开始，就密切地和它结合在一起，通过艺术雕刻、文字刻铭、石窟开凿等众多形式为汉传佛教的发展作出贡献。同时，也是在佛教大规模普及的推动下，中国古代石刻的应用更为广泛。以往一提到佛教石刻，人们往往会首先想到大同云冈石窟、洛阳龙门石窟、甘肃炳灵寺石窟、麦积山石窟、邯郸响堂山石窟等众多大型石窟的宏伟造像。这些被中国人民引以为骄傲的古代文化珍宝都是从南北朝时期开始兴建创造的，所以，人们或许会误认为佛教石刻的出现是南北朝时期才有的现象。但是，近年来，考古文物工作者对于早期佛教的研究取得了大量创新成果，确认了多处东汉以来的佛教遗迹以及有关佛教的文物遗存。佛教石刻遗迹的发现就是其中之一。

江苏连云港海州锦屏山东北，有一处百余米高的小山，叫作孔望山。当地传说孔子曾经登上此山眺望东海，孔望山由此得名。在山的南麓峭壁上面，保存了一批古代摩崖造像。经考古人员统计，一共有110个人像，其中最大的高达1.54米，最小的仅有0.1米。从造像雕刻的技法，石刻人物的衣冠、用具，构图形式以及图像内容等方面来判断，这些造像中大部分应该是东汉晚期的作品。

这批造像在明清时期已经有了文献记载，附近的文人雅士也经常前去游玩观赏。但是人们一直是把它当作汉代的普通画像雕刻，没有注意到其中的佛教内容。直到1980年中国历史博物馆的著名文物专家史树青前往考察时，才首先提出孔望山造像中包含有佛教内容的图像。以后有关专家学者陆续深入研究探讨，普遍同意其中的一些造像具有佛教造像的典型特征。例如有一个人物被雕刻成深目高鼻，头顶上有高肉髻，身穿圆领长衣的形象。这明显不是当时描绘的汉人形象。特别值得注意的是这个人物右手平举，五指并拢，掌心朝外。这种姿势在佛教艺术中是典型的佛家手势，就叫作"施无畏印"，表示布施给一切众生安乐无畏，是佛在宣讲佛法时所做的一种特殊手形，由此可见这是一座天竺佛祖的造像。佛的坐法也与汉族习惯的传统坐法不同。古代汉族长期采用跪坐形式，双膝并排，双脚放在臀部以下。而佛像中普遍的坐法叫作"跏趺坐"，是把双腿盘在身体前面，

左足背放到右大腿上，右足背放
到左大腿上。一般的汉代画像石
图像中见不到这种坐法。而在孔
望山摩崖造像中却出现了这样一
位结跏趺坐的人物，应该也是佛
陀形象（图68）。

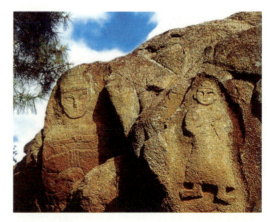

图 68 孔望山石刻

　　孔望山摩崖造像中还有两
组画面可以根据其内容确定为常
见的佛教佛传故事画与佛本生故
事画。一组是由57个人像组成的
《涅槃图》。涅槃是梵文的译音，本义是"火熄灭了"，佛教中含有"消除了各
种烦恼"的意义，作为佛陀去世的代称。据说佛教创始人释迦牟尼度化众生后，
来到中天竺拘尸那迦城（今天印度的联合邦迦夏城）附近的希拉尼耶伐底河边，
在两株娑罗树之间右胁侧卧休息，半夜时去世。在他涅槃后，他的弟子们赶来，
围绕着他的遗体哀痛不止。《涅槃图》就是描绘这个场面的佛教故事画，在佛教
艺术中多见。各地的石窟寺造像中，常可见到《涅槃图》，重庆大足北山石窟中
就有一座巨大的《涅槃图》造像，人们也常把它叫作卧佛。北京西山卧佛寺的主
尊就是一座大型的涅槃佛像。孔望山的《涅槃图》中央是一位右手支颐、仰面侧
卧的高浮雕人像，他身穿圆领长衣，头顶有肉髻。四周环绕的人物都表现出极度
悲痛的样子，这与后来的《涅槃图》题材造像十分相似。另一组是"舍身饲虎"
的佛教故事画。画面上有一个人仰面而卧，头戴尖顶冠帽，上身赤裸，身体上方
刻画了一个老虎头。佛经中为了宣扬佛教徒的博爱无私，多处讲述了舍身饲虎的
故事，有萨埵那王子投身饿虎、乾陀尸利国王子舍身喂虎等等。《贤愚经》中记
载：萨埵那王子外出时，见到一只生下7只小老虎的母虎饥渴难忍，便脱去衣服，
把自己的脖颈刺出鲜血来，让老虎舐食。这个王子后世就是释迦牟尼。这个故事
也是佛教宣传中常见的艺术题材，除此之外，还有莲花、白象等典型的佛教艺术
内容。由此可以确认这些造像是佛教艺术石刻，从而证明在东汉时期，佛教的文
化因素已经在中原大地上有所流行。

# 魏晋南北朝——勃兴盛况

现存汉代碑刻除《熹平石经》外，很少见到皇家与中央官署制作的碑石。而在三国时期，就出现了中央官方竖立的大型碑石，并且是有关国家政治礼仪的重要历史文物。这就是现存于河南临颍繁城的曹魏黄初元年（220年）《上尊号碑》和《受禅碑》（图69）。这两件碑刻由于年代久远，已经有所漫漶。但内容基本可以通读，隶书字体方正严谨，据说为著名书法家梁鹄所书，也有人说是钟繇所书。

从历史记载中可以看到，中国古代政权的历次更迭，除了异族入侵之外，夺权篡位的都是要打着"奉天承运"的幌子，宣扬以前的旧朝帝王已经失德，丧失了上天的眷顾。而自己则是德才配位，受到上天授予的敕命，来接替旧朝帝王治理天下。而旧朝帝王也要像古代尧、舜、禹那样，将治权禅让给自己，从而显示夺权的合法性与法统的延续性。所以，虽然是强行夺取的政权，也要例行公事地玩一场禅让的礼仪程序。《上尊号碑》和《受禅碑》就是记录汉魏之间这一场闹剧的历史实证。东汉末年，天下大乱，军阀纷争，汉献帝已经是一个徒有虚名的傀儡皇帝，北方的实权落入曹操手中。最后，曹操被封为丞相、魏王、加封九锡，即拥有可以比拟皇帝的九种礼仪特权，距离登基称帝只

图69 魏上尊号碑

有最后一步距离。曹操死后，魏太子曹丕继承了他的一切权力名号，马上就迫不及待地开展了篡夺汉室的行动。《后汉书·献帝纪》中对此只有一句简单的记述："皇帝逊位，魏王丕称天子。"《三国志·魏书·文帝纪》中的记载详细一点，也只是说："汉帝以众望在魏，乃召群公卿士，告祠高庙。使兼御史大夫张音持节奉玺绶禅位。"实际上，这场夺权行动是做足了样子文章的。先是各级官员纷纷上表进言，称颂魏王恩德威望。然后朝廷大员们一起劝进，施压汉帝。汉献帝只得下诏宣布禅让魏王。而曹丕为了摆脱篡权的恶名，还要多次上表拒绝受禅。众官员们自然要更加努力地劝进。《上尊号碑》就是众多劝进章奏中以相国华歆为首的大臣将军们敦请曹丕接收皇帝尊号的一份奏章，作为劝进的代表作，被立碑刻铭。铭文中直接表示要具备坛场礼仪，昭告天帝，聚集官僚议定年号、正朔、服色，改朝换代。东汉延康元年（220年）十月辛未，曹丕正式举行受禅仪式，登基称帝。这场受禅过程由大臣王朗记载下来，成文刻碑，就是被前人称为"三绝"的《受禅碑》。

三国时期，由于社会经济文化在连年军阀混战中遭到极大破坏，为保护财力，魏武帝曾经下令禁碑，晋代也曾有过禁碑的行政举措。所以魏晋时期的碑刻比较罕见，新发现的魏晋石刻也不多。除了上述的两件大碑之外，比较著名的有：魏黄初元年（220年）刻立的《魏封宗圣侯孔羡碑》，这是历代帝王都要搞的尊孔活动记录，记载魏国把孔子的二十一代孙孔羡封为宗圣侯，让他管理孔庙的祭祀事务。这件碑的隶书书体苍劲有力，是后代书法家学习的范本之一。有学者认为它是著名文人曹植撰文，著名书法家梁鹄书写的。但是还没有确实的凭据，只能是一种推测。此外，见诸记录的还有《范式碑》《曹真残碑》《王君残碑》《胶东令王君庙门碑》和大型摩崖《李苞开通阁道记》等。可见当时魏国虽然不提倡树碑，并且有过禁令，但是也没有真正贯彻下去，以歌功颂德为主的碑刻还是始终存在。最有趣的是一件魏景元二年（261年）《王基残碑》，它是清代乾隆年间在河南洛阳出土的，根据记载，它出土时上、下两截都存留着用朱砂书写的碑文，清晰可见，而后逐渐被抹掉了，只剩下中间一段已经刻好的文字。看来是在当时刻碑时，刻工先刻了中间的文字，而后不知发生了什么变故，致使刻字工作没有完成。通过这件实物，可以了解古代刻制碑石的工艺过程。

　　而在三国时期割据江南的吴国，更罕见石刻的使用，不知道是官方禁用还是不易保存。现存的几件可以确定为吴国石刻的遗物中，凤凰元年（272年）刊立的《九真太守谷朗碑》是一件难得的南方墓碑，由青石制成，高1.76米，现在还保存在湖南耒阳蔡侯祠中。这件碑刻中记录了原籍耒阳的谷朗曾在本郡出仕，做过阳安长、郡中正、长沙浏阳县令等当地地方官。后来任广州督军校尉，率领军队平定边疆。根据《三国志·吴书·三嗣主传》的记载，永安六年（263年），交阯的郡吏吕兴等人背叛吴国，向魏国投诚。而后晋国接替魏国占据了这一带。吴国多次兴兵攻打失败，直至建衡三年（271年），吴国军队才打败晋军，重新收复了交阯、九真、日南等地区。谷朗就任九真太守，应该就是这一时间的事情，但他任职仅一年就去世了。谷朗死后归葬故乡，树碑纪念。碑文内容证实了汉晋时期对于南方疆域的实际控制。从艺术角度看，它的书法虽然还是隶书，但包含了很多楷书意味，笔画中已经没有波磔，是书体演变中的一个典型标本。

　　吴国天玺元年（276年）刻写的《天发神谶碑》最为著名，它的拓本极受书法界与收藏界看重（图70）。碑石原在江苏省江宁县，历经迁转劫难。根据《丹阳记》的记载，这件石刻在南朝时期就已经折为三段。宋元祐六年（1091年）转

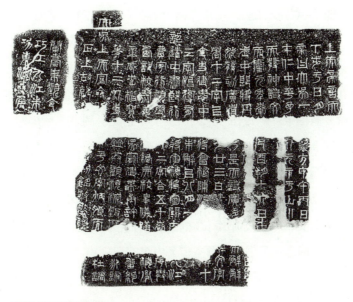

图70 吴天发神谶碑

运副使胡宗师曾在其中一段石上刻写游记，称自己在府南天禧寺门外见到这三段石刻半埋在土中，不知道是什么时候从原来所在的岩山移到这里的，于是把它移到转运官署的后园筹思亭安放，当时还有 815 字。元代张铉《金陵新志》记载，这些石刻又在官署中搬移到锦绣堂前，元代初年石刻仆倒，一段被人凿坏，第二段也被人磨砺。后又被移到庙学门内，文字残缺严重。清代嘉庆十八年（1813 年），这件碑彻底毁于火灾。但是在扬州、北京等地都有过它的重刻。它是风格特异的篆书珍品，书体承继了在汉代《袁安碑》中已经展现出的艺术化篆书风格，与先秦流行的大小篆书迥异，篆书笔画中带有隶书风格，又予以变化，强调了书体的装饰性。这种书体影响到两晋南北朝的碑额、墓志盖等篆书的写法，对近代书法家的书法创作也有一定启发作用。

《天发神谶碑》是吴国□武中郎将（姓名残缺）发愿刻写的。可能是当时发现了某种有文字的瑞兆，但没有人能够全部释读出来，于是便将这些瑞兆文字刻写成碑，请大家辨识。据《三国志·吴书·三嗣主传》记载：天玺元年，鄱阳地区上报，历阳山有一块石头上面的纹理组成了 20 个字，是"楚九州渚，吴九州都。扬州土，作天子。四世治，太平始"。美言嘉颂，正是皇帝喜欢的瑞兆。吴国因此改年号为天纪，以便与这种说法相符。但是没有想到仅过了 4 年，西晋大军就攻入金陵，"千寻铁锁沉江底，一片降幡出石头"。这 20 个字的瑞兆反而变成给西晋所说的了。这件碑中说的天发神谶大约也是这一类的瑞兆，正是跟风头、拍马屁的官场风气所致。吴国的末代皇帝孙皓是出了名的暴君昏君，底下的臣子却一个劲地吹捧他圣明有为，天赐吉祥。可见越是神鬼符兆地闹得欢，颂声震天，越是国运衰微，政治败坏。古往今来的历史上不止此一例。

另一件有关吴国瑞兆的石刻是天玺元年《国山刻石》，保存在江苏宜兴，现在也确定为全国重点文物保护单位。因为它的外形像一个米囤，当地人曾叫它"囤碑"。可惜因为历代损坏，上面存留的文字不多了，原来却是一篇 43 行以上，近千字的长篇颂词，记载吴主孙皓继位之后的各种祥瑞。这也是当时瑞兆风行的见证。这件事在《三国志·吴书·三嗣主传》中也有记载："又吴兴阳羡山有空石，长十余丈，名曰石室，在所表为大瑞。乃遣兼司徒董朝、兼太常周处至阳羡县，封禅国山。"当时孙皓执政残暴，政权危如累卵，却笃信天命，喜听瑞兆。正如清代学者王昶指出："于是群臣百姓，造作奇诡，争相献媚，以致繁夥不可胜数。"这类有关瑞兆的石刻，既可以反映古代的术数思想，也可以反映当时的社会风气，更可以使后人以史为鉴。

曹魏王朝传承不长，45 年后，就被司马炎依样画葫芦地夺了权，开始了统一全国的西晋时代。晋代的中央管理制度与礼仪、法律、教育等体系趋于完善，尤其是沿袭汉代的明堂辟雍礼仪制度，在碑刻中有明确的体现。

20 世纪 50 年代开始，中国科学院考古研究所在陕西西安西郊的汉长安城遗址进行了一系列大规模考古发掘，揭示了汉代辟雍、王莽九庙等礼仪建筑的面貌。辟雍这种建筑形式在中国已经延续几千年，至清代为止，建在中央国子监和各地孔庙、府学旁边的辟雍还是如此形制。汉代辟雍整体平面为"外圆内方"，正中是一座建于圆形夯土台上的平面"亚"字形建筑，中心为边长 42 米的主体建筑，四面各有一个厅堂。建筑四周有正方形的围墙和门楼建筑，围墙外面开挖有圆形的水沟，推测原来应该是气势宏伟的高大建筑组合。明堂"明正教"，辟雍"宣教化"，是古代中央彰显礼仪、教育的重要祭祀场所。因此，作为中央最高学府的太学也建在辟雍附近。在河南洛阳的汉魏洛阳故城南也发掘了汉晋时期的明堂辟雍遗址。这里的礼仪建筑应该始建于东汉光武帝建武中元元年（56 年），曹魏、西晋以及北魏时都有过重修，位于辟雍以北的太学遗址，面积很大。根据文献记载，东汉太学始建于光武帝建武五年（29 年），后多次扩建，至汉顺帝阳嘉元年（132年）才全部竣工。著名的石刻儒家经典《熹平石经》《正始石经》都曾竖立在这里。西晋兴建太学，也是在这一地点修建恢复。为了表现对于教育的重视，晋武帝司马炎和皇太子司马衷曾经多次来到辟雍行礼，巡视太学。这一系列重大的活动被立碑记述，就是全名为《大晋龙兴皇帝三临辟雍皇太子又再莅之盛德隆熙之颂》的《晋辟雍碑》（图 71）。

《晋辟雍碑》是一件保存完好、制作精美的大型碑刻，用一整块青石雕成，下有覆斗形碑座，通高 3.23 米、宽 1.1 米、厚约 0.3 米。碑首两侧雕刻蟠龙纹，碑额刻写隶书全名。下面是小字碑铭，共 1500 多字。洋洋洒洒的碑文中记述了晋武帝三次到辟雍行礼的经过，追述了司马氏发迹到登基的历史，大力歌颂其文功武略。特别是记载了晋武帝注重教育，刚即位便下诏设立学官，兴办太学，广招生员，甚至亲自讲演，考察学生的德行、通艺并予以奖赏等盛德隆熙。碑阴上则详细记录了当时太学中的博士、礼生、弟子等师生的籍贯、姓名、职务等信息。共计400多人，来自西晋境内15个州70多个县，表现出太学教育的广泛覆盖程度，对于了解当时的文化教育发展情况极具价值。这件碑刻大约很早就被掩埋在地下，历代金石著作中都没有提及，1931年才在河南偃师东大郊村以北出土。根据考古调查发掘的成果判断，这一地点位于汉魏洛阳故城开阳门外的御道东侧，正是汉晋太学所在地。现在这件碑刻仍在原地保存，是汉晋太学遗址的重要标志。

晋代的石刻材料，保存下来的不太多，可能是晋代官方禁止树碑的措施起到过一定作用。但还是有一些私人的墓碑、功德碑存在。但它们的形制都不是很大，远远不能与《晋辟雍碑》相比。现存的晋代碑石主要有：《明威将军南乡太守郛休碑》，建立于西晋泰始六年（270年），清代道光十九年（1839年）在山东掖县出土，现存故宫博物院。由于这件碑刻的书体与常见的汉晋隶书不同，已经包含有较多的楷书意味，与《谷朗碑》有些相似，所以在出土后便受到书法界的重视。清代乾隆五十八年（1793年）在山东还发现了一件西晋泰始八年（272年）的《任城太守孙夫人碑》，现存山东泰安岱庙。这件碑刻的书体瘦硬刚劲，自成一派，有人说唐代大书法家欧阳询的作品《房彦谦碑》中便显示出《任城太守孙夫人碑》的书体影响。或许这一派的书法作品在那时有过流传沿袭。

上面说过晋代有一件十分重要的碣石，就是

图 71 晋辟雍碑

早在1961年已经被列入全国重点文物保护单位的高句丽国《好大王碑》，又称《广开土王碑》或《永乐大王碑》等。这件碑实际是比较原始的刻石形制，正确的类型名称应该是碣。但是人们一直把它叫作碑，也就约定俗成了。它是在一座方柱形的角砾凝灰岩石块上略加修整，然后在四面刻写长篇铭文。碣高6.39米、底部宽1.34—1.97米、顶部宽1—1.6米，重达37吨，显得雄伟无比，在历史上也算得上是屈指可数的大碣了。这件碣石现在仍安放于吉林集安城东北的大王乡，并建有碑亭保护。碣身上一共刻写了1775字的铭文，首先记述了有关高句丽先祖建国的神话传说。根据《魏书·高句丽传》中的记载，高句丽先祖朱蒙的母亲是河伯女儿，被日光所照后怀孕，产下一个巨卵。朱蒙破壳而出，长大后成为夫余国内出色的人才。夫余众臣嫉妒朱蒙，阴谋杀死他。朱蒙被迫逃走，遇到一条大河拦路，没有桥梁，后边追兵渐近。朱蒙便向河水祷告，称自己是太阳之子、河伯之外孙。于是河里的鱼鳖纷纷浮到水面，形成一座浮桥，使朱蒙得以渡河，逃到纥升骨城，建立了高句丽国。《好大王碑》上的记述则是："惟昔始祖邹牟王之创基也。出自北夫余，天帝之子，母河伯女郎，剖卵降世，生而有圣德。□□□□□命驾巡幸南下。路由夫余奄利大水。王临津言曰：我是皇天之子，母河伯女郎，邹牟王，为我连葭浮龟。应声即为连葭浮龟，然后造渡，于沸流谷忽本西城山上而建都焉。"两者大体吻合，有助于佐证高句丽的早期历史。铭文中还介绍了好大王征讨碑丽、百济、东夫余等东北民族国家，援救新罗，打败倭寇等战功；记述了守护好大王陵墓的烟户情况与有关法令。根据铭文可知，这座碑碣是高句丽第二十代的长寿王为纪念第十九代王谈德而在公元414年建造的。谈德，有的史书记载他的名字是安，公元391年即位，称号为永乐大王，公元412年去世，谥号为国冈上广开土境平安好大王。由于明清时期东北边境人烟稀少，与内地交往不便，这座碑碣直至清代光绪初年才被当时怀仁县设治委员章樾的吏员关月山发现，光绪六年（1880年）才首次被介绍出来，拓片也开始被中原学者收藏。学者发现，这是罕见的研究高句丽历史的珍贵材料，里面记录的当时朝鲜半岛各民族史事与日本倭人在半岛的活动情况大多为以往所未见。因此，这件碑碣近代以来受到国内学界与日本、朝鲜、韩国等国学者的重视及深入研究。但是19世纪、20世纪之交，野心勃勃的日本军国主义者为了侵略的需要，在1883年得到

《好大王碑》的拓本后，就肆意歪曲碑文内容，硬说碑文证明日本曾经统治过朝鲜半岛的百济、新罗等国，给他们侵略朝鲜的行径做借口。这种无视史实的做法已经遭到各国学者的批判，并且被科学的历史研究所更正。但是围绕着《好大王碑》研究持续几十年的论战，正说明了它重要的现实意义。像这样影响到当代政治外交的古代石刻还有很多，那真是字字千钧。

　　远在西南边陲的云南省内也有几座记录了当地民族历史的重要碑石。它们明确地证明了晋代以及南朝时期中央政权对这里的管辖情况，例如著名的二爨碑。这是两座当地爨姓官员的墓碑。刊立于东晋大亨四年（405 年）的一座叫作《爨宝子碑》，也叫作小爨碑。碑通高 1.9 米、宽 0.71 米、厚 0.21 米，刻有铭文 400 多字（图 72）。现在保存在云南曲靖市第一中学的校园中，建有碑亭保护。根据碑铭记载可以知道，墓主人爨宝子是东晋建宁郡同乐县人，官至振威将军、建宁太守，但享年不永，25 岁就去世了。现存史书中没有关于他的记载，碑文可以补充历史的缺憾。云南曾经建有古滇王国，近年来发掘出土过大量滇国的文化遗址与文物。汉代设立益州，将云南纳入益州管辖。但是实际设

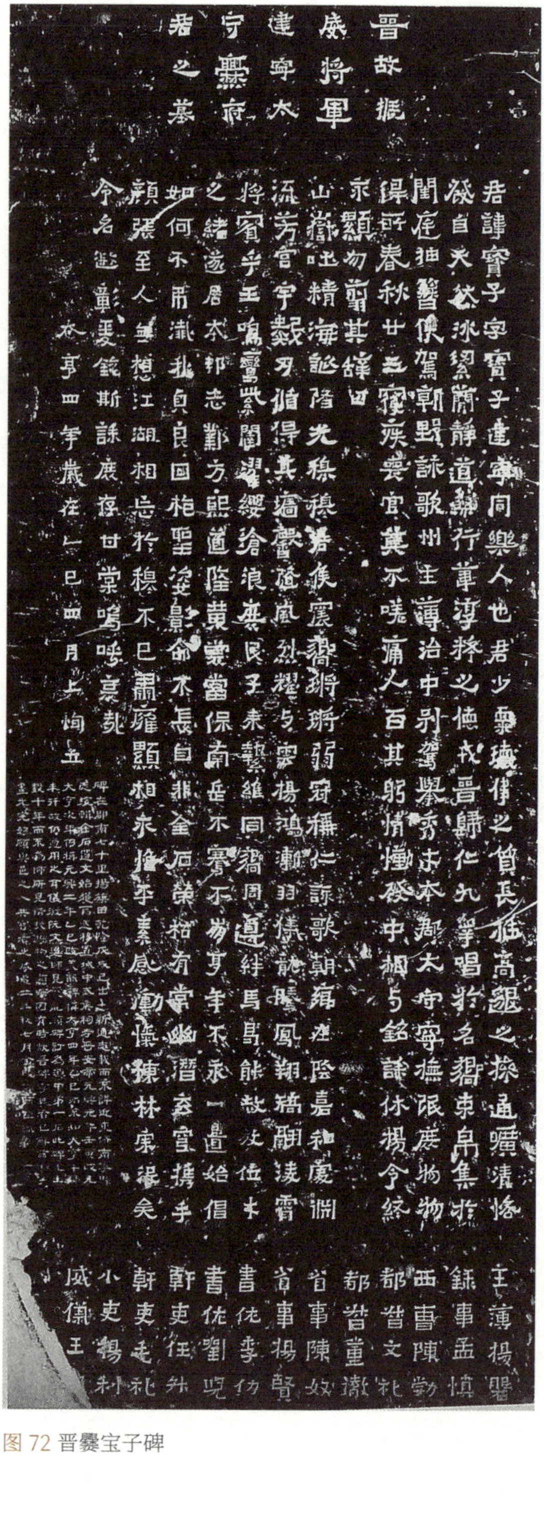

图 72 晋爨宝子碑

置建宁郡，还是蜀汉时期的事情。建宁郡的辖区正是今日曲靖周边地区，《晋书·地理志上》记载："建宁郡，统县十七，户二万九千。"这件碑的书体极具特色，文词也颇显文采，尤其是它的书体，处于从隶书向楷书演变的中间阶段，是中国书法演变的重要实证，深受书法研究者们看重。碑中记载爨宝子的仕历也是从州主簿这样的吏员出身，被举秀才，后任太守，与汉晋时期中原地区官员的晋升历程完全一致，表现出这里深受中原政治文化的影响。根据《三国志》《华阳国志》等史书记载，诸葛亮南征云南，改益州郡为建宁郡，以李恢为太守，又将南中军卒分为五部，分配焦、雍、娄、爨等大姓为部曲，有爨习、爨谷、爨能等历任地方官员。可见爨姓是"南中大姓"之一。结合《爨龙颜碑》中对其祖先来源的记载，爨氏原来是祝融之后，楚国令尹子文的后裔，汉代末年被封在爨邑，所以成为爨姓。他的家族在三国时期迁到四川，又从四川进入云南，反映出汉族移民逐渐南下的过程。爨宝子碑铭中的纪年"太亨四年"，应该读作大亨四年。古代"大"与"太"二字互有通用。一般的晋代年表中没有"大亨"这个年号。因为它是元兴元年桓玄篡权时改的年号，后来桓玄败亡。晋朝为了标示正统，就一直沿用了元兴的年号，元兴四年改元义熙。所以大亨四年相当于义熙元年（405年）。可能是因为建宁郡距离首都路途遥远，当时又产生了某种隔绝，改元的信息迟迟不能传达到这里，所以沿用着以前的年号。这件碑的形制和字体也与同时期中原的碑石有些区别，保留着较早的传统。显然也是远在边疆，不能与内地变化同步的原因。《爨宝子碑》于清代乾隆四十三年（1778年）在曲靖县南的杨旗田出土，咸丰二年（1852年）因修《南宁县志》，被南宁县令邓尔恒移到县武侯祠保存，1937年又移到曲靖第一中学内。由于它的珍贵价值，在1961年公布的第一批全国重点文物保护单位中就列入了它的名字。

另一件大爨碑叫作《爨龙颜碑》，刊立在南朝宋孝武帝大明二年（458年），距离小爨碑刊立有53年。爨龙颜为龙骧将军、护镇蛮校尉、宁州刺史，祖上三代为官。可见爨氏是在当地势力极大的大族。碑文中说：爨龙颜的先祖名肃，在曹魏任过尚书仆射、河南尹。祖父为"晋宁建宁二郡太守、龙骧将军、宁州刺史"，父亲为"龙骧辅国将军、八郡监军、晋宁建宁二郡太守，追谥宁州刺史、邛都县侯"，但都没有记载他们的名字。从他享年六十一岁来看，很可能爨宝子就是他的父亲。

《爨龙颜碑》出土较晚，是清道光七年（1827年）由时任云贵总督的著名金石学家阮元在云南陆良东南的贞元堡荒丘上发现的。碑高 3.38 米、宽 1.35 米、厚 0.25 米，宏大精美。碑额的上部雕刻了青龙、白虎、朱雀，碑穿左右雕刻日月，并且在日中雕刻金乌、月中雕刻蟾蜍，显示出汉晋文化的影响。碑阳全文共 927 字，详细记录了爨氏的祖先世系，特别记载了元嘉九年（432年）益州赵广起义，波及宁州，爨龙颜集结五千精兵予以镇压、"肃清边隅"的史实。碑阴记录了三列下属职官题名，可以反映当时云南的行政、军事管理机构状况，具有重要的历史价值。题名中爨氏人物众多，可见爨氏一族在地方的强势。除晋宁、朱提、益宁等本地人士外，也有来自武昌、雁门、安上、弋阳等内地籍贯的人士，可反映当时人口的迁徙交流情况。碑文书体已经属于楷书，但仍保留一些隶书风味，笔力强健，受到金石学者与书法家的推崇。

"指点六朝形胜地，惟有青山如壁。"由于王朝的内乱和北方民族的入侵，西晋灭亡，晋室南渡，开始了中国历史上长达 280 多年的南北分裂局面。但也是在这一时期，原本经济不够发达的南方广大地区得到了迅速的开发，石头城成了南方的政治文化中心、金粉之地。东晋以及宋、齐、梁、陈世代轮替，给这一片江南胜地留下了多少繁华旧梦、人文佳话。虽然随着岁月风雨，物易人非，但是南朝历代遗留下来的大量文物遗迹却还能显示出当时的盛景，尤其是在南京、丹阳一带保存的多处陵墓石刻，更是至今仍被人啧啧称道的古代艺术瑰宝，标志着南朝石刻的辉煌成就。

南朝陵墓石刻，是宋、齐、梁、陈各代帝王公侯们大型陵园中竖立的众多礼仪纪念石刻，包括有神道碑、神道柱、神兽等。主要分布在南京、丹阳、句容、江宁等地。现在可以见到的地面遗迹有 31 处，保存石刻近百件。这些陵墓中，有一些已经判定了墓主，如丹阳地区分布的齐宣帝萧承之永安陵、齐武帝萧景安陵、齐景帝萧道生修安陵、齐明帝萧鸾兴安陵、梁文帝萧顺之建陵、梁武帝萧衍修陵、梁简文帝萧纲庄陵，南京地区分布的宋武帝刘裕初宁陵、陈武帝陈霸先万安陵、陈文帝陈蒨永宁陵，以及梁桂阳简王萧融墓、梁安成康王萧秀墓、梁始兴忠武王萧憺墓等。也有一些尚未能确定墓主。这些陵墓遗存的石刻体态宏大雄伟，造型刚健有力，雕刻得非常精细生动，碑刻的书体也秀美端庄，表现出南朝雕刻艺术

图 73 南朝陵墓石刻

的最高水平，在中国古代美术史研究中占有重要的地位（图 73）。

这些帝王陵墓石刻原来是排列在陵墓神道的两侧，起到礼仪作用的。由于保存情况不同，现在大多没有能够完整地保存下来，大多数陵墓前只保存了一对神兽，部分还保存了神道柱、神道碑等，即使是皇帝的陵墓前也是如此。所有陵墓石刻中，保存比较完整的是梁安成康王萧秀墓前石刻，一共有 8 件，包括石辟邪 1 对、神道柱 1 对、神道碑 4 座，其中一件神道柱柱身也已经缺失，只剩下基座，神道碑中也有一座碑身缺失，仅保存有龟趺。可能这些石刻组成与排列情况就是当时郡王陵墓石刻的标准形式。梁始兴忠武王萧憺墓保存有 2 件辟邪、1 件神道碑和 2 个碑座，也算是保存石刻较多的。

南朝的这些陵墓石刻，显示了南朝帝王们豪奢的陵墓建筑形式，也体现了沿袭自汉代石雕艺术的传统造型风格以及一定的外来艺术影响。丹阳在陵口安置的 1 对石天禄、麒麟，虽然四足与角等处有所残损，但天禄仍旧达到 3.6 米高、4 米长；麒麟达到 2.9 米高、3.95 米长，威风凛凛，气势逼人。梁安成康王萧秀墓前的石辟邪，体型庞大，张口垂舌，头颈粗短，表现出一种雄浑有力的风格。它的身上细细雕出兽毛纹饰，身侧浮雕左右双翼，好像要乘风飞起，可以看出雕刻的技艺十分精湛、娴熟。梁临川靖惠王萧宏墓前的石辟邪，身侧双翼圆转，长尾拖及地面，体态粗壮，肌肉丰满，强劲有力的四肢脚爪紧扣底座，显露出一副骄悍凶猛的神态，称得上是南京地区陵墓雕刻中的上品。陈文帝陈蒨永宁陵前的 1 对天禄麒麟的造型又有所不同，独具特色。它们曲颈昂首，身躯修长，肩部飞翼舒展，全身雕刻有卷云纹装饰，似乎飘浮在云间。远远望去，它充满动感，极富流线型的体姿就像一条正要腾空跃起的雄狮。丹阳地区的石刻中，以齐景帝萧道生修安陵前的天禄麒麟保存得最好。它们本身的造型虽然与其他辟邪石刻近似，但是整体姿态有所创新，天禄左足在前，麒麟右足在前，足下却都雕刻出一只小的神兽，托起天禄、麒麟的前足。这种造型方式，既稳定了石兽的整体结构，又增添了生活气息，趣味盎然。梳理中国古代的艺术雕刻造型演变，可以看出，这种造型方式在近代的石狮子雕刻中还在沿用。北京卢沟桥的桥柱石狮装饰就是突出的例证。

　　天禄、麒麟和辟邪都是古代传说中的神兽，在战国时期的青铜器中就出现过具有飞翼的神兽。而在汉代已经有了麒麟、辟邪一类的造型石刻出现。它的外形很像狮子或猎豹，但添加了头上的触角和飞翼。根据石刻上面的题铭以及神话传说，古人一般把头上有两只角的神兽叫作麒麟，一只角的叫作天禄，没有角的则称之为辟邪。这些具有飞翼的神兽形象在商代与西周时期的文物中还没有出现过。而中亚地区的古亚述帝国、波斯帝国遗址中，曾经发现与此相近似的有翼雄狮浮雕。在古希腊、罗马遗物中也常有身带飞翼的神兽形象，看来这些神兽的造型有可能是从西方流传过来的。

　　南朝陵墓中的神道石柱也具有极为精美的艺术特色。比起汉代的神道柱来，它们显得又大又华丽。以南京梁吴平忠侯萧景墓前的 1 件神道柱为例。它全高达 6.5 米，分为柱础、柱身、柱额和柱顶 4 个部分。柱础又分为两层，下层是正方形底座，稳定全柱，上层是刻有两条蟠龙的圆形鼓盘。柱身用雕出的榫卯固定在柱础内。柱身雕刻也分为两段，下端是向内凹进的直棱纹，上段是向外凸出的束竹纹。中间刻有粗绳纹。柱额位于柱身上段，是一块长方形的石板，上面刻有楷书"梁故侍中中抚将军开府仪同三司吴平忠侯萧公之神道"。额下浮雕了力士像。柱顶是一个覆莲形状的圆盘华盖，上面安放一个小型辟邪雕刻。整体造型看去巍峨华美，巧夺天工。

　　南朝陵墓中还有现在保存最好、形制最大的南朝碑。例如南京甘家巷留存的《梁始兴忠武王萧憺墓碑》。这件碑下面有龟形的趺座，圆首，上面浮雕缠绕着的螭龙纹样，全高达到 5.16 米。碑文有 2800 多字，由于岁月漫漶，不少文字模糊不易辨认了。但仍能看到它记录了萧憺一生的主要事迹，与《梁书·太祖五王传》中记录的萧憺生平大致相似。按照传记记载，萧憺是一位文武兼备、讲求孝道、关心民间疾苦的皇子，历任都督荆湘益宁南北秦六州诸军事、平西将军、荆州刺史、益州刺史等重要职务，入朝为侍中、中抚将军、开府仪同三司、领军将军等。他在荆州时，冒雨防治洪水，广辟屯田，减省力役，深得百姓赞美，甚至在他入朝时，民间有"始兴王，民之爹。赴人急，如水火。何时复来哺乳我"这样的歌谣。他的墓碑能够一直保存下来，是不是也有这种民间好名声的影响呢？碑文由当时的著名书法家贝义渊书写，已经是成熟的楷书，字体圆润爽朗，被后人看作南朝碑刻书法中的精品。1956年，为了更好地保护这件碑石，专门建立了一座碑亭覆盖其上。

文化名城镇江，自孙吴以来就是南方的著名经济、文化中心之一。镇江城东北的焦山，矗立在滚滚长江之中，是具有多处名胜古迹的游览胜地，汇集有南朝至明清时期的碑石近500件，摩崖80种，被称作焦山碑林，在大江南北享有盛誉，可以列入中国重要的古代石刻收藏的行列中。这里最有名的石刻要数梁代的《瘗鹤铭》。这件铭文原来刻写在焦山西麓的石壁上，不知道什么时候断裂为多块。据说是在宋代被雷电击中，塌落在长江之中。在宋代金石家的记录中，当时只能看到四边的4块残石，中间部分已无法寻觅。冬天水落下去时，或许能见到落在江中的残石铭文。后来在清代康熙五十一年（1712年）冬季，水浅石出，曾任江宁府、苏州府知府的陈鹏年命人从水中打捞起4块残石，移到焦山上的定慧寺中，据说以后移动时又有一块残石断裂，变成了5块残石。现在这些残石都移到焦山碑林中，黏合后嵌在墙壁上，筑有半亭保护。在它的两侧碑廊上还嵌有陈鹏年书写的《重立瘗鹤铭碑记》、康熙四年（1665年）《重摩顾修远家藏瘗鹤铭跋》等多件有关石刻。原来统计，《瘗鹤铭》全文为178字，后仅存92字。1997年、2008年，镇江博物馆等曾进行过两次打捞，先后发现了具有7个字的几块残石。2010年，交通运输部上海打捞局、东海救助局也协助镇江市政府对沉在江中的《瘗鹤铭》残石进行了打捞，但没有发现文字。由于《瘗鹤铭》为世人看重，曾经有过多种翻刻。

《瘗鹤铭》是一篇悼文，记载埋葬自家豢养的白鹤情况，表达哀悼之情。原署名是华阳真逸撰文，上皇山樵书，只是文人的别号，并非真实人名。所以后人对于这篇石刻的作者是谁有过多种推测。宋代的苏舜钦认为是王羲之写的。还有人说是唐代的王瓒、颜真卿、顾况、皮日休等。也有人认为是隋代文人的作品，大多没有十分确切的证据。宋代的金石学家黄伯思在他的《东观余论》一书中考证为梁代名士陶弘景所书。因为陶弘景自号华阳陶隐，又号华阳真逸、华阳真人。他在南齐永明年间辞职隐居句曲山，经历、时代及名号都与这件石刻的内容相近。所以明代金石家都穆的《金薤琳琅》与清代大学者顾炎武的《金石文字记》中都采用了这一说法。而清代学者汪士鈜却认为这种说法不可信，"书撰姓氏，本无可考"。的确，从现存石刻与有关文献来看，并没有可以确认陶弘景就是作者的铁证。所以对于《瘗鹤铭》的真实作者，现在还是一个有待查考的谜题。

　　《瘗鹤铭》在中国书法史上地位很高，因为它的书体对于隋唐以来的楷书风格影响很大。宋代黄庭坚称赞它是"大字之祖"，有诗"大字无过瘗鹤铭"为证。它的用笔奇峭飞逸，既是标准的楷书写法，又兼具隶书与行书的意趣，充分显露了六朝时期轻灵飞动、俊雅秀媚的风韵。南宋曹士冕《法帖谱系》一书中评价："瘗鹤铭笔法之妙，为书家冠冕。"历代书法家都对它给予极高赞誉，甚至有人认为它是中国名碑之首。

　　也有学者探讨《瘗鹤铭》文字中表达的时代精神，认为当时"上品无寒门，下品无世族"的士族门阀制度造成阶级固化，黑暗的专制垄断使大量下层文士不得重用，只好遁世逃避现实，把鹤作为自己寄托忧思的对象。鹤不仅是修道之人幻想遨游仙境时的坐骑，也是美好事物的象征。葬鹤也是埋葬了作者的宏大抱负与美好理想。因此说《瘗鹤铭》是一首动荡年代中知识分子的哀歌。这或许就是古代文人雅士到此一游时，观赏《瘗鹤铭》而"长太息以掩涕兮"的原因吧。

　　说到《瘗鹤铭》，就顺便介绍一下焦山碑林的大体情况。追溯起来，焦山碑林的历史也很悠久。早在北宋庆历八年（1048 年），当地就收集了梁代至唐代的多件石刻，在焦山修筑宝墨亭予以收藏。1958 年，镇江市文物管理委员会把在镇江各地分散保存的碑石集中到这里，修缮了玉峰庵、香林庵、海云庵等寺庙旧址用作石刻的展示保存地点，使之成为江南重要的石刻收藏地，现在保存有历代碑刻近 500 件。这里的唐仪凤二年（677 年）《大唐润州仁静观魏法师碑》是碑石中年代最早的，记录道士魏降的生平事迹。其他如《唐李德裕瘗舍利石函记》、宋绍兴十二年（1142 年）重校《禹迹图》、明嘉靖四十年（1561 年）《镇江府儒学对山碑》、清光绪六年（1880 年）《谕禁开矿碑》等都是具有重要史料价值的石刻。由于这里的丰富石刻资源，1988 年，被国家确定为第二批全国重点文物保护单位。

十六国时期，北方分裂成多个地方政权，互相征战，动荡不定。使得大型的石刻几乎不具备存在的条件，现存的这一时期石刻不多，西安碑林博物馆中保存的前秦建元三年（367 年）《邓太尉祠碑》、建元四年（368 年）《广武将军□产碑》，以及后秦弘始四年（402 年）《吕他墓表》是难得的这一时期遗物。告诉我们在这一时期也还存在着刻石立碑的社会风气。《邓太尉祠碑》和《广武将军□产碑》这两件石刻都保持了汉代碑石常见的圭首形状，《邓太尉祠碑》还刻有圆穿，碑高 1.7 米、宽 0.64 米。《邓太尉祠碑》是因记录前秦冯翊护军郑能进修缮邓艾祠堂而竖立的纪念碑，原来存放在陕西蒲城的邓公祠内。熟悉三国史事的人都知道，邓艾是三国时期曹魏的著名大将，曾领军灭掉蜀汉，后被钟会污蔑为造反，以致诛杀。西晋为他平反后，后人在蒲城给他修建了祠堂。因为年代久远，祠堂破旧荒废。郑能进任职冯翊护军后，予以修缮。这件碑文就是记录这次修缮的功德，并且记述了冯翊护军所辖有"统合、宁戎、鄜城、洛川、定阳五部，领屠各、上郡、夫施、黑羌、白羌、高凉、西羌、卢水、白虏、支胡、粟特、苦水杂户七千，夷类十二种"。可以看出当时陕西北部地区是一种大量少数民族杂居的状况。显然是表现了东汉末年以来连续战乱造成的汉族居民外迁，少数民族流入，反映了当时的民族迁徙与融合情况。碑文隶书较显方正，已经呈现向楷书转化的前兆，也被认作中国古代书法名碑之一。《广武将军□产碑》高 1.74 米、宽 0.73 米，两面刻写文字，但是多漫漶不清。碑额上竖行刻写"立界山石祠"五字，由此可以得知这原来是一件建立石祠划分疆界的界碑。碑文中也记录了前秦时期渭北地区疆域的划分与职官设置、部族分布等情况。对于研究前秦时期的行政与经济情况颇具史料价值。碑阴、碑侧都记录了众多部将的题名。隶书书体略显朴拙，别有风味，但仍旧沿袭着汉代隶书的基本书体。可见当时西北地区的文化仍保留着汉晋时期的遗风，战乱造成的文化发展滞后情况也由此可见。

1980 年，考古工作者在内蒙古鄂伦春自治旗阿里河镇西北，嫩江支流甘河北岸的山林中找到了一座嘎仙洞。洞中有一件引人注目的发现，这就是北魏太平真君四年（443 年）刻写的祭祀鲜卑石室的摩崖题记（图 74）。有关这件题记的内

图 74 鲜卑石室摩崖题记

容与祭祀经过，在《魏书·礼志》中有过详细的记载。拓跋先祖居住在北方乌洛
侯国西北时，曾经开凿石洞，作为祭祀祖先的庙堂，就是史载的鲜卑石室。后来
拓跋鲜卑南下迁徙，直至建都平城，远离了这处祖庙。太平真君年间，乌洛侯国
派遣使节来北魏国都朝见，告知石庙保存完好，还有百姓去祈祷告祝。于是北魏
太武帝拓跋焘便派遣中书侍郎李敞去石室祭祀天地祖先。《魏书·礼志》中记录
了李敞当时的祝文。这次在洞中石壁上发现的题记，书体古朴，介于隶书与楷书
之间，字迹清晰，内容与《魏书·礼志》中记录的祝文基本相同，从而证实了文
献记载中对鲜卑早期历史的记录是基本可信的。同时也有助于解决乌洛侯国等地
的具体所在等历史地理问题。结合石室的考察，发掘出大量夹砂灰褐陶片及骨镞、
石镞等，有助于证实札赉诺尔遗址是鲜卑遗址的考古学研究成果。

　　上面已经说过中国古代墓志这种石刻形制的演变发展过程，魏晋南北朝时期
是墓志这种石刻类型迅速风行开来的重要节点。在此之前，墓志的使用并不太普遍，
也尚未正式定型，但是已经存在一些用石刻标志墓葬的情况。《博物志》一书中
记载过一个神异故事。据说西汉的功臣滕公夏侯婴去世后，送葬的队伍来到洛阳

城门外时，拉着丧车的马匹忽然停下不走了。它们用蹄子刨着土地，悲伤得嘶鸣不止。送葬的人们很奇怪，便在马蹄刨开的地方向下挖掘，不料竟挖出了一个大石棺。石棺上刻写着"佳城郁郁，三千年见白日，于嗟滕公居此室"。于是人们就把夏侯婴埋葬在这里，并称之为"马冢"。这虽然是个传奇故事，但是或许可以从侧面告诉我们，汉代的人们已经知道使用石刻铭文来标志墓葬了。早期的墓志还被人们称作墓记、墓铭等。现在可见最早出现墓志这一名称的还是南朝时期宋大明八年（464 年）的《刘怀民墓志》。而在东晋时期，南京一带的官员墓葬中已经普遍使用石质或砖质的墓志材料来标记墓葬主人了。

20 世纪 60 年代以来，在南京附近的考古发掘工作中，有一批东晋时期的墓志陆续出土。它们的铭文内容比较简单，大多只记录了墓主的姓名、籍贯、官职、卒年等基本情况。有关的墓葬形制及随葬品也比较简陋。或许与东晋刚刚立足江南，政治、经济都不够稳定有关。但是这些墓志的主人一个个都身世不凡。尤其是在南京人台山、象山一带出土的王兴之、王闽之墓志，以及王彬的长女王丹虎、继妻夏金虎等人墓志，都是东晋重臣王导的亲属。王兴之是著名书法家王羲之的堂兄弟，并且与王羲之一同做过征西将军参军。这一系列王氏家族墓志的出土给我们揭示了东晋时期的一个大族墓地。而在南京司家山一带发现的一系列东晋谢家子孙墓志则表现了另一个南朝大族谢氏的家族存在。它们对于了解东晋的丧葬习俗与北方大族迁移到南方后的土断情况，有着重要的史学价值。不仅如此，对于书法界来说，这些墓志的出土极大地更新了书法界对于中国书法演变的认识。以往书法界长期沉浸在王羲之《兰亭序》等书法作品的欣赏之中，熟悉的是王羲之流畅飘逸的行书与成熟的楷体，也就很自然地认为行书与楷书在东晋时期已经流行开了。而王兴之等人的墓志书体却是方正朴拙，处于隶书向楷书过渡的阶段（图75）。人们不禁会对以往的认识产生一个大大的问号。怎么解释这一现象呢？于是，郭沫若在 1965 年发表了《由王谢墓志的出土论到兰亭序的真伪》一文，提出了《兰亭序》是后人伪造的这一观点。从而引起了一场辩论《兰亭序》是否为后人伪造的论战。虽然这场有大量文物考古学家、书法家、历史学者参加的涉及文字、书法、历史诸方面的论争并没有得出统一的结论，论战中认定《兰亭序》为伪造的一方也不无以势压人之嫌。但东晋墓志的出土是近代考古发掘中的一大重要发现这一

图 75 晋王兴之墓志

点，却是不可否认的。

南方发现的南朝墓志并不太多。现在所能见到的材料有 100 多种，其中还有不少是砖志。这可能是由于南方经济活动比较发达，对古代遗迹有所破坏，以及地下潮湿，对石刻的腐蚀比较严重等原因。以往传世的南朝墓志主要有梁普通元年（520 年）《永阳昭王萧敷墓志》《永阳敬太妃王氏墓志》，其书体精美，形制较大，很受世人重视，可惜原石早已遗失，现在只有一种珍贵的宋代拓本被上海博物馆收藏。近代以来陆续出土了一些南朝墓志，保存还比较完整。例如宋元徽二年（474 年）《明昙憘墓志》、齐永明元年（483 年）《刘岱墓志》、梁天监元年（502 年）《萧融墓志》、天监十三年（514 年）《桂阳国太妃王纂韶墓志》等。其中萧融是梁武帝的弟弟，赠抚军大将军，封为桂阳郡王。墓志为当时著名的文士任昉所作。王纂韶是萧融的妻子，也是东晋丞相王导的七世孙女。降至梁代，王氏还能与帝室联姻，可见王氏大族的政治势力影响在南方长期存在。

北魏统一了北方之后，南北对峙的局面基本上稳定下来。南北朝双方都在相对稳定的形势下逐渐恢复经济。由于统治的需要，文化礼仪也再度被提倡起来。南方自认为是中华正统，本来就保留了汉族的传统礼仪文化。而北方的非汉族统治者也在汉族先进文化的影响下，学习推广中华文化与政治礼仪制度，使得南北文化的交流日益密切，不仅是同步发展，甚至在南北朝后期表现出北方文化胜过南方的趋势。北魏孝文帝迁都洛阳之后，大力兴建。洛阳历来被称作天下之中，土地肥沃，交通便利，财赋物产集中于此，宗教文化荟萃于此，帝室高官定居于此，使它成为当时最为繁华昌盛的大都市。《洛阳伽蓝记》一书中就对北魏洛阳的盛况做了详尽的记述。《资治通鉴·梁纪九》记载，南朝梁国的名臣陈庆之曾经说过："吾始以为大江以北皆夷狄之乡。比至洛阳，乃知衣冠人物尽在中原，非江东所及也。"由此可见在南北朝后期，北方的人文教化已经胜过南方，"郁郁乎文哉"。这不仅说明孝文帝改革的巨大成果，也可以反映出北方鲜卑民族的汉化程度之高。近代以来，大量北朝墓志的出土就有力地证实了这一点。

在北方广阔的原野中，埋葬了数不清的历史人物，也就埋藏了数以万计的古代墓志。从历代出土北朝墓志的情况来看，北朝墓志发现比较集中的地区主要是北朝各个王朝都城的周边地区，例如北魏的都城平城（今山西大同）、洛阳，东魏、北齐的都城与陪都邺城（今河北磁县）、晋阳（今山西太原），西魏、北周的都城长安（今陕西西安）等地。其中尤其以洛阳地区出土墓志最为丰富。

洛阳西北的邙山一带，自汉晋以来就是著名的墓葬区，甚至有"葬在北邙"的说法。就现有的调查情况与出土材料所知，北魏孝文帝、孝庄帝以及清河王元怿、乐安王元绪、北海王元详等众多帝王的陵墓都选择在这里。元氏皇族子弟及其亲属们的墓葬也多聚集于此，北魏的达官贵人自然也不会错过这里的墓地。所以近百年来，在洛阳邙山一带陆续出土了不少精美的北魏墓志。20 世纪初，由于兴建陇海铁路，路线经过邙山附近，使得大量北朝墓志被发掘出来，流入市场。这对于北朝考古研究来说是一个巨大的破坏性损失。它意味着无数北朝墓葬被盗掘，丧失了有关考古文物信息。唯一得以完整保留的只是出土墓志，当时的一些有识之士曾下大力收藏保护北朝墓志材料。如国民党元老于右任委托洛阳当地的古董商帮他收集墓志，倾个人之力，前后购入墓志 318 件，很多都是文字书体雄健有力、纹饰精美的上品。其中包括北魏元玠、元诱、元遥、元谭、穆亮、丘哲与元鉴七对夫妇的墓志，于右任也因此将自己收藏北朝墓志的斋名定为"鸳鸯七志斋"。这批墓志在抗战之前运到陕西西安，交付碑林收藏，因此避免了战乱流失，现在还完整地保存在碑林博物馆中，成为国内一处重要的北朝墓志集存。此外，20 世纪早期，在河北邯郸、磁县等地，河南安阳一带也出土过一些北朝墓志，被京津收藏家及地方博物馆等加以收藏，如徐森玉为历史博物馆购买《元显儁墓志》、马衡为北京大学购买《穆绍墓志》等。

这些墓志志主的身份大多属于北朝上层贵族，多为皇族子弟。其文字资料能极大地助益于北朝历史研究，弥补了北朝历史文献杂乱缺失的不足之处。赵万里在早期的整理中就将它们按照元氏帝王的宗族世系来进行排列梳理。近年来更是在北朝历史研究中充分发挥它们的史料价值。特别是近几十年间，由于考古发现与基建发掘，出土了一大批北朝时期的墓志材料。而民间盗掘的兴起，也使得相当数量的北朝墓志流散到社会上。这些不同来源的文物资料，引起了学术界的注意，陆续进行了收集整理和释文出版等工作。就目前出版的有关著录来看，各种形制的北朝墓志已经

图 76 北魏元诠墓志

达到 1300 多种，而且还不断有新的发现。如此大量的同类型石刻中，我们只能择要选取一些具有代表性的墓志来说明北朝墓志的概况（图 76）。

近几十年间，各地在考古发掘中所出土的北朝墓志，大多具有重要的考古断代价值与史料价值。例如山西太原出土的北齐武平元年（570 年）《娄睿墓志》、山东德州出土的北魏神龟二年（519 年）《高道悦墓志》、河南安阳出土的北齐武平六年（575 年）《范粹墓志》、河北景县出土的北魏正光二年（521 年）《封魔奴墓志》以及其他封氏家族人士墓志、磁县出土的东魏兴和三年（541 年）《司马兴龙墓志》、宁夏固原出土的北周天和四年（569 年）《李贤墓志》等等。墓主人大都是刺史、国公以上的高级官员，甚至有像娄睿这样的国家重臣。

娄睿在《北齐书》《北史》等史书中都有专门的列传记载。然而史传中对他的评价不高，《北齐书·娄睿传》中称他是"无他器干，以外戚贵幸，纵情财色"。甚至"聚敛无厌""专行非法"，活脱脱一个贪腐不堪的势利小人。可是墓志中却肆意称颂娄睿"淳粹和雅，孝慈谦慎""总录帝机，访求民瘼。庶绩以之熙雍，

黔黎以之康阜"。可见古代墓碑墓志中的这些美誉佳声大多与事实不符，古人称作"谀墓之辞"毫不过分。娄睿的得势，纯粹是由于他的姑母娄昭君是北齐神武帝高欢的皇后。而这位皇后，却被《北齐书·神武娄后传》记述为"高明严断，雅遵俭约""性宽厚，不妒忌"的贤德女性。不仅贤德，而且极有见识。她少年时，多有大族豪门来商议聘娶，她却都不答应。直到看见在城上服役的高欢时，才心有所动，认定这个穷困的平民青年未来无限，说："这个人真该是我的丈夫。"于是叫婢女去告诉高欢自己的心意，又多次送钱财给高欢，让他来求婚。娄昭君的父母没有办法，只好答应了这门亲事。婚后，娄昭君倾尽家产，帮助高欢结交英豪。以后高欢追随尔朱荣起兵，并逐渐执掌了军国重权，篡夺帝位，建立北齐。在此过程中，有娄昭君始终如一地参与、协助。并且在北齐建国后，作为太后的娄昭君陆续扶助高澄、高洋、高演等几位帝王，在高演死后，还由她下诏立高湛为帝。可以说她在世时，始终在后面掌控着北齐的政局。有这样一位强势的姑母，娄睿虽然最早只是跟随高欢麾下，作帐内都督这样的小官，但也由于内戚至亲，掌管亲兵侍卫，升迁至光州刺史，后来历任司空、太尉、大司马、东安王等高官。可见北齐帝室对于外戚还是极力关照的，由此再去看《北齐书·神武娄后传》中说娄太后"其余亲属，未尝为请爵位"，不免觉得当时的史臣是在说反话吧。从考古研究角度来看，娄睿墓的发掘，最大的收获是保存了一批精美逼真的墓室壁画，留下了北齐晚期各色人物的生动形象，也显示出当时贵族高官豪奢的墓葬建筑制度。

北朝墓志作为研究南北朝历史的重要实证，在宁夏固原发掘出土的北周天和四年（569 年）《原州刺史李贤墓志》可以说是一个代表。李贤作为东魏、北周的重臣，长期镇守西北地区，东征西讨，战功显赫，深得北周太祖亲重，甚至把幼子送到李贤家中看护。《周书》中有《李贤传》作专门记载。墓志中也对李贤的事迹身世做了详细记述，不仅证实了史书的记载，而且有所补充。同时它也为确定这座墓葬的年代提供了绝对的证据，协助判断了李贤墓中壁画的绘制时间，给北朝晚期墓葬的编年研究提供了一个重要的标尺。

又例如《封魔奴墓志》及其家族成员墓志系列，现在分别收藏在中国国家博物馆与河北省文物考古研究所。其中包括：北魏正光二年（521 年）《封魔奴墓志》、东魏兴和三年（541 年）《封延之墓志》、兴和三年（541 年）《封柔妻毕修密墓志》、武定四年（546年）《封柔墓志》、北齐河清四年（565年）《封子绘墓志》、北周大象元年（579年）《封孝琰墓志》、隋开皇三年（583年）《封子绘妻王楚英墓志》、隋开皇九年（589年）《封氏崔夫人墓志》和隋开皇十九年（599年）《封孝琰妻崔娄诃》墓志。这些墓主人都是出自同一个封姓的大家族，这些墓志的记载，对于了解北朝时期的有关历史与大族门阀状况都是非常重要的第一手资料。

南北朝时期至隋唐时期，是古代门阀士族政治盛行的一个历史阶段。各地的豪门大姓在地方乃至中央的政治经济活动中占有极其重要的位置。在这一时期中，封氏家族始终是一个在冀州（今河北地区）具有重要影响的地方豪族，有过大量家族成员在北朝各国出任重要官职，其家族势力十分强大。其中见于正史的主要人物有封释、封弈、封鉴、封懿以及受刑沦为宦官的封魔奴等。封魔奴无法生子，以族子叔念为后，魏帝给叔念赐名为回。以上墓志中的封氏家人，多为封回这一支的族人，反映出封氏家族官宦众多、世代沿袭的盛况。很多人物，如封魔奴、封延之、封子绘、封孝琰等都在《魏书》《北史》等有关文献中有传，可以与墓志记载互为补正。而该家族在河北的政治势力影响甚至一直沿袭到唐代。唐代中期的一部著名笔记作品《封氏闻见记》的作者封演，曾任权知邢州刺史。封演就是封回这一支的后人。

有学者曾经分析说："十六国时期和北朝前期宗族聚落和大家庭的存在与当时的战乱有关。留在北方的汉族地主和士大夫为了自身的生存，往往聚集本族或外族的人民结成带有鲜明的血缘地域色彩的宗族乡里集团——坞堡组织以对抗外来的侵犯。在战乱频仍和民族矛盾尚未得到缓和的形势下，这种宗族乡里集团对于保护北方人民的生存，保护北方的经济文化起了一定的积极作用，同时也使北方的宗族组织和家庭规模结构呈现出一种特有的面貌。入主中原的少数民族政权从原有的部落观念出发，将中原地区的坞堡组织当作一个部落对待。而对于宗主所统辖下的户口却不严加追究，这便是北方大家族盛行的缘由。"大姓之间，为了互相攀缘，产生了密切的通婚关系，又是北朝政治中的一大特点，也是北方士族长期延续，保有其在地方上乃至在中央政府中的巨大影响力的重要因素。这些封氏墓志中记录了一些他们的通婚关系，如封氏与范阳卢氏、博陵崔氏、陇西李氏、清河崔氏、京兆韦氏、安定梁氏等著名大姓结姻，以及与当时位高权重的娄氏、斛律氏、范阳祖氏等非汉族人士通婚，无一不是当时具有政治地位与地方势力的家族。由此，我们可以明显地看到这种服从于政治需要，同时由长期姻亲关系决定的北朝大族通婚情况，由此也决定了北朝官场的政治格局。石刻文献是了解这种状况最好的原始资料。

在书法欣赏与研习中，这些北朝墓志同样具有重要价值，早在清代末期就引起了国内学人以及日本等海外人士的高度重视。那时一些学者厌恶流行的四平八稳、呆滞死板的"馆阁体"书法，提倡临摹学习古代石刻的书体。尤其是康有为等人十分推崇北魏碑志书体，在《广艺舟双楫》一书中，康有为大声赞叹说：学习了北朝墓志书法后，就像从五岳归来，"一览众山小"，看唐代以后的书法作品都像丘陵一样了。在形形色色的北朝石刻中，墓志，尤其是上层贵族的墓志，是书刻最为工整精美，书体最为典型的。启功说过："魏晋之隶，故求其方。"结体方正、笔画峻拔是魏晋至北魏书法的重要特征。华人德在《论魏碑体》一文中将魏碑定义为："魏碑体的概念形成于清末，是指北朝碑刻中以斜画紧结、点画方峻为特征的楷书书体。"这些书体特点在北朝墓志中表现得最为明显。如《元诱墓志》《元珽墓志》《元珽妻墓志》《元遥墓志》等，字体扁方，结构凝紧，笔画瘦劲，端正规整是它们的书法艺术特征。但是并不千篇一律。魏碑体墓志中也有行笔圆润、娟秀俊逸的书体存在，如《元谭墓志》等。而在《穆彦墓志》中，我们能看到较为丰满的笔画与稍显发散的结构，表现出更多的楷书意味，令人联想起唐代颜真卿的书风。《鲜于仲儿墓志》的书体也是如此，并且章法有变，表现出更为活泼的书写风格，充分反映了当时丰富多彩的书法风貌。因此，很多北朝墓志精品都成为书法界视若拱璧的珍贵范本。例如 20 世纪初出土、广为流行的北魏景明二年（501 年）《元羽墓志》、延昌二年（513 年）《元飏妻王氏墓志》、延昌三年（514 年）《元珍墓志》、正光四年（523 年）《元祐妻常季繁墓志》、熙平二年（517 年）《元怀墓志》、熙平二年（517 年）《崔敬邕墓志》等等。其中一些墓志的原石出土后不久便被盗卖到国外，甚至下落不明，像上述的《元祐妻常季繁墓志》《元飏妻王氏墓志》等便被日本人大仓氏买走，据说已经在东京地震中毁坏。《崔敬邕墓志》也早就遗失不存。所以这些墓志的初拓本也成为珍稀的文物藏品。

北朝时期的墓志不仅文字书体端庄秀美，有些高等级墓志上面装饰的图案花纹也十分精彩，显得富丽堂皇。纹饰主要安排在墓志盖以及志侧上面，以精细生动的线刻为主。纯粹运用线条勾勒来表现形体，并通过线条的疏密、粗细变化形成构图，表达出丰富的艺术韵味，是中国古代绘画长期秉持的独特技法。这种绘画技法被古代的工师们原封不动地移植到石刻工艺中。因此，在中国古代的艺术品中，便产生了一种独特的艺术门类——石刻线画。它主要的表现技法是阴线刻，就是在平面的石材上刻画凹下的线条，表现出图像。这种作品最接近于绘画，它的拓片就是一幅黑白翻转的绘画。早在汉代画像石中就出现了大量这种技法的作品。

在汉代兴起的画像石雕刻方法虽然由于东汉末年的战乱以及魏晋十六国时期的社会变乱而趋于式微，但并没有泯灭断绝，一直是中国石匠们传承的独特技艺。到了南北朝期间，由于来自西方的佛教崇拜迅速流行开来，开凿石窟、雕刻石佛像的风气遍及大江南北，给艺术石雕开辟了更为广阔的应用天地。从而使汉代以来的传统画像石线刻技艺焕发新春，并增添了新的艺术因素，更加强调线条刻画的作用，产生了大量精美的石刻线画艺术品。主要反映在佛教单座造像、造像碑、丧葬用的石棺、石屏风、石门等石刻制品上。墓志的纹饰也是其中的一个重要方面，常用的装饰纹样有云气、缠枝花卉、仙人、神兽、蟠龙、莲花和青龙、白虎、朱雀、玄武四神图案等。

由墓志的装饰线画出发，我们去看一下北朝墓葬葬具中的石刻线画作品。20世纪以来，中原地区出土了相当数量的北朝石棺、墓中石室、石床、石屏风等华贵的葬具。它们上面的装饰刻画更为丰富多样，与上述墓志纹饰的刻画风格一脉相通，说明这种石刻线画风格在北朝政治文化中心地区是非常流行的。由于它们的刻画十分精美，很多在20世纪初期出土的石棺、石室都流失到海外。这类文物中比较著名的如洛阳出土的北魏宁懋石室线刻画、美国纳尔逊·阿特金斯美术馆所藏北魏孝子石棺画像、美国明尼波利斯美术馆所藏北魏元谧石棺、日本奈良天理馆所藏北魏石床等。近几十年间，在河南、陕西、山西等地还出土了多件北朝石棺、石屏风及石床等葬具。

我们可以看一下著名的美国纳尔逊·阿特金斯美术馆所藏河南洛阳出土北魏孝子石棺画像，在石棺的两侧棺板与两挡上面精细地雕刻出大量人物、草木、房舍及山水纹饰，通过人物活动表现出帝舜、郭巨、原谷、蔡顺、董永等众多古代孝子故事，并刻有文字题榜。从汉代大力推崇孝道以来，作为宣传工具的孝子故事就在民间广泛流行开来。像郭巨埋儿的故事，是讲郭巨因为家里贫困，无力同时赡养母亲和儿子，为了养活母亲，被迫将自己的儿子埋掉。但是在他挖坑埋人的时候，却挖出了一瓮黄金，上面写着："天赐孝子郭巨，官不得取，民不得夺。"以此宣扬秉持孝心会得到上天护佑。孝子故事画在北朝时期的出土文物上曾经大量出现，应该是反映了当时官方大力提倡，民间普遍信仰的孝义思想。而在墓中使用的葬具上面也刻画孝子故事画，可能隐含着颂扬墓主德行，希望上天保佑，为之祈福避祸的意义。孝子石棺的刻画技法上主要采用减地与线刻，达到绘画一样的效果。它的整体构图充盈匀称，造型优美，细部的线描精微准确，是极富价值的精美古代艺术作品。又如 1977 年在洛阳北郊上窑沪河东砖瓦厂出土的一具石棺，刻画了墓主骑龙骑虎，在仙人、乐伎、怪兽的簇拥护卫下升仙的场景。我们可以看到，它完全是通过纤细匀称的线条描绘表现出人物的优雅气质，龙虎的灵动矫健，以及整个升仙场面的隆重欢庆气氛。整个图像动感十足，一眼望去，似乎画面上的人物、神兽正在凌空飞舞。这件作品，将线条刻画的艺术表现力充分发挥出来，可以与传世的古代绘画佳作媲美。类似图像装饰的石棺现在已经有多件出土，可见它是当时流行的造型艺术样式，石棺也成为北朝晚期以来高等级墓葬中常见的重要葬具（图 77）。

引起人们注意的，还有北朝时期的墓中石屏风图像。在一些北朝时期的墓葬中，曾经采用一种与汉代以来传统墓葬不同的埋葬方式，不使用木制的棺椁，而是使用石质的床和在石床上安放的石屏风。将死者安放在石床上面，石床的周围大多会竖立帷帐笼罩。这些石床与石屏风上也大多采用减地浅浮雕加线刻的工艺手法，表现出多种内容的生动图像。石屏风的绘画面积较大，主要刻画出墓主的宴饮、出游等生活场面，辅以孝子故事、竹林七贤与荣启期等古代教化绘画，以及具有异域风格的粟特人生活、宗教活动等图像。这些石刻大多只进行了很浅的减地工艺，其他的造型完全是采用平面线刻来表现，特别应该注意的是这些北朝石屏风画上表现出来的刻画技艺与山东南部出土的一些汉代画像石极为相似。例如在河南安阳固岸出土的东魏武定六年（548 年）谢氏冯僧晖墓中石屏风与日本久保惣纪念美术馆收藏的北朝石屏风等材料，它们图像表现出的减地加线刻手法与在山东临沂吴白庄汉墓画

图 77 隋石棺线画

像石孝子图上使用的技法如出一辙。类似技法还可以在山东沂南汉墓画像石等处见
到，正说明这种中国古代石刻线画的传统雕刻技法曾经在民间长期延续与流传。

　　现在所见的北朝石屏风中，以汉族传统文化内容为主的孝子图和墓主人日常
生活出行图像占较大比例。这一类的材料包括沁阳西向出土石屏风、洛阳古代艺
术馆藏洛阳出土石屏风、日本久保惣纪念美术馆收藏的石屏风、日本奈良天理大
学附属的天理参考馆收藏的两件石屏风石板、美国芝加哥美术馆收藏的一套石床
与石屏风，与美国弗朗西斯科美术馆藏的两件石屏风石板、西安出土的北周天和
六年（571 年）康业墓石屏风等，与其反映的汉族文化背景相应，它们都是采用了
中国传统的石刻线画形式。深圳金石艺术博物馆从海外回收的一套东魏武定元年
（543 年）翟门生石床与石屏风，具有独特的文化意义。石屏风上铭记为"胡客翟
门生造石床屏风吉利铭记"，与同属一墓的墓门铭志称"翟国东天竺人也，……
因聘使主，遂入皇魏"互相印证，说明墓主人是西方来华的外国客使。但是石床

与石屏风应该是东魏官方制作赠送的葬具,所以绘画仍然是以中国传统文化为主,屏风的正面是墓主人像及郭巨、董永、王寄等孝子故事画,背面为南朝流行的竹林七贤与荣启期的画像。它既反映了当时存在的东西方人员往来,也反映了南北两地之间的文化艺术交流。

此外还有一些以表现祆教宗教崇拜内容与粟特等西域民族生活场景为主的图像,其墓主大多可以确认为粟特族人等西方来华人士。这一类的材料包括1922年在安阳出土的一具北齐石床,其构件现在分别收藏于美国华盛顿弗利尔美术馆、波士顿美术馆、德国科隆东方艺术博物馆、法国巴黎吉美博物馆等地,还有日本美秀博物馆收藏的一批石屏风构件与一对门阙、在西安大明宫乡炕底寨发现的北周时期粟特人安伽墓中出土的一套石床与石屏风、甘肃天水石马坪出土的一组石床与石屏风、山西太原王郭村出土的隋代开皇十二年(592年)虞弘墓中石棺椁等。此外,在山东青州傅家的一座北齐武平四年(573年)墓葬中曾经出土一批石葬具,其中大批石构件被用于水库大坝建筑,当地博物馆仅收集到一批雕刻有图像的石板,从形制与构图来看,应该是石屏风的残存。这些图像也属于具有粟特等西域民族文化特色的生活场景。最近美国返还了两件原来存放在纽约大都会博物馆中的北朝石床构件,上面雕刻出祆教祭司、神祇、祭祀火坛等明显的祆教宗教活动图像。这一类具有外来文化因素的石刻,在近年来对于中西文化交流的研究中受到广泛的重视。这些石刻中多采用圆雕与浅浮雕的技法,有些上面还曾经描绘彩色或贴上金箔,显得金碧辉煌,华贵无比。

与这些地下埋藏的文物珍宝相比,北朝留存至今的地面石刻保存得不是太好,数量不多。但是其中的类型却很多,不仅有碑、摩崖、石柱、题记等常见石刻,还有刻经、造像等新出现的石刻类型。由于石刻技艺的进步,这些石刻的制作都比较精细,具有较高的艺术价值与历史价值。

例如矗立在河北定兴石柱村的北齐《义慈惠石柱》,就是一件罕见的石柱形纪念碑(图78)。它由石灰石叠砌而成,全高6.17米,分成柱身与石屋两个部分。最下面是覆莲形柱础。柱础上面为高大的石柱,柱顶托举着一块石板,上面安放了一座精雕细刻的石屋。这座石屋的形制完全模仿当时的土木建筑,单檐庑殿顶,支撑屋顶的圆柱上刻有栌斗,四壁刻有门窗与几何形图案。石屋内雕刻佛

图 78 北魏义慈惠石柱

龛。佛龛中雕刻了一座正襟跌坐的佛像。岁月沧桑，兴衰迭替，现在已经见不到北朝时期的建筑了。凭借这座石屋，我们可以看到当时的房屋建筑模型，实为难得。更引人注目的是在石柱上面刻写了长篇铭文《石柱颂》，3400多字，这是一篇珍贵的记述北魏末年社会状况的历史文献。

《魏书》中曾经记载，在北魏孝昌元年（525年），北方柔玄镇的镇民杜洛周起兵反魏，北方六镇的流民纷纷响应，后来又有葛荣的起兵割据。这些叛军在幽州、燕州、殷州、冀州与相州之间与北魏军队多次交战，长达4年之久。上述地区多是在今天的河北境内，连年残酷的战争使得河北地区的人口损失严重，杀戮遍野。到了战事平定之后，地方稍有恢复。当地居民王兴国等七人就自发将原野之间散布的尸骨收集起来，集中埋葬。石柱铭文中称："驱车历境，拾诸离骨，乃合作一坟，名曰乡葬。"并且立了木柱，作为标识与纪念。埋葬散布在大地上的无名遗骨，在中国传统文化中是悯怀死者的积德行为，在有佛教信仰的信徒那里是施行慈悲功德的善举，类似活动在民间长期存在。王兴国等人的慈善活动发生在东魏时期。以后，在此兴建佛寺，陆续有佛事礼拜。并且有信徒们捐赠土地，形成了佛寺产业与义地，成为当地一个大型的慈善活动地点。北齐年间，一些官员参与慈善，汇集民众捐赠，改用石柱代替了原来的木柱，便是这件《义慈惠石柱》。《石柱颂》详细记载了这一过程。它既具有重要的史料价值，又是古代建筑史的宝贵实证，所以早在1961年就被确定为第一批全国重点文物保护单位。

北朝的摩崖石刻存世较多，而且大多气势不凡，规模宏大。如山东莱州和平度境内的云峰山、天柱山摩崖，邹县的铁山、岗山摩崖（图79），泰山上的经石峪金刚经摩崖，东平的洪顶山摩崖刻经，汶上的水牛山摩崖刻经，河北邯郸的响堂山刻经，涉县中皇山刻经，河南安阳小南海的鳌盖山刻经等等。其中大多为有关佛教的刻经、佛名题刻、题记。而云峰山、天柱山摩崖则是曾经在此任官的北朝著名书法家郑道昭、郑述祖等人留下的诗文题记。云峰山、天柱山以及附近的大基山、玲珑山位居莱州湾以东，相距大约25千米。山势虽然不高，但奇峰怪石变幻无穷，林木葱郁，泉水流淌，俨然一幅世外桃源景色。在山中突兀岩石的侧面，分散刻写了北魏至北齐的题铭42处，另外还有东汉刻石一处。由于其中大部分都是郑道昭、郑述祖父子所书，所以以往金石书法界习惯称

图 79 岗山刻经（局部）

之为"郑道昭石刻"。郑道昭和他的父亲郑羲在《魏书》中都有列传记载，可称官宦世家。郑羲官至秘书监，职掌中书文秘。郑道昭也是博学多闻，富有文才，曾经在担任国子祭酒时上表请求修复汉魏石经，但未获批准，后在北魏永平三年（510年）出任光州刺史，官署设在莱州。郑道昭在公余出游，登山临水，吟诗题刻。他的儿子郑述祖在北齐河清三年（564年）也曾经担任过光州刺史，继承了乃父遗风，继续在山水间留下题刻。现在统计，他们的题刻，留在云峰山的有《郑文公下碑》《论经书诗》《观海童诗》《咏飞仙室诗》《重登云峰山记》《云峰之山题字》等11处；留在天柱山及福禄山的有《郑文公上碑》《天柱山铭》《东堪石室铭》《姚保显造塔记》及其他4处题字；在大基山上留下了《仙坛诗》和11处题字。玲珑山上原来存有《百峰山诗碑》，但是已经残毁，所余的上半截辗转流传在外，现在由故宫博物院保存。此外，玲珑山上还保留有4处题字，其中的"游槃"每个字直径达到一尺多，很是壮观。

云峰山、天柱山摩崖石刻的形制多样，有的随着原来山石的形状加刻文字，有的把山石加工成碑的外形。书法风格以自然美见长，或凝重雄健，或恣意纵横。

文字的结构趋近楷书，多严谨方正，又能显示出舒展博大的气势，在北朝书法作品中独树一帜。它不仅对于隋唐时期的书法风格有着明显的影响，也深受近代以来书法家们的喜爱，就是远在海外的日本、韩国等地，也不乏仰慕郑道昭石刻的书法粉丝。

　　到了南北朝时期，佛教普遍地流行开来了。这种宗教活动首先就催生了大量的佛像崇拜。当然，最早的佛教是没有佛像崇拜的，雕造佛教人物塑像主要是受东罗马文化的影响。但是在佛教经由西域进入中原的时候，佛像崇拜已经非常成熟了。因为当时在阿富汗和印度北部已经建造了很多佛像，也大量开凿了石窟，这样就给中国佛教石刻的发展提供了范本和榜样。新疆一带的佛教石窟开凿得比较早，例如古龟兹国内的克孜尔、库木吐喇等石窟。然后这种做法被完整地复制到了中原，被北朝官方当作一种重要的宣传、教育手段。佛教相对于儒家有一个最大的优势，就是它的信众不仅仅局限于文化人。所谓树碑立传这种官方行为，往往是针对上层社会的精英的，普通老百姓根本看不懂，也不大关心。但是，佛像崇拜可以渗透到全社会，官方建造石窟也就具有了普遍意义。因此佛教的传入带来了全新的石刻内容和石刻形制，对中原石刻原本应用的范畴形成了巨大冲击。我们可以从汉代碑刻的记录中看到，当时建碑常常采用集资的办法。比如墓碑，往往是死者的门生弟子每个人捐点钱，一起立一座碑。地方上给官员立的功德碑也是这样集资制作。佛教传入以后，就利用了这种民间集资的方法，发展得非常迅速。佛教石刻都是大量地劝化集资，信众就算只给一点小钱也要。我们看唐代那些宣扬佛教的劝善故事，例如《应验记》《神异经》《冥祥记》等，就可以看到这种功德活动。有一个故事就讲一个很穷的老太太，只捐了一个铜钱去参与铸佛像，结果等到佛像铸成，她捐的那个铜钱正好贴在铸出的佛像胸前。寓意是你捐的钱哪怕数量微薄也无妨，只要心诚就行。可见佛教在当时的宣传有多么厉害。这种大量的、普遍的民间集资，直接刺激了佛教石刻的发展。石刻作为一项专门技艺，是需要代代相传的，一旦发生战乱或者官方禁碑，石工就丢了饭碗，技艺就会失传，然后石刻就会退化。而佛教的传入，却刺激了石刻的市场需求，创造了就业条件，才带来石刻的复兴。所以在南北朝时期，与佛教有关的石刻数量是十分庞大的。

　　首先说刻经。前面已经详细介绍了泰山的《经石峪金刚经》摩崖，这里再把其他的几种佛教刻经摩崖介绍一下。

　　用石刻保存和传播佛教经典，是南北朝时期的一大创新。最早出现的刻经形式就是摩崖刻经，很可能是为了佛教徒向民众广泛宣传的需要。山东邹县的铁山、岗山摩崖刻经是仅次于泰山经石峪刻经的大字佛经。铁山摩崖是刻在一块巨大的花岗岩石屏上面。这块巨石石面平整，倾斜向下，仿佛是天生用于刻铭的材料。上面竖行刻写了金刚经文、刻经颂和题名三个部分的内容，残存文字1500多个。最大的字径将近1米，最小的也有20厘米，以40至50厘米大小的文字居多。根据上面的刻经颂文记载，这件摩崖刻于北周大象元年（579年）。主持刻经的人叫作匡喆，书写者是著名的僧人书法家安道壹。岗山刻经则分布在岗山北麓岩壁上，东西长约300米。由于多年山水的冲击侵蚀，许多刻石的位置有了移动，或者断裂开来，显得比较零散。现存刻石一共有26块，总计刻写了400多字。字体大小不等，小的有10来厘米，大的可以达到45厘米左右。这些刻经的内容有《佛说观无量寿经》《入楞伽经》的部分经文，还有梵文的佛教偈语和题名等。估计与铁山摩崖的刻写时间接近，大约在北周大象二年（580年）。只是岗山刻经的书体与铁山刻经明显不同。铁山刻经书体以隶书为主，杂以行草笔意，用笔是方圆兼施。岗山刻经则多使用方笔，主要是楷书写法。它们反映了当时书法不同的流派，也同样受到书法界的重视。

　　除铁山摩崖之外，僧人书法家安道壹还在山东等地留下了不少书迹。平阴一带有北齐刻经5处，安道壹题名3处。东平旧县乡洪顶山上，在东西向山谷两侧的石壁上镌刻有佛经、佛名、题名、题记等共22余处，其中北崖壁16处，南崖壁6处，另有造像龛4处，总面积近1400平方米，存有文字1500多个。其中一些题记附有僧安道壹的题名，说明这些摩崖刻经大多为他的书迹。文字书体雄浑有力，如"大空王佛"四个字全高达11.3米、宽3米，仅一个"佛"字就高4.25米，竖画拖下1米多，被人们称作"大字之最"。根据题记推算，僧安道壹离开洪顶山的时间为河清三年（564年），也是其在洪顶山的下限纪年。此外，有人认为徂徕山与泰山经石峪的刻经也是僧安道壹的作品。又如汶上水牛山的摩崖刻经与《文殊般若碑》等，也有人认为是僧安道壹所书写。这座《文殊般若碑》上刻写了《文殊师利所说摩诃般若波罗蜜经》的下卷部分经文，并注明为武定八年（550年）所刻。摩崖上刻写的是这部《文殊师利所说摩诃般若波罗蜜经》的上卷部分经文，那么它刻写的时间应该和建碑的时间相差不多。

河北邯郸鼓山的南北响堂山石窟，邻近北齐时期的都城邺城，是北朝晚期最具代表性的佛教石窟。它同时也是北齐时期最重要的刻经地点之一。在北响堂山石窟第3窟（俗称刻经洞）的内外石壁上刻满了佛经文字，均为隶书大字，书体规整精湛。这是北齐重臣晋昌郡开国公唐邕在天统四年（568年）至武平三年（572年）之间陆续刻成的多种佛经与佛名。经现在学者的调查统计，共有《维摩诘经》、《弥勒成佛经》、《孛经》、《胜鬘经》、《无量义经·德行品》赞佛偈、《无量寿经论》愿生偈、《大涅槃经》的节录等七种佛经。在这座窟旁还竖立了1座《唐邕写经碑》，是唐邕本人在刻经完工后撰写的记事碑铭。碑文中说：他自己皈依佛教之后，深深感到用绢帛、简策、皮纸等来抄写佛经不是长久之计，容易毁坏不存。所以下决心在名山中用石刻留存下佛经，使佛教经典能够历经劫难而不毁坏，让佛教的教义永远流传。这也正是当时广大佛教信徒采用石刻刻写佛经的普遍动机。佛经中讲佛教发展中会有一个末法阶段，那时会出现灭佛废经的现象。采用石刻保存佛经，尤其是出现后来的北京房山《云居寺石经》，可能都是这种末法思想影响下的佛教功德活动。

距离邯郸不远的河北涉县中皇山上，也有一处大型的摩崖刻经，其时代与北响堂山刻经相近，有人推测为北齐天保末年所刻，书体也与北响堂山刻经相似。中皇山下，是一条由邺城通向山西太原的道路。北齐时期，晋阳（今山西太原）是北齐政治的另一个中心，作为皇帝的陪都。这条道路也就是北齐皇帝常来常往的官道了。据《涉县志》记载"北齐文宣皇帝高洋自邺返太原，尝道经山下，起离宫以备巡幸"，"高洋于此山腰见数百僧过，遂开石室，刻诸尊像"，"及天保末，又使人往竹林寺取经函勒之石壁"。可见涉县中皇山上开凿石窟雕刻佛像、刻写摩崖佛经是由北齐文宣帝高洋亲自下令，并由精通佛经的高僧、优秀的书家和石工参与施工的官方大型工程。刻经分布在两座石窟内和四处露天摩崖上，总面积为165平方米，共刻佛经6部，经文134700余字。按照刻经的书写和镌刻顺序，自南向北依次是《思益梵天所问经》《十地经》《佛垂般涅槃略说教戒经》《佛说盂兰盆经》《深密解脱经》《妙法莲华经·观世音普门品》等。其中《深密解脱经》《思益梵天所问经》《十地经》和《妙法莲华经》四部石刻佛经内容完整。尤其是《深密解脱经》《思益梵天所问经》《十地经》为别处罕见，是我国乃至世界佛教典籍中弥足珍贵的实物资料。

佛教文化的影响在魏晋南北朝时期极为盛行，遍及南北的石窟寺与佛寺佛塔是显著的代表，由于石窟寺另有专门的书籍介绍，这里不再叙及。可是受石窟造像影响而产生的另一类佛教石刻，还是需要介绍一下，这就是南北朝时期兴起的造像碑与造像题记。它们都是当时佛教信徒虔诚信仰的真实体现。

佛像崇拜，是佛教文化，尤其是汉传佛教的一个重要成分。佛教徒直接向佛像礼拜祈福，建造佛像作为功德，都是佛教信徒宗教生活中必须拥有的。建造大型的石窟、佛寺佛像自然是一般人无力承担的，在平原地区也无法建造石窟一类的造像。因此，结合中国传统碑石形制与石窟佛教造像两者特点的造像碑就应运而生。由于它体积较小，又可以到处安放，个人财力或者小型社团的集资就可以承担建造费用。所以在南北朝时期，很多寺庙或者城市中都竖立有大大小小的石质造像碑。它的外形主要有两种，一种是中国古代传统的扁方碑石形制，另一种是类似石窟里中心柱造型的四方柱形制。碑身的主体是凹进的佛龛，龛内雕刻佛像。也有一种碑身全部雕刻小型佛像的千佛碑。有的造像碑上还雕刻众多的供养人画像。很多造像碑上面附刻铭文，记录建造者的姓名、籍贯、官职、家属和发愿造像的缘由，歌颂佛教的神异精妙等。应该是为了表现供养人所做的功德，让佛祖不要忘记赐福。

造像碑在中原产生的时间，可能比石窟建筑传入内地的时间还要早一些。现在见于著录的最早一件造像碑是宋代《金石录》上记载的前赵光初五年（322 年）《浮图澄造释迦像碑》。在新疆曾经出土一件北凉时期的《沮渠安周造像碑》，雕饰十分精美，后来被德国人盗运走，据说在二战中被毁，中国国家博物馆中存有一件该碑罕见的拓片。而北魏至北周时期的造像碑就非常多见了。国内各地现存数量不下几百件，它们都是内容丰富、精美可观的佛教艺术品与重要史料。

造像碑上的佛像雕刻以高浮雕为主，辅以线刻图像，一般都雕刻得非常精细生动。例如甘肃麦积山石窟 133 号窟中收藏的第 10 号造像碑，碑首圆形，中央刻有释迦与多宝二佛并坐的佛龛，龛楣上雕刻 7 尊化佛。碑首佛龛的下面是主龛，里面雕有一佛二菩萨的供养主尊组合，龛外刻有狮子与力士护卫，两旁雕刻维摩诘像与双鹿在鹿野苑听法的故事画。主龛上中央为一尊交脚弥勒像，两侧是佛传故事画。这些丰富的佛教文化内容足以与一个小石窟内的造像内容相比。又如河南浚县有一座精美的四方柱形造像碑，建造于北齐武平三年（572年）。它的下面有方形碑座，顶部是仿照砖木建筑的屋顶雕刻的九脊单檐歇山式碑顶。碑身的四面都刻出三层佛龛，龛内雕刻不同的佛像，碑铭中注出每一龛佛像的佛名，有弥勒佛、释迦牟尼佛、阿弥陀佛、观世音菩萨、大势至菩萨、普贤菩萨、无量寿佛、多宝佛、药师佛等等。还有维摩诘像与涅槃变的画面。这样题材多样，刻工细巧的造像碑还是不多见的。

陕西耀州城东的药王山上，保存了关中地区最为丰富的一批造像碑资料。药王山本来是被后人称为药王的唐代著名医学家孙思邈隐居的地方。由于这里有大量摩崖造像和寺庙建筑，从清末以来，人们就把在耀县附近出土的造像碑收集到这里保存，现在已经有100多件。里面包括有碑形、塔形、四方柱形等多种形制，雕刻有丰富的佛教图像以及世俗人物形象。其中《谢永进造像碑》上的线刻杂技缘幢图、《雷周生造像碑》上的供养人图、《锜麻仁造像碑》上的角抵图、《吴洪标造像碑》上的地狱变相等都具有浓厚的平民生活气息，上面描绘的人物服饰、车马形象、屋宇建筑、乐舞杂技等形象，是了解当时民俗、文化、艺术的珍贵写真材料。北周武成元年（559年）《绛阿鲁造像碑》的龛楣装饰复杂，分层雕刻出屋檐、盘龙、飞天和舍利塔等图像，雕刻精美规整，是罕见的艺术精品。这批造像碑中有时代比较早的材料，如北魏始光元年（424年）《魏文朗造像碑》，刻有释迦与天尊并列的造像，表现出佛教与道教并行崇拜的现象，也是国内现存制作时间最早的纪年造像碑，引起过国内外学者的专门研究（图80）。太和二十年（496年）《姚伯多兄弟等造像碑》、北周《绛阿鲁造像碑》等铭文书体的书法价值较高，很早就名扬四方。在这些造像碑的供养人题名中，发现了大量源于各北方少数民族的姓氏，如似先、贺兰、锜等，说明这一带聚居了入住中原的众多民族成员，有助于研究北朝时期的民族融合与民族关系。

造像题记是伴随着佛教造像风潮在南北朝大量出现的一类石刻。它是佛教信徒出资建造佛像后，在石质佛像上附刻的文字记述，同造像碑上的铭文一样，主

图 80 药王山魏文朗造像碑

要记录建造者的姓名、籍贯、官职、家属情况、所建造的佛像名称等，特别是要表达自己建造佛像祈福的愿望。这种祈求往往从祝愿皇帝、国家平安开始，接续到自己的家人亲属以及天下众生。在大量散布各地的小型单座石造像上往往刻有这样的简单文字。近些年来，各地陆续发现了多批古代的佛像窖藏，出土了数以千计的中小型单体造像。例如河北曲阳发现的修德寺造像、临漳的北吴庄造像、定州出土的多件北朝造像、黄骅出土的北朝造像、山东博兴的龙华寺造像、青州的龙兴寺造像、四川成都的万佛寺造像、甘肃泾川出土的大云寺造像等等，这些造像中，一部分小型造像上都附有造像题记，这些造像题记常常是利用造像座上或者佛像背屏后面的空白地方等处刻写一些简单的题记。而在石窟造像中，也常有建造者的题记出现，成为对于有关石窟研究的重要参考信息。例如1962年在整修甘肃炳灵寺石窟时就曾经发现了169号窟中的一条西秦建弘元年（420年）题记，是目前发现的年代最早的石窟题记，可以协助考证炳灵寺石窟的开凿年代，有着重要的石窟考古学断代意义。具有最丰富造像题记的，要数洛阳龙门石窟。据近年来的统计，龙门石窟中现存的历代造像题记可达2875种之多，其中大部分为北朝时期的题记。有些大窟中的造像题记密密麻麻，随着造像分布，从底层直达窟顶。例如宾阳中洞、古阳洞等北魏中晚期建造的石窟。这些造像题记中记载的人物，从北魏王公官员到平民百姓，从嫔妃贵妇到村女老媪，包含各个民族、各个阶层。并且不乏几百人组合的集资功德团体。例如著名的北魏太和七年《孙秋生等造像》，就明确记载："新城县功曹孙秋生、新城县功曹刘起祖二百人等敬造石像一区。"（图81）可见这些佛教功德组织的社会广泛性。从历史研究的角度来看，北朝这些题记的内容虽然很简单，但是对于研究当时的社会风俗、民族状况、官职制度、地理区划等历史热点问题都有一定的参考价值，所以逐渐引起人们的注意。

龙门石窟造像题记还在中国书法史上占有重要的地位。在清末书法家尊崇北朝书体的影响下，龙门造像题记被看作是魏碑体的典型代表，古拙刚健，足以师法。前人从数以千计的龙门造像题记中精选出20种各具特色的书法作品，大量传拓及印刷出版，最为有名，称作《龙门二十品》，即：《孙秋生等造像记》《始平公造像记》《北海王元祥造像记》《北海王国太妃高造像记》《比丘法生造像记》《一弗造像记》《解伯达造像记》《杨

图 81 龙门孙秋生等造像

大眼造像记》《魏灵藏造像记》《郑长猷造像记》《惠感造像记》《贺兰汗造像记》《高树造像记》《朱䂮造像记》《广川王太妃侯造像记》《元爕造像记》《慈香造像记》《道匠造像记》《马振拜造像记》《元祐造像记》这20种龙门石窟造像题记，历来被作为经典书法范本。以《龙门二十品》为代表，以后又有选取更多的龙门造像题记书法精品与选取其他碑刻题记等书法佳作的做法，也称作"品"，广泛流传。而《龙门二十品》中的19品都出自古阳洞中。

# 隋唐盛世——丰碑林立

隋代统一全国后，南北方文化融为一体，社会进入一个短暂的发展阶段。隋朝初期的富裕强盛，也使得当时的文化艺术达到一个新的高度，为以后的盛唐繁荣铺下了基石。尽管隋代国祚短暂，却发挥了承上启下、融会贯通的巨大作用。由此开始，石刻也进入了一个使用更加广泛、形式更加多样、形制规模更加宏大的新阶段。

应该说南北朝时期的佛教石窟开凿与佛教造像等艺术石雕工程极大地提高了中国古代石刻的工艺技术水平与造型能力。在此基础上，结合经济发展的助力，使得隋唐时期的石刻气势壮观，门类繁多，特别是高大雄伟的碑石，不仅保存下来的数量众多，而且大多雕刻精细，形制规范，文辞内容华美丰富，书体更是篆隶行楷百花竞放，成为后世书法模楷，具有极高的艺术价值。至今为止，保存在各地的隋唐碑刻珍品仍然不胜枚举。在隋碑之中，《龙藏寺碑》以它独具特色的书法艺术艳冠群芳，被评为隋碑之首。这件名碑现保存在河北正定隆兴寺中。隆兴寺创建于隋代开皇六年（586年），原名龙藏寺，宋代改名为龙兴寺，清代康熙年间又改为隆兴寺。这座寺院中保存有一件国内现存最高大的佛教铜铸立像——宋代千手千眼观音像，所以民间习惯称呼它为大佛寺。《龙藏寺碑》便是这座寺院在隋代初建时竖立的大型碑刻，用以记录建造寺院的经过，全名为《恒州刺史鄂国公为国劝造龙藏寺碑》（图82）。这件碑的撰者与书人现在还不能确定，有人根据碑文最后残存有"齐开府长兼行参军张公礼"等字样，推测撰文人及书写碑文的就是张公礼。张公礼其人虽然不见于历史文献记载，不知道他当时是否以书名闻世。但是这件碑文书体却历来被人称道，字体结构宽博端严，方整有力，用笔沉稳遒劲，风韵朴拙，既保留有北朝碑版书法风格，又与初唐楷书有相似之处。它代表了融合南北书法风格于一体，向唐代成熟的楷书风格过渡的隋代书法特征，处于承前启后的地位，在中国书法史上具有重要的地位，可以借此研究古代书法的演变过程。早在宋代欧阳修的《集古录》中就称赞它"字画遒劲，有欧虞之体"，指出初唐欧阳询、虞世南的书法受其影响。清代学者康有为更是在《广艺舟双楫》一书中认为："此六朝集成之碑，非独为隋碑第一也。"

图 82 隋龙藏寺碑

《龙藏寺碑》的外形沿承了南朝大型碑石的式样，圆首，上面雕刻有蟠龙纹饰。碑身与碑额共高 2.53 米，近代一直是方座，1987 年抬高碑石时，发现下面还有一座大型龟趺，应该是最早的碑座。所以恢复原貌后全高为 3.24 米，颇为雄伟。碑阳楷书 30 行，每行 50 字，详细记述了恒州刺史王孝僊劝谕州内一万多名百姓修建龙藏寺的经过。碑阴和右侧面记载了当时各县参加修寺的官员、僧官等人姓名。

北方的河北、山东、河南、陕西等地，还保存有一些隋代的石碑。例如隋开皇十三年（593 年）雕刻的《陈思王曹植碑》《诸葛子恒等平陈颂》，开皇十六年（596 年）前刊立的《洺州南和县宋文彪等造沘水石桥碑》、开皇二十年（600 年）《孟贤达碑》、大业三年（607 年）《舍利塔碑》等等，都是具有华美的文辞、出色的书法以及精细装饰的完美石刻艺术品，受到后人的重视。

特别值得一提的是清代道光十二年（1832 年）在广西钦州发现的隋代大业五年（609 年）《宁赞碑》，这是一件在广西境内乃至整个南方地区都很少见的隋代石刻。据当地记载，在道光六年（1826 年），这件碑就被农民在耕地时掘出，但直到道光十二年才被学者许乃济运回钦州州学尊经阁保存，碑拓也随之流传开。新中国成立以后，这件碑刻被征调到广东省博物馆收藏。《宁赞碑》是隋代宁越郡钦江县人正议大夫宁赞的墓碑，铭文中记载了宁氏家族的源流、籍贯、祖先官职等情况，可以校正《隋书》《北史》等文献中对于宁赞父亲宁猛力等人的记载。它的外形古朴，与北方当时流行的螭龙圆形碑首形制不同，而是仿照汉代碑石的形制，在碑额中间刻有穿洞。碑文字体显得方硬古拙，与南朝刘宋时期的《爨龙颜碑》有些相似。它们可能反映出南方边远地区接收中原流行文化的影响较晚，不能与中原碑刻形制变化同步。边远地区文化经济的滞后以及与中原地区交往的不便，由此也可见一斑。也正是因为这种差异，《宁赞碑》刚问世时，北方得见拓片的学者中，很多人认为这是伪作。后经杨守敬等人考证，根据文献与书体辨明并非伪造。

隋文帝建立的南北统一辉煌大业，却被不肖子隋炀帝在十几年间就断送了个干净。继之而兴起的李唐帝国，深切吸收了上一代的教训，稳定社会，鼓励生产，很快地达到了国力强盛、文化发达的昌平景象。唐代诗圣杜甫曾经称颂盛唐时期是："忆昔开元全盛日，小邑犹藏万家室。稻米流脂粟米白，公私仓廪俱丰实。九州道路无豺虎，远行不劳吉日出。齐纨鲁缟车班班，男耕女桑不相失。宫中圣人奏云门，天下朋友皆胶漆。百余年间未灾变，叔孙礼乐萧何律。"

这样富庶安定的社会，自然会造就与之相应的高度发达的文化艺术。初唐与盛唐时期，应该是中国历史上文化最发达、影响力最强的鼎盛时期。这时，中国古代书体脱离了汉代以来的隶书拘囿，进入成熟美观的楷书时代。安定统一的强盛帝国与欣欣向荣的文化教育，造就了数不胜数的书法大师。从褚遂良、虞世南、欧阳询到李邕、苏灵芝、李阳冰、颜真卿、张旭、怀素、柳公权……，一个个影响深远的名字，奠定了唐代书法无与媲美的崇高地位。不仅如此，即使是唐代无名书者的作品，也显示出不俗的书法造诣。现在已知的唐代出土墓志近13000种，其中大多书体纯熟，文字秀美可观，有些并不亚于著名书法家的作品。如陕西出土的唐显庆三年（658年）《王居士砖塔铭》，书者敬客，并不见于史载，但是其书体酷似褚遂良，瘦劲秀逸，深得书法界看重。不仅石刻，更为直接表现毛笔书体的敦煌文书中，出自大量普通文人写手的唐代写经与文卷，也多有书体端正、结构严谨、秀美悦目之作。这一切都在向我们显示着唐代发达的文化教育与高雅的艺术水平。

因此，唐代也是中国古代石刻发展历史上最为辉煌的一个阶段。从现存的考古发掘材料以及传世文物来看，这一时期，社会各界在纪念、记事、建筑装饰、佛教造像、墓葬构件与葬具等方面广泛运用石刻，所制作的石刻类型繁多，技艺纯熟，丰富多彩。上述的主要石刻类型基本上都已经完备。大致估计，现存的各类唐代石刻不下 20000 种，由于近年来考古发现及社会盗掘的出土墓志剧增，仅唐代墓志已经有近 13000 种。其余的碑石、摩崖、造像、经幢、刻经、地券、塔铭、题名、石棺、建筑题记等等，精彩纷呈，数不胜数。

唐代值得一看的著名碑石太多，难以在这里详细介绍。我们只好按照其分布情况，以一些最引人注目的丰碑为主，将几个碑石的主要分布区域概述一下。

以西安为中心的陕西关中地区，历来是政治中心。长安古城是大唐国都，荟萃了四方文化精英与雄厚的财力物力。因此也是唐代名碑集中存世的地区，很多市县都保存有唐代的碑石。而现在最著名的石刻汇集地，要数礼泉县内的昭陵小碑林、西安城内的碑林博物馆、西安考古博物馆等地。

昭陵是唐太宗李世民的陵墓，坐落于陕西礼泉县城东北，依山势峻峭的九嵕山主峰而建，面积约200公顷，气势宏大。历代帝王都要把兴建自己的陵墓作为头等大事来抓，开拓盛唐大业的唐太宗更是如此。从贞观十年（636年）太宗皇后长孙氏入葬开始，就进行了昭陵陵园的兴建，而且这里埋葬的不仅有唐太宗及其后妃。由于唐太宗在刚开始修建自己的陵园时就下诏，允许功臣、皇亲和德业崇高的官员们在陵园中陪葬，形成了功臣陪葬的礼仪制度，所以这里也埋葬了大量唐代早期的功臣与贵族。根据文献记载与现代的考古调查，这里现存墓冢180多处，其中有167座墓葬可以确定墓主。昭陵也因此成为历代帝王陵园中规模最大、陪葬墓最多的一座，虽然历经朝代变迁，但旧貌依稀可见。因此，这里保留下来众多精美的墓碑、墓志与石雕等墓葬石刻。昭陵石刻历来都是金石著录的重点。因为它们不仅数量较大、形制突出，而且雕饰精美、书体端庄，碑石的主人又多为著名的历史人物，碑文可以与历史文献互证。例如高达5.65米、宽1.78米、厚0.54米的唐代名臣《李勣墓碑》，螭首、龟趺，由唐高宗李治亲自撰文并书写。书法造诣直追二王（晋代著名书法家王羲之、王献之）。但是由于年代久远，传拓过多，损坏十分严重，现存的碑石大部分都有文字剥落残泐的现象。最严重的甚至下半截碑石上只字不存。以往有些碑仆倒埋没，或遭到人为破坏。清末金石学家罗振玉曾经撰写《昭陵碑录》一书，对当时可见的昭陵碑石一一加以记录，并根据以前的金石著录和拓本补充了各碑的残缺内容，但是也只收集了近30件。从20世纪50年代以来，陕西省文物管理委员会等文博单位又对昭陵碑刻做了多次调查与考证，予以重点保护，汇集了温彦博、段志玄等人的41件碑石。其中陆续出土的一些碑，如仪凤二年（677年）《李勣碑》、贞观二十二年（648年）《褚亮碑》、显庆四年（659年）《兰陵公主碑》等，文字都保存得比较完好。1964年和1965年出土的乾封元年（666年）《李孟尝碑》、总章二年（669年）《吴黑闼碑》、开元二十六年（738年）《李承乾碑》等是以往没有著录过的，都保存得比较完整。昭陵碑石中，不乏著名书法家的佳作，欧阳询书写的贞观十一年（637年）《温彦博碑》、褚遂良书写的永徽三年（652年）《房玄龄碑》、畅整书写的麟德二年（665年）《程知节碑》等，大都是后人大力临摹的书法精品。在保护工作中，还清理出一些重要的墓志，如显庆四年（659年）《尉迟敬德墓志》和《尉迟敬德妻苏斌墓志》等。

碑志以外，在昭陵中散布的各种石雕艺术品也是遐迩闻名。按照古代陵寝的建设规制，往往会在神道两侧和墓冢前安放各种礼仪雕刻，如神兽、武士、翁仲、虎羊、华表等等。而从昭陵开始，又增添了石雕的蕃酋列像，就是把当时与大唐帝国有过外交往来的外国首领、使节以及臣服于大唐的各民族首领雕刻形象排列在陵寝之前。自唐太宗昭陵的建筑开始，历代唐帝的陵墓中，蕃酋（或称蕃君等）石像都是必不可少的组成部分。昭陵中的石像人物虽然损毁严重，但存有的阿史那社尔、吐蕃赞普弄赞、高昌王麴智勇、焉耆王龙突骑支等十四国君王石像底座就表明了蕃酋石像的出现。王子云在20世纪40年代调查唐十八陵时，曾把乾陵的蕃酋像称作客使像，并推测是武则天"利用高宗安葬时各邻近国家和少数民族地区派来的致吊送葬使臣来长安的机会，特令雕工把他们一一雕出列置于陵前以助威仪的"。近年来，陕西省考古研究院又陆续在对唐代定陵、桥陵、建陵、光陵、贞陵、章陵、简陵、靖陵的考古调查中发现有数量不等的蕃酋像，在昭陵、乾陵、泰陵、桥陵、崇陵、庄陵、贞陵、端陵等地发现了当时陵区中安放蕃酋像的建筑遗址，说明在唐代陵园中竖立蕃酋石像是固定的礼仪建筑组成形式。由于这些石像雕刻细致写真，虽然头部大多不存，考古学者们仍可以根据残存石像的衣饰特点判断：这些石人像中有来自北方游牧民族、西南民族、西域或中亚民族、南亚民族、朝鲜半岛民族的人物。有些保存较好的石人更可以凭借上面残存的石刻铭文来确定其身份族属。如乾陵一些石人背后的字迹尚存，记载了他们的身份姓名，可以看

出有：朱俱半国王斯陀勒、于
阗王尉迟敬、吐火罗王子特勤
羯达健、吐火罗叶护咄迦十姓
大首领盐泊都督阿史那忠节、
默啜使移力贪汗达干、播仙城
主何伏帝延、故大可汗骠骑大
将军行左卫大将军毗陵都护阿
史那弥射、故右威卫将军兼洁

图 83 乾陵蕃酋石像

山都督突骑施傍斳、故左武卫将军兼双河都督摄舍提暾护斯、故左威卫大将军兼
匐延都督处木昆屈律啜阿史那益路等（图 83）。

　　对比历史文献可知，这些设置在陵寝内的蕃酋石像，并不是来参加葬礼的吊祭
使臣形象，而是这一帝王在世时重要的外事活动有关人物。像帝王曾经接见过的外
宾，来唐朝访问或请求封赠的外国君主及使节，虽然未曾入觐，但曾经降服于该帝
王的外族首领，以及归顺唐朝并为之服务的民族首领等。将这些人的形象排列在陵
墓之前，表现这一唐朝帝王在世时代表国家进行的外交活动与对外武功，彰显大国
威仪。这一礼仪制度成为唐代特有的陵寝石雕特色。有学者认为，这种石像的设立
受到突厥习俗的影响，是西域广泛分布的草原石人在中原葬俗中的反映。

　　除散布在各陪葬墓前的石像生之外，在昭陵还有一组著名的石浮雕"昭陵六
骏"。根据史书可以知道，唐太宗也是一员骁勇异常的战将，在夺取天下的征战
中多次领兵上阵厮杀。古代战争中，骏马是战将的最好战友，可以寄托生死。唐
太宗在征战中，曾经骑过 6 匹神骏，有些战死，有些还拯救过他的生命。为了纪
念这些共同出生入死的战马，唐太宗命令给它们雕刻塑像，竖立在自己的陵园中，
陪伴着百年之后的自己，同时也是向世人宣示自己的不世武功。这 6 件大型浮雕
每件宽约 2.04 米、高约 1.72 米，造型准确，刻工精细，将骏马的不同姿态刻绘得
栩栩如生，成为驰名中外的艺术珍品。有人说是当时的著名画家阎立德、阎立本
所创作。这 6 匹骏马包括："拳毛䯄"是在和刘黑闼作战时所乘坐，"什伐赤"
是在和王世充、窦建德作战时所乘坐，"白蹄乌"是在和薛仁杲作战时所乘坐，"特
勒骠"是在和宋金刚作战时所乘坐，"青骓"是在和窦建德作战时所乘坐，"飒露紫"

是在平定洛阳时的坐骑。这些名字，应该是根据它们的毛色和产地所定。在"飒露紫"一石上，还雕刻了唐太宗的部将丘行恭的形象，他戎装牵马，右手给胸前中箭的"飒露紫"拔箭，生动地表现了丘行恭在跟随唐太宗征讨王世充时，在洛阳邙山击退追兵后，救护唐太宗受伤的战马这一情景。《新唐书·丘行恭传》对此有过详细记载："贼骑追及，流矢着太宗马。行恭回射之，发无虚矢。贼不敢前。遂下拔箭，以己马进太宗，步执长刀，大呼导之，斩数人，突阵以还。"

不幸的是，20世纪初，国内文物奸商看上了这6件石雕，在1914年将它打碎盗卖。其中2件"拳毛𫘧""飒露紫"流失海外，曾落入盗卖中国古董的大文物贩子卢芹斋之手，现在收藏在美国宾夕法尼亚大学博物馆。其余的4件在盗运时被截获，侥幸未曾流失，现在保存在西安碑林博物馆中（图84）。

1979年，为了更好地保护昭陵的石刻珍品，在李勣墓附近建成了昭陵博物馆。昭陵范围内的碑、志、石雕等都汇集到昭陵博物馆中，人称"昭陵小碑林"。

有小碑林，自然应该有大碑林。这就是坐落在西安市内三学街的西安碑林博物馆，要了解中国古代石刻，必须先去看一下这个博物馆。这里是中国古代石刻

图84 昭陵六骏之一

的宝库，国内最大的古代石刻集中收藏地，收藏历代石刻 2300 多件。这些文物排布在 7 个大型陈列室、7 个展廊和 8 座碑亭中，现在又在兴建新馆舍，以便更好地保护和展示这些文化珍藏。碑林的历代石刻藏品中，隋唐时期的碑刻最为突出，多为著名的碑石珍品。如龙朔三年（663 年）《道因法师碑》（图 85）、开元九年（721 年）《兴福寺碑》、开元十一年（723 年）《御史台精舍碑》、开元二十一年（733 年）《郎官题名石柱》、开元二十四年（736 年）《大智禅师碑》、天宝二年（743 年）《隆阐法师碑》、天宝四载（745 年）《石台孝经》、建中二年（781 年）《大秦景教流行中国碑》等著名碑刻，都具有历史、宗教、书法、美术等多方面的重要价值。特别是诸多中国书法史上的经典作品，如褚遂良所书的龙朔三年（663 年）《同州圣教序碑》，颜真卿所书的天宝十一载（752 年）《多宝塔感应碑》、大历十四年（779 年）《颜勤礼碑》、建中元年（780 年）《颜氏家庙碑》，柳公权所书会昌元年（841 年）《玄秘塔碑》等，都是人们耳熟能详的。参观者游览在一座座丰碑之间，宛若在林深叶茂的文化宝山中穿行，真是满目琳琅，美不胜收。

图 85 碑林（唐道因法师碑）

追寻碑林的历史，恐怕要从唐代晚期说起。与尚武好强的皇帝祖先们相比，唐文宗是一个崇尚儒学、热心研读古代经典的文雅皇帝。他曾经效仿汉代刻经，下大力将儒学的 12 部传世经典《周易》《尚书》《毛诗》《周礼》《仪礼》《礼记》《春秋左传》《公羊传》《穀梁传》《孝经》《论语》与《尔雅》，以及唐代学者校读经典后改正字体而成的字书《五经文字》《九经字样》全部刻写成碑石。一共使用了 114 块碑石，共计刻写 650252 字，完成了汉代以来最为宏伟的石经雕刻工程。这批石经形制划一，文字恭整，内容全面，堪称古代石刻史上的一个奇迹。唐代石经完工于开成二年（837 年），所以也被后人称作《开成石经》。当时存放这批石经的地点是唐长安城内的务本坊国子监中。碑林的形成，就以这批石经的保存作为基础。唐昭宗天复四年（904 年），唐朝面临着灭亡。企图篡夺皇位的军阀朱温强迫唐昭宗迁都洛阳，并且对唐长安城进行了毁灭性的破坏，城墙、宫殿大多被拆毁。后来，占据长安的佑国军节度使韩建重新修建了范围大大缩小的新城墙，致使很多重要的碑石都丢弃在了新城的外面，务本坊也划到了新城之外。韩建担心石经受到破坏，就命令人们把它迁入城内，但是由于数量太多，当时战事频繁干扰，没有能一次搬完。过了几年，镇守长安的梁国将军刘鄢才把城外剩余的石经全部迁入城内，安放在原尚书省的西侧。后来历任官吏又把其他的碑石也运到这里堆放。由于这个地点荒废，杂处于民居之中，无人看管，使得大量碑石断裂仆倒，甚至被埋没地下。唐代大书法家颜真卿书写的《颜勤礼碑》就是后人在这里发掘出来的。宋代提倡儒学，文士官员众多，喜好古代石刻的风气也逐渐兴起。100 多年后的宋哲宗元祐二年（1087 年），在龙图阁大学士、漕运使吕大忠主持下，在长安府学的北边，专门兴建了一座院落，用于安放碑石。《开成石经》，唐玄宗手书的《孝经》，以及褚遂良、欧阳询、颜真卿、徐浩、柳公权等著名书法家书写的一些碑石都被转运到这里竖立起来。中央是《孝经》和《劝学碑》，建有碑亭覆盖。《开成石经》分三面环绕碑亭，基本形成了今日所见碑林第一室与"石台孝经亭"的格局。这一座院落也就是现在西安碑林的基址所在。

碑林创立 900 多年来，历代曾经不断地进行修整，并且陆续收集迁入在西安附近新发现的碑石。根据现在碑林中保存的金《京兆府重修府学记碑》、明《重修孔庙石经记》等记事碑的记录以及其他文献记载，金代曾经 2 次修葺碑林，元代修过 3 次，明代修过 3 次，清代修过 4 次，民国年间还修整过 2 次。可见碑林这一文化宝库在人们心目中的重要地位。但即使这样保护，碑林也仍不免灾厄。明代嘉靖三十四年（1555 年），陕西发生大规模地震，西安城内房屋倒塌，破坏严重，碑林也不得幸免，《开成石经》中有 39 座石碑拦腰折断，未断裂的也多有残毁。其余碑石受损的也不在少数。如此惨状，直至明神宗万历十六年（1588 年）才得以修复。这一次的大规模修整，对石经中残损的文字做了补刻，损坏严重的就重新刻立一座碑石补充。据记载，这次一共补刻碑石 96 件。

清代康熙三年（1664 年），陕西巡抚贾汉复等人，汇集《开成石经》的原来字样，补刻了《孟子》一部经典，一共刻立 17 件碑石，与以前的《开成石经》一起集合成清代流行的儒家十三经（图 86）。乾隆年间，著名学者毕沅、吴大澂等人来到陕西任职。他们都是喜爱金石的文人墨客，也热心于古代金石的整理保护。尤其是毕沅，曾经任陕西巡抚，握有地方重权。在他主持下，于乾隆三十七年（1772 年）对碑林做了一次大修整。除了全面整修年久失修的保管房舍，还调整了碑石的顺序，

图 86 碑林（唐开成石经）

补充了新发现的碑石，又从原有旧藏中清理选择，将一些著名的优秀石刻单独设立了展室。特别是在毕沅的管理下，给碑林设定了专门的管理机构，负责碑林保护，并制定了拓印制度，防止拓印过度造成碑石损毁。毕沅还挑选藏石中的精品，编印了《碑林五十五种》这样一套碑帖，扩大了对碑林的宣传。这些措施，不仅奠定了今日碑林的基础，而且形成了一套完整的文物保护制度，对于碑林石刻传承至今功不可没。民国年间，在陕西社会和文化界的努力下，1936至1937年间，碑林又进行了一次大规模的修复工作，兴建成具有近代展览功能的博物馆，新建了陈列室、储藏室等。中华人民共和国成立后，西安碑林也获得很大的发展。从1950年起，多次对碑林建筑予以整理修缮，扩大保管设备，新收入了大量历代碑石，使之成为国内收藏古代石刻数量最多的大型博物馆。在陕西省政府的大力投入下，碑林现在又在扩展馆址，兴建全新的展厅和馆舍，改变展览陈列方式，使人们可以看到更多的珍贵藏品，充分发挥它中国古代石刻宝藏的作用。

碑林历来受到人们的重视，首先是由于其中保存的大量隋唐碑刻具有巨大的历史文化价值与艺术欣赏价值。特别是从古代书法艺术角度来看，这里堪称中国书法优秀作品的荟萃之处，是一个遍地奇珍的书法宝库。现在人们学习临摹的常用书法范本大多出自此。真、草、隶、篆各种书体无一不在。这里能够找到几乎所有古代能够自成一派的优秀书法家作品。除上面提到的楷书名作之外，草书有隋代著名书法家智永、唐代张旭、怀素等人书写的《千字文》。行书有唐代和尚怀仁集王羲之书体刻写的《大唐三藏圣教序》等。隶书有唐代梁昇卿的《御史台精舍碑》、史惟则的《大智禅师碑》、韩择木的《告华岳文》，唐玄宗亲笔书写的《石台孝经》等。李阳冰书写的《三坟记碑》等篆书作品则是罕见的唐代篆书杰作，表现出唐代文人对于先秦古文字的熟习程度。前人们用过不少美妙的词语去形容这些书法作品的艺术成就。我们不多重复，只想告诉大家，这些书法作品充分体现了古人的审美观念与艺术造诣，可以从中得到丰富多彩的艺术享受。如果能够领悟到柳公权所说"心正则笔正"的至旨，还可以在学习书法的同时获得做人立世的正确指导，加强身心修养。

这些碑石，有些是古人的墓碑，有些是为佛寺、家庙、神灵所写的颂词，有些是纪事的碑刻，也有实用文书与经典著作，其中都包含着不少有用的史料。但是相比之下，历来人们都更看重它们的书法艺术价值，模范千载，闻名于世。近代以来，更是通过印刷技术翻印了它们的各种拓本，数以亿计，从领袖的案头直到小学生的书桌，都可以见到它们的身影。

实际上，碑林中所藏碑石的史料价值并不亚于书法艺术价值，具有大量可以佐证历史的重要资料。比如这里的开元十一年（723 年）《御史台精舍碑》，是记载唐代中央监察机构御史台建造佛堂精舍的事件经过。在它的碑阴、碑侧一共记录了约 700 名曾经出任御史的官员姓名，给今人留下了一份精确的历史人物名册。可以帮助我们深入了解唐代御史台机构的组成情况，并进一步去考察有关的人物关系与政治活动。

唐代是一个向世界开放，展现当时中华先进的经济文化，也广泛吸收海外事物的时代。东西方众多国家，众多民族，都不远万里来到中华古国进行商贸、政治、文化交流。长安城中居住的外国人士数以万计。大家熟知的日本遣唐使阿倍仲麻吕、在唐朝任职的波斯萨珊王朝王子阿罗憾、印度高僧阿地瞿多、菩提流支、金刚智等等，都是唐代中外文化往来的突出代表人物。在碑石之中，同样具有表现出中外文化交流与中华文明博大包容的珍贵实证。闻名中外的《大秦景教流行中国碑》就是一个突出的代表。

景教，根据近代学者的考证，是西方基督教聂士脱利派的汉语名称。大秦，中国古代用来称呼西方的东罗马帝国。由于聂士脱利派是由古叙利亚地区的主教聂士脱利创立的，这一地区当时属于东罗马帝国管辖，所以中国称它为大秦景教。基督教聂士脱利派在西方宗教中，是一支饱受教皇与东罗马帝国排斥、迫害，被视作异端的少数教派。根据威尔斯顿沃尔克所著《基督教会史》记载，聂士脱利主教强调基督神性与人性的真实与完整，并主张两者在意志上的结合。这种宗教观点受到亚历山大宗主教奚利耳为首的宗教势力攻击，并受到教皇塞勒斯廷一世和东罗马帝国皇帝西奥多希厄斯二世等人的政治打击。聂士脱利的君士坦丁堡宗主教职位被罢免，被流放到上埃及。幸而他的支持者仍分布在叙利亚一带，延续他的教派，并在多方压力下向东方迁移，通过波斯，最终随着西方商旅游人传入中华大唐疆域。而这样一支被打压的异端教派进入中国后，却能够自由地布道设坛，四处传播，充分反映了中原汉族与中华文化极大的宽容与开放。

《大秦景教流行中国碑》刊刻于唐德宗建中二年（781年），高约 2.8 米、宽约 0.85 米，碑额上方刻有立于莲花座上的十字架图案，显示了它的西方宗教性质（图 87）。汉字碑文中记录了在唐贞观九年（635 年），大秦僧人阿罗本就来到长安，在义宁坊建立了大秦寺，传播景教，以后唐高宗又允许景教在地方各州建立寺院的历史。碑文中记载，玄宗、肃宗、代宗等历代帝王都与景教寺院有所往来。德宗时，还任命景教僧人伊斯为朔方节度副使，协助郭子仪征讨叛军。碑的下部和左右两侧，用叙利亚文与汉文合

图 87 唐大秦景教
流行中国碑碑额

刻了 70 名景教僧人的姓名和职位。这些史实，补充了文献阙载的宗教传播历史，是研究景教在中国流传状况与中外文化交流的珍贵资料。敦煌藏经洞中，曾经发现过 7 种有关唐代景教的中文写本，如伯希和掠到法国的《大秦景教三威蒙度赞》等。近代以来，在扬州、泉州等沿海地区也多次发现过唐代至元代的景教徒墓碑，反映出景教曾长期在中国流传，并且可能有汉族信徒入教。

这座碑石在唐代以后就埋没地下，直至明代天启五年（1625 年）才在西安附近被人发现。当时，地方官员就把它安放在西安西郊的金胜寺里，并没有多少人予以关注。然而，由于当时已经有西方耶稣会（即基督教会）教士来华传教，一些中国文人与他们有所交往，也对基督教有了一些了解。所以，陕西岐阳举人张赓虞在得到一份景教碑的拓本后，就把它送给了自己的一位信仰基督教的朋友李之藻。李之藻是著名传教士利玛窦的第一个中国信徒，在将西方文化介绍引进中国这方面做出过很多成就。他得到拓本后，就写了一篇文章《读景教碑书后》，指出碑文中所说的景教就是耶稣教。不久，法国神甫金尼阁就来到陕西，成为第一个见到景教碑的外国人士。他把景教碑文翻译成拉丁文，寄往欧洲教会。三年后，另一位传教士鲁德昭也来到西安开设教堂，并且对景教碑进行了深入的考察。这样，景教碑出土不过几年后，欧洲就知道了它的存在，并且进行了宣传。清朝末年，欧洲有人大造舆论，宣扬要把这座碑运到欧洲来。1907 年，丹麦记者何尔谟来到了西安，想要把这件碑石偷运到欧洲。他先是用重金贿赂金胜寺的僧人，允许他仿造一件碑石，然后就准备用仿造的伪碑偷换下原碑，将原碑运走。但是计

划泄露后，引起民间极力抗议，奋起保护，官方为了防止盗运，也要杜绝不法之徒觊觎这座名碑，当即将它运入碑林予以看管。何尔谟的阴谋彻底破产。正像《大秦景教流行中国碑》这段惊险经历所反映的，碑林里的每一块碑石，都是中国人民保护祖国文物的一首颂歌。

西安城南的大雁塔，现在已经成为极其繁华的文化旅游中心。这座雄伟的高塔是唐长安城保留至今的重要标志之一。7层楼阁式砖塔，造型简朴，所在原为唐代大慈恩寺，是贞观二十二年（648年）太子李治为了纪念他的母亲文德皇后而建立的。著名高僧玄奘曾经主持此寺，建立规模宏大的译经场所。这座塔也是玄奘主持修造的。在砖塔的底层石门楣上，刻有精美的花纹、佛殿图案和供养人形象等。南边券门内有两座砖龛，里面放置了两座名碑——《大唐三藏圣教序并记碑》，这两座碑石刻立于永徽四年（653年），一座碑上刻写了唐太宗撰写的序，另一座碑上刻写了唐高宗撰写的记，主要称颂玄奘弘扬佛法、取经传教的功德。这两座碑文都由初唐著名书法家褚遂良书写。书体秀美，显得瘦劲飘逸，历来深得书法爱好者们的赞誉，是中国古代书法艺术的珍品。

在近几十年间，随着城市建设与考古保护发掘，西安城郊还陆续出土了众多埋藏在地下的隋唐碑石、造像与墓志等重要文物。例如1978年出土的《重修内侍省碑》，是一件重要的历史资料。原碑通高3.6米、宽0.94—0.98米、厚0.32米，下有龟趺，是中晚唐时期罕见的大型碑刻。记载了当时内侍省枢密使宋道弼等四人重新修建因战乱破坏的内侍省官署一事。它的出土地点与唐代长安城内皇城西墙仅隔240多米，可以协助考证唐代城市布局，与《长安志》等文献的记载正相符合。1986年出土的开成元年（836年）《回元观钟楼铭》，它是一件比较罕见的横向碑石，宽1.24米、长0.6米，可能原来是嵌在钟楼建筑的底层。碑文记载了回元观的历史，它原来是唐玄宗赐给安禄山的宅邸，唐肃宗时把它改成道观，唐文宗四年（830年）又利用道教徒们捐赠的钱财修建了钟楼和大殿等宏伟建筑。有关记载与《安禄山事迹》一书中的记载近同，可以互相为证。碑文是名臣令狐楚撰写，大书法家柳公权所书，给我们提供了一件难得的书法佳作。2011年，西安南郊又出土一件唐贞观十年（636年）的《王女节墓志》，竟然是"楷圣"欧阳询80岁时书写的佳作。由于保存完好，充分体现了欧阳询楷书书法的精妙之处。王女节本人也身世不凡，墓志记载她是东晋名臣王导的后代，曾祖父王诠任梁吏部尚书，祖父王谱任陈散骑常侍，父亲王由礼任陈东宫庶子、新昌县公。王女节生于陈宣帝太建四年（572年），年仅十二岁时就嫁给了陈宣帝的第十七子陈叔达，于祯明元年（587年）拜为义阳王妃，时年十六岁。入唐以后，王女节的丈夫陈叔达曾任宰相，她也于唐高祖武德八年（625年）被拜为江国夫人。这件墓志现在被西安碑林博物馆收藏。2020年，陕西省考古研究院在陕西西咸新区秦汉新城发掘清理了大量隋唐时期墓葬，其中的3座元氏家族墓葬中出土了4件墓志，里面一件天宝六载（747年）《元大谦妻罗婉顺墓志》的书写者为唐代著名书法家颜真卿，当时颜真卿年仅38岁，任长安县尉。这是目前国内唯一经由科学考古发掘出土的颜真卿早年书迹真品。这件墓志对于了解颜真卿早年的书法风格以及他的社交往来、早期活动都有极高价值，广受社会关注。据说刚一报道，就有近三亿的网上点击量。

自20世纪50年代以来，在西安出土的唐代墓志有数百件，其中不乏重要的历史人物，如近年发现的著名武则天女官《上官婉儿墓志》等。遗憾的是有相当一批墓志属于盗掘出土，流散到社会上，虽然有《大唐西市博物馆藏墓志》《长安新出墓志》这样的著录收集，但是已经丧失了宝贵的有关考古文物信息。

我们在西北的大地上再随意巡游几个地点吧。如果从西安向西北高原方向的陇上进发，可以到达麟游的唐代帝王避暑行宫——九成宫。这里从隋代开皇十三年（593年）开始，就建有仁寿宫这一离宫。唐太宗时加以修葺，改称九成宫，规模宏大，是隋唐时期最大的离宫。现在探明的宫城东西1010米，南北300米，在近年的考古发掘中曾经出土大量石柱础、雕花石建筑构件等。而最有名的则是在贞观六年（632年）刊立的《九成宫醴泉铭碑》，这是在中国书法史上占有重要位置的书法典范作品，是著名书法家欧阳询的代表作，被称作楷书正宗，影响遍及海内外（图88）。该碑通高3.26米、上宽0.89米、下宽0.98米、厚0.29米，由黑色大理石打造，螭首，龟趺，雕饰精美。碑文由唐代名臣魏徵撰写，记载唐太宗在九成宫避暑时，发现一处醴泉，大加赞美。由此叙述九成宫的建筑规模与环境景色，自然也少不了称颂唐太宗的文治武功。由于这座碑的名气太大，历代来访的士人纷纷在碑侧刻写题名，加上不断捶拓，使碑石与铭文都受到一定残损，现在建有碑亭予以保护。这里还保存有永徽五年（654年）刊立的《万年宫铭碑》。

它是唐高宗将九成宫更名万年宫后亲自撰文并书写的记
事碑，主要称颂这里的风景建筑，并附有众多随从的官
员姓名。

图 88 唐九成宫醴泉
铭碑（局部）

麟游东面的乾县，是唐高宗和天后武则天的陵
寝——乾陵所在。这座以山为陵的帝陵神道旁，保存有
高达 7.53 米的《无字碑》，碑首雕刻 8 条螭龙，碑侧
刻画龙纹，方形碑座上线刻有狮子、飞马等各种祥兽花
纹，但是却没有一字碑文。它是为纪念武则天而竖立的，
据说是臣下觉得武则天的功绩盖世无双，没有言语可以
形容，干脆就一个字也不写了，正所谓"此时无声胜有
声"。与《无字碑》东西相对的是纪念唐高宗李治的《述
圣记碑》，由武则天撰文，太子李显（后来的唐中宗）书写。全文共 3500 多字，
但是漫漶严重，现在仅存 1600 多字，洋洋洒洒地歌颂了李治的仁德善政与生平功
业。据说原来在字迹中还填有金箔，现已不存。这座碑的结构比较特殊，不是一
块完整的碑身，而是用 7 层青石叠累组成，碑身 5 层，上有庑殿顶，下有方形碑座，
平面呈正方形，通高 6.91 米、边长 1.86 米。这两座碑都是唐碑中形制最为精美高
大的。根据近年来的考古发掘成果，可以得知当时这两座碑都建有大型碑亭予以
保护。我们上面说过唐代帝陵里竖立的蕃酋石像与石像生，乾陵中的这类石刻应
该是唐代帝王陵园中最多的，在陵园的朱雀门内，排列有 61 尊石像，但已遭破坏，
头部以及上半身多为残缺。神道石刻共存 36 件，包括华表、翼马、鸵鸟、仗马及
牵马人、翁仲等，均造型端庄，雄伟壮丽。在乾陵的陪葬墓永泰公主墓、懿德太子墓、
章怀太子墓等处，也都保存有数量不等的神道石刻。

与乾陵相比之下，邻近的唐僖宗靖陵就逊色许多。处于唐代将亡，风雨飘摇
之中的唐僖宗，去世之后，丧事办得仓促潦草，陵园面积也小了很多。在近年的
发掘中，发现他的墓室棺床竟然使用了乾陵陪葬墓前的墓碑应付。1995 年，墓室
中出土了用作棺床的景龙三年（709 年）《豆卢钦望墓碑》和先天二年（713 年）
《杨再思墓碑》，给唐代名臣墓碑的行列中增添了保存完好的新成员。虽然简
陋，但在陵前也还保存有石狮和神道石刻，如华表、翼马、仗马、翁仲等。散布

在陕西八百里秦川北部原野中的历代唐代帝王陵寝，通常称作"关中十八陵"，它们是乾县内的唐高宗与武后合葬的乾陵、唐僖宗靖陵，礼泉的唐太宗昭陵、唐肃宗建陵，泾阳的唐德宗崇陵、唐宣宗贞陵，三原的唐高祖献陵、唐敬宗庄陵、唐武宗端陵和唐高祖祖父李虎的永康陵，富平的唐中宗定陵、唐代宗元陵、唐顺宗丰陵、唐文宗章陵、唐懿宗简陵，蒲城的唐睿宗桥陵、唐玄宗泰陵、唐宪宗景陵、唐穆宗光陵以及唐玄宗哥哥李宪的惠陵，咸阳境内有武则天母亲杨氏的顺陵和唐高祖父亲李昞的兴宁陵。这些陵区内都保留着类似的神道石刻，大多体型庞大，气势不凡。

唐代关中十八陵中，有14座陵墓都建筑在独立的山峰之上，借助巍峨的自然山势来衬托唐代帝王的崇高地位与威严气象。所以，在这些陵园中安放的石刻同样是为了衬托整个陵园的气氛服务，符合国家的礼仪制度，按照一定的布局形成规整对称的庞大石刻阵容。因为地处广阔原野，每一件石刻都强调了形体的庞大与外形轮廓的简练明快，以适应这莽莽苍苍、雄浑壮阔的山陵。同时，在山峦的映衬下，陵墓石刻也显得分外庄重肃穆，表现出强烈的艺术感染力。其中用凶猛的石狮、石虎表现守护陵墓，防范邪恶的威力与封建王权的不可侵犯；用神奇的天禄、翼马来联系上天仙界，满足封建帝王死后升仙得道的幻想；用安顺的石马、石羊象征百姓驯服安分与天下吉祥太平；用鸵鸟、外国君主的立像表示四海升平，万邦来朝；仗马和牵马人与文武臣子翁仲象征仪仗礼仪。再加上歌功颂德的碑石，标志墓道的华表等，便构成了唐代帝王陵寝中的主要石刻内容。

唐代帝王陵寝的规模与石刻设置，有一个由简到繁，又逐渐缩减的演变。早期的唐高祖献陵石刻数量还较少，至唐高宗乾陵发展为极致，石刻数量最多。以后长期延续乾陵奠定的固定布局，只是石刻数量有所减少。盛唐时期，陵墓石刻的雕刻技艺最为成熟，乾陵、顺陵的石狮、翼马、天禄等，桥陵、建陵的獬豸、石马等，都表现出完善的艺术造型和纯熟精细的雕刻手法，体现出唐代造型艺术的崭新风貌。这些作品不仅体态宏大，而且注重运用事物的块体结构去强化表现力，予以适度夸张。例如顺陵的天禄用一块高4.55米的巨石雕成，雄伟强劲，给人们以强烈的艺术震撼。特别是在广阔的山野背景中，粗壮凝重的石雕动物形体不但不会让人感觉臃肿变形，反而显得大块丰满的肌肉在迸发出力量与生命气息，感受到静止的石像体内涌动着奔腾的狂涛。似乎与正处于上升阶段的大唐帝国一样，充满勃勃生机。中唐时期，陵墓石刻的个体普遍小于盛唐帝陵，艺术表现也趋于平和，以前那种雄浑磅礴的气魄逐渐消失了。但是也有一些作品仍然保持着较高的艺术水平，如泰陵和建陵的翼马体态矫健，泰陵的文臣像雍容华贵，建陵的武将像勇猛威严……仍然不失大唐气韵。而晚唐时期，藩镇割据，战乱不断，中央财政困难。帝王的陵寝规模日益缩小，石刻雕刻技艺也逐渐衰退，不见以往的精湛写真，缺乏神韵。其中也就是庄陵的侍臣造像还比较清秀，尚可一观。

　　唐代碑石中，留下了不少帝王的手迹。唐代的很多皇帝都喜爱书法。唐太宗就是突出的代表，据说他在全国下大力搜集王羲之的书法作品临摹欣赏。有臣子投其所好，费尽心机索得王羲之的亲笔书迹进奉，被唐太宗视为珍宝，甚至带入陵寝陪葬。由此带动了初唐时期文人书家纷纷追随王羲之的行书风格。山西太原晋祠中保存的唐贞观二十一年（647 年）《晋祠之铭并序碑》就是唐太宗的手书碑文，全文 1203 个字，书风挺拔飞逸，颇具王羲之的书法韵味（图 89）。这座碑高 1.95 米，长方形碑座，螭龙碑首，至今保存完好。太原是唐高祖李渊的根基所在，也是他兴兵夺权的起点。晋祠是为了纪念周代的晋国国王唐叔虞而建立的祠堂，晋水也发源于此。唐高祖起兵时，曾在这里祈祷上天保佑。而坐定皇位的唐太宗李世民也没有忘记前事，专门回到晋祠祭拜，树碑纪念。

　　由此我们来看看山西境内的隋唐名碑。例如闻喜保存有一组世族大姓裴氏宗祠石刻，共有历代碑刻数十种，其中就有唐玄宗亲笔书写的开元二十四年（736 年）《裴

图 89 唐晋祠之铭并序碑

光庭碑》，张九龄奉敕撰写，用于纪念盛唐时期的得力宰相，追赠为太师的裴光庭。楷书行笔豪放有力，使我们见识到唐玄宗除隶书之外的另一种书法风貌。这里还有被称作"三绝碑"的《平淮西碑》，原碑由韩愈撰文，记述平定淮西叛军的大捷与主帅裴度的功绩，但早已被毁。宋代曾有重刻，后来也不知去向。现在保存的是清代咸丰元年（1851年）由祁寯藻重新书写的韩愈碑文。作为初唐名碑之一的贞观十六年（642年）《裴镜民碑》，由著名文人李百药撰文，殷令名书写，纪念隋代因平定西南夷战乱而丧生的益州总管府司马裴镜民。殷令名的书法兼具虞世南、欧阳询两家的风格，宋代金石家赵明诚就曾在《金石录》中称赞他"以能书擅名一时"，"笔法精妙，不减欧、虞"。清代康有为在《广艺舟双楫》中评价："方润整朗者，当以《裴镜民碑》为第一。是碑笔兼方圆，体态匀整，兼《九成》《皇甫》而一之，而又字画丰满。"可见它在书法界的崇高地位。在新绛城内的龙兴寺，保存了一座总章三年（670年）刻立的罕见奇碑《碧落碑》。它是唐韩王李元嘉的儿子李训、李谊、李譔、李谌等人为了给母亲房氏建造天尊像祈福报恩而建造的。内容并不稀奇，主要称颂道教的神妙，特殊的是它全部用大篆书体书写。书体精美，风格独特，现在来看，它是保存有一些战国古文字写法的大篆文字，结体中有所变异，可以表现出唐代文人对于上古文字的认识水平。书写者是谁，碑上没有记录，前人推测或为唐代书法家陈惟玉，见于《书史》记载。也有人说是黄公撰所书。这件碑的书体在唐代就已经受到崇敬。据说中唐著名书法家李阳冰曾经来到新绛观摩此碑，深受震撼，干脆睡在碑前，连续几天观赏学习，自叹不如。

在中国的历代封建皇帝中，只出现过一个女性，也可以叫作"千古一帝"了。这就是唐高宗的皇后武则天。高宗死后，她执掌朝纲，独揽国政，称作天后，后来干脆就废除大唐国号，改为周朝，自立为皇帝。后人称之为武周。武则天曾侍奉太宗，又被高宗纳幸。她追随皇帝所好，并且多年代替高宗处理国家文翰。想来在唐太宗、高宗的熏陶下，学习王羲之的书法，擅长笔墨是顺理成章的事情。幸运的是，今天人们还能够见到她的笔迹。在河南缑氏保存的《升仙太子碑》就是她亲笔书写的一件珍品（图90）。

圣历二年（699年）竖立的《升仙太子碑》见证了武则天晚年的一次重大礼仪活动，更反映出了武则天晚年的健康状况与祈求长寿的急迫心理。这一年，武则天去嵩山祭祀，二月戊子（九日）武后从洛阳出发，己丑（十日）在缑氏停留，辛卯（十二日）到达嵩阳。第二天，武则天因病不能上山去祭祀，所以派大臣阎朝隐去嵩山祷告，自己在嵩阳居住三日养病。由于此次祭祀中阎朝隐向上帝祈祷，要用自己性命替武则天换来长寿，而使得武则天的病情转好，增加了武则天对道教仙圣的笃信。丙申（十七日），武则天返回洛阳途中再次到缑氏。丁酉（十八日）回到洛阳。在缑氏停歇时，武则天去视察了加以修缮的升仙太子庙，《升仙太子碑》的书写建立就在此后。也就是说，建立升仙太子碑与武则天亲自书写碑文都是武则天对于祈求长寿所作的虔诚努力。有学者指出，出现在武则天晚年的《大云经神皇

图90 唐升仙太子碑（局部）

授记义疏》《石淙饮宴赋诗》《嵩山投龙金简》《岱岳观碑》等史料文物都与《升仙太子碑》密切相连，与武则天晚年意图长生、永掌国祚的想法相关。这时的武则天已经年过七十，老年心理会产生极大的变化，最在乎的只是寿命、死亡这些问题。所以这个时候武则天由提倡佛教转向崇拜道教，希望通过道教方术得到仙药，修炼成神仙，不死不灭。传说中幻化成神仙的周代太子王子乔就成了她新的崇拜对象。

王子乔，也叫王子晋，传说是周灵王的太子，却不贪恋富贵，在游历伊洛之时，遇到道士浮丘公，就随同他上嵩山修道，后来成仙，乘坐白鹤飞升而去。人们称之为"升仙太子"。汉代刘向的《列仙传》中说，王子晋曾经坐着白鹤飞来缑山与家人相见，所以后人在缑山修建了升仙太子祠来祭祀他。武则天去嵩山祭祀，就是为了求仙续命，所以见到途中的缑山王子晋祠，就下令予以修缮。史书中也有一种说法，当时武则天宠爱的张昌宗权势熏天，阿谀奉承的人就说他是王子晋再世。所以张昌宗去鼓动武则天修缮升仙太子祠，建碑纪念。碑文中用大量华美

的辞藻典故来颂扬神仙事迹，表达对于神仙境界的倾慕。想必武则天在书写这篇碑文时，一心希望自己能够像王子晋一样升天为仙，长生不老吧。

长篇碑文近 2000 字，作行书体，前人称其婉约有章草遗意。根据碑铭中称之为"御制、御书"，人们大多认为它是现存古代石刻中唯一的大周女皇帝武则天的书迹。但是，前人也曾对此碑是否武则天亲笔所书提出过疑问。如明代文人赵崡的《石墨镌华》中称："武墨淫横千古，而亦假借柔翰。天之生才，何彼其之不靳也。此文未必真出后手，当是北门学士语。"就否定了此碑是武则天所书。可是上述说法却没有任何实证根据，只是出于传统正史对武则天的偏见来任意推测。我们可以看到碑阴铭文中有明确题记"题、御制及建辰并梁王三思已下名，臣薛稷书"，这应该是专门记录碑文中属于薛稷书写的内容。题记中"御制"应该是指碑阳碑文中首行下面"大周天册金轮圣神皇帝御制御书"这几个字，其书体为端正的楷书，与碑文的行草书体不同，是专门用以说明这件碑文是武则天亲自撰写的说明文字。所以要在碑阴题记中说明这几个字的书写者是薛稷。"建辰"指碑阳碑文末尾的"圣历二年岁次己亥六月甲申朔十九日壬寅建"数字。这几个字也是端正的楷书，与首行的"大周天册金轮圣神皇帝御制御书"书体相同，风格一致，应该是同一人书写。而"梁王三思已下名"则是碑阴上端的七位大臣题名，其书体与上述两段文字一般无二，正表明了这些字都是薛稷的书体。自然，这一段题记也明确地告诉我们，碑阳碑文中除上述两段文字之外，都是"御制、御书"，即武则天的亲笔书迹，而且都是具有章草遗风的流利行书。因此，可以确认在当时这件碑阳碑文是被作为武则天御书刊布的。

特别要提一下这座碑的额题，即飞白书"升仙太子之碑"六字。飞白书是唐代出现过的一种书体，在书法史上独具一格，但是例证不太多。这一碑额的飞白书，以往多有人认为是武则天所书，并称之为罕见的飞白体书迹。如张彦生《善本碑帖录》一书中就认为："额飞白书二行共六字，武后则天书。"但是细读碑石全部铭文，其中并无一处提及碑额为武后所书，反而在对薛稷所书写的内容题记中有"题"一说，可能就是指额题为薛稷所书。碑额的文字中，具有将一些笔画修饰为飞鸟形的做法，鸟头的眼睛、喙清晰可见。而《历代名画记》载："薛稷……多才藻，工书画。……尤善花鸟、人物、杂画。画鹤知名。屏风六扇鹤样，自稷始也。"

《宣和画谱》称："世之画鹤者多矣。其飞鸣饮啄之态度，宜得之为详。然画鹤少有精者，……故（薛）稷之于此，颇极其妙，宜得名于古今焉。"从行笔来看，升仙太子碑额飞白书上的鸟饰在用毛笔或竹笔刷写飞白书时并不可能同时写出来，只能写完字后另行作出修饰，或者是在刻写碑石时加上的修饰。这也只有监造碑石的薛稷可以完成，而且薛稷善作大字题额。史载薛稷曾经为普赞寺题额，三个大字，各方径三尺，笔画雄健，结构劲挺。杜甫曾见其普赞寺题额三大字，有《观薛少保书画壁》诗赞："仰看垂露姿，不崩亦不骞。郁郁三大字，蛟龙岌相缠。"也是薛稷曾有题额题榜作品传世的证明。由此看来，薛稷是有条件写画出具有鸟形装饰的飞白书的。

　　《升仙太子碑》这件碑铭不仅保留了武则天的书迹，还集中了多位书法名家的多种书体，对于了解初唐时期书法风貌而言，确为不可多得的珍品。此外，与武则天晚年活动有关的，还有《夏日游石淙诗并序》和《秋日宴石淙序》两件摩崖题刻。它们位于河南登封东南20公里石淙河车厢潭两岸相对的石崖上，都是在笔直矗立的山崖上凿刻出一片平面，然后刻写题铭。《夏日游石淙诗并序》，高3.7米、宽3.7米，楷书，39行，行42字。《秋日宴石淙序》，高2.25米、宽2.7米，楷书，25行，行41字。这两件摩崖合为一组，《夏日游石淙诗并序》是在武周久视元年（700年）五月十九日刻写而成的。根据《旧唐书·则天皇后纪》和《资治通鉴》"唐纪二十二"的记载，可知当时武则天因为身体不适，在建于石淙附近的三阳宫休养，后因服食僧人耗费万金制作的长生药，病情稍愈。于是在石淙中的水漂石上与群臣游憩唱和。武则天即兴作诗一首《夏日游石淙》，从臣李显、李旦、武三思、狄仁杰、张易之、张昌宗、李峤、苏味道、姚元崇、阎朝隐、崔融、薛曜、徐彦伯、杨敬述、于季子和沈佺期等各作一首《侍游应制》奉和。武则天又作序《夏日游石淙诗并序》，命薛曜书写，让工匠刻于崖壁上。而《秋日宴石淙序》，则由武后男宠张易之撰文。由于张易之深受后人痛恨，摩崖上的署名被毁去，仅存"奉宸令"三字，据此推断为张易之撰文，虽未刻写书家姓名，但从书体可知亦为薛曜所书。这组基本保存完好的摩崖，是武周时期为数不多的著名石刻之一，也是有关武周时期历史的重要实物资料。特别是罕见的武则天诗文，作为唐代文学作品的重要成分，虽然已经收入《全唐诗》，但是《全唐诗》

777

中的录文与原刻本文字稍有差异，还是要以摩崖石刻为准。而从书法角度来看，这件摩崖更是中国书法史上的重要资料。它对于了解初唐书法的发展演变，对于了解初唐著名书法家褚遂良、薛稷等人都具有参考价值。特别是有助于认识薛曜的书法成就，并了解后来兴起的"瘦金体"书法风格。

薛曜出身门阀大家，诗书传世，具有深厚的文学艺术修养。他的堂弟薛稷，是初唐著名书画家，上面所说的《升仙太子碑》题记中就反映了薛稷的书体。《后唐书·薛稷传》载："稷外祖魏征家富图籍，多有虞、褚旧迹，稷锐精模仿，笔态遒丽，当时无及之者。"薛曜应该与薛稷同时受到虞世南、褚遂良书法的影响。但是薛曜的书法瘦硬有神，用笔细劲，结体疏朗，与褚遂良的书体相比，显得更为险劲纤细。清代金石学家叶昌炽曾认为薛曜的书写转折失于臃肿突兀。然而，也正是这种突兀，成为后来以宋徽宗书法为代表的"瘦金体"特色之一。历代书体多变，环肥燕瘦，各有其独特的美感所在。我们从全面展现书法史的方面去看，作为独特的一派书体，薛曜《夏日游石淙诗并序》和《秋日宴石淙序》对于后世书法的影响是不可忽视的。有人认为，宋代四大书法流派之一的黄庭坚书体也受到薛曜作品的影响。清代学者杨守敬则更明确地指出："（《夏日游石淙诗并序》）书法瘦劲奇伟，郭兰石谓为宋徽宗瘦金之祖。良是。"

河南地处中州，交通便利。洛阳是唐代的东都，与长安同样位居全国的政治中心。因此，在河南的洛阳、登封、辉县、鲁山、鹿邑、陕县等地都有重要的隋唐石刻。洛阳龙门石窟中的贞观十五年（641年）《伊阙佛龛之碑》是初唐书法大家褚遂良的代表作，兼有雄浑、秀逸二者之美，备受历代文士推崇。登封境内的名胜古迹比比皆是，著名的武林圣地少林寺及塔林、嵩阳书院等地，都有不少唐代碑刻，具有丰富的史料。例如少林寺中保存了记录唐太宗封赏少林寺命令的武德二年（619年）《秦王告少林寺主教碑》，就与人们十分熟悉的唐朝建国初期征战中"十八棍僧救唐王"的故事密切相关。20世纪80年代初，风靡大陆的电影《少林寺》正是反映了这一历史故事。碑文所记载的秦王李世民在与王世充作战时有少林僧众参战，李世民下令让立功的僧人首领来军中相见，是这一历史故事的确切证明。其他还有永淳二年（683年）《大唐天后御制诗书碑》、《戒坛铭》、开元十六年（728年）《少林寺碑》、天宝九载（750年）《灵运禅师塔碑铭》等唐代名碑，充分展现了少林寺的往事辉煌。尤其是《灵运禅师塔碑铭》的书法造诣不凡，可以说是深受怀仁所集《圣教序》的影响。由于历代统治者都对少林寺有所垂顾，香火旺盛，少林寺中的常住院、初祖庵、二祖庵等处散布着的历代碑刻数量可观，共计 360 多件，以元代、明代的碑石为多。现在专门在慈云堂开辟了少林寺碑廊，收有元代书法家赵孟頫所书延祐元年（1314 年）《裕公和尚碑》（图 91）、日本僧人邵元撰书的至正元年（1341 年）《息庵禅师道行之碑》等著名碑刻。寺院西侧建有塔林，集中了唐代以来历代高僧死后安葬的僧塔建筑，有 241 座之多，由砖石构建，形制各异，是古代建筑艺术的综合体现，具有很高的文物价值。在这些僧塔上面，往往镶嵌有塔铭，记录了众多高僧的生平事迹。日本僧人邵元所书至元五年（1339 年）《照公和尚塔铭》就是一个代表。还有一些僧塔的石构件上

图 91 元赵孟頫裕公和尚碑

雕刻有精美的花纹，如塔刹、石门、塔基等。现存最早的唐代法玩禅师塔石门上雕刻有威风凛凛的持剑护法武士，门板上雕刻门钉，顶上还有两只人头神鸟，应该是佛教中的迦陵频伽鸟。元代裕公禅师塔的塔基刻有力士像和莲花、菊花等花卉图案，都是石雕艺术中的精品。

登封嵩阳书院，是一处历史悠久的文化古迹，始建于北魏太和八年（484 年），是一座佛寺，叫作嵩阳寺。五代时改建为太室书院，宋代景祐二年（1035 年）被赐名嵩阳书院，是程朱理学的重要发源地之一，列入中国古代四大书院之

中。书院中竖立有气势恢宏的唐代天宝三载（744年）《大唐嵩阳观纪圣德感应颂碑》，是记述嵩阳观道士孙太冲为唐玄宗李隆基炼九转金丹养生的经过。由当时的奸相李林甫撰文，裴迥篆额，著名书法家徐浩隶书。这座碑高达9.02米、宽2.04米、厚1.05米。碑首为一座雕刻有密密云纹的飞檐状云盘，上面为二狮衔宝珠的碑脊。碑额两侧雕刻有龙纹以及麒麟等瑞兽。方形碑座的四面雕刻有10龛神怪像。其巨大的形制与华丽生动的雕刻，都可以在唐代碑石中位居前列。建立此碑之时，正是唐朝极盛时期，唐玄宗的奢侈挥霍也发挥到极致。据清代学者记载，这座碑当初还曾经描绘金彩，至清代，金彩尚未完全脱落。加上碑文记载的唐玄宗迷信神仙，不惮财力让道士炼丹等昏招。令人联想起不久之后的安史之乱，几乎毁灭了花团锦簇的大唐盛业。就会感慨乱必有自，盛极必衰，知道"殷鉴不远，在夏后之世"。

　　山东的泰安、曲阜孔庙等名胜之地，历来是石刻宝库，自然也存有不少唐代的大型碑刻，如《兖公颂》《神宝寺碑》等，当你游览这些历史胜地，观赏秀丽风光和古代建筑的同时，这些丰碑会带你进入浓重的历史文化氛围，获得知识与启迪。大唐不愧为大，仅其摩崖石刻之大，就是前代罕见。代表作为唐玄宗在泰山之巅大观峰峭壁上刊刻的开元十四年（726年）《纪泰山铭》，高达13.3米，占据了整个一面山崖，气势雄壮无比（图92）。这件摩崖保存得比较完好，新中国成立后又将它的字迹贴金保护，现在看去金光灿灿，十分壮观。中国古代帝王们，大多有一个到泰山封禅的梦想。封禅，就是到山顶上筑坛祭祀天神，在山下祭祀地神，以求得上帝

图92 纪泰山铭

的护佑。泰山作为五岳之首，东方最高的山，历来被看作是封禅最合适的地点。《史记·封禅书》开端就讲："自古受命帝王，曷尝不封禅？"因为这是与上帝沟通，宣告自己获得天命，具有执政合法性的最高礼仪手段，也是震慑臣民，表明自己治理天下得力，宣扬自己德政武功的政治需要。但是一般的皇帝还不大敢去泰山封禅，生怕自己德不配位，遭遇上天的惩罚。秦始皇去泰山封禅，遇上暴风雨，只好在大树下避雨。当时的儒生们就因此嘲讽秦始皇，惹来了焚书坑儒的灾祸。后来的帝王们要去泰山封禅，也会顾虑到这一点。而且皇帝出巡，声势极大，耗费惊人，地方上也难以承担。所以去过泰山封禅的皇帝除秦始皇、秦二世外，也只有汉武帝、东汉光武帝、东汉章帝、东汉安帝、隋文帝、唐高宗、唐玄宗、宋真宗、清圣祖、清高宗几个。其中有的皇帝如隋文帝，还没有登山，只在山下设祭。唐玄宗造就了"开天盛世"，当然自认为有资格去泰山封禅。经过一番对封禅礼仪的讨论审定，开元十三年十一月丙戌日（六日），唐玄宗到达泰山。十日，在山上的祭坛前祭祀上帝，燎柴献祭，埋设玉牒玉册。群臣高呼万岁，山上山下一起响应，"声动天地"。按照《旧唐书·礼仪志》的记载：封禅过后，"休气四塞，登歌奏乐，有祥风自南而至，丝竹之声，飘若天外"，俨然一派太平祥和景象。这恐怕就是皇帝封禅所要看到的效果吧。然后，唐玄宗自己撰写了《纪泰山铭》，亲笔书写隶书铭文，命令刻在山顶石壁上，宣称要"凡今而后，做乃在位，一王度，齐象法，权旧章，补缺政，存易简，去烦苛。思立人极，乃见天则"，"朕惟宝行三德，曰慈、俭、谦"。从后来历史的演变来看，唐玄宗的这些话，也和历来政客的言论一样，无非是哄骗老百姓，没有几句是真正实现了的。

山东还保存着一些著名的书法珍品碑石，如长清的李邕所书《灵岩寺颂碑》，陵县的颜真卿书《东方先生画赞碑》等。

从北朝中晚期开始，中原的高等级墓葬中逐渐出现有多种石质建筑构件与石质葬具，例如石门、石床、石屏风、石棺椁等。在这些石制品上，大多刻画有丰富多样的纹饰图像等，并形成了一定的礼仪制度。隋代虽然短暂，但也保留与延续了这种丧葬礼仪，例如在西安出土的隋大业四年（608 年）李静训仿殿堂石椁。而进入唐代以后，有些石质葬具就被淘汰了，如石床、石屏风。而有些石质构件与葬具仍然得以保留，在唐代考古发掘中多有发现，这主要是石门、石棺椁的存在。

石刻线画的技艺，在这些石件上得到延承，并反映着唐代绘画风格的时代特征。今日人们看到敦煌莫高窟的唐代壁画与彩塑，唐代著名画家，如韩干、周昉等人的画卷等艺术品时，都会赞不绝口，视作古代艺术珍宝。而在唐代石葬具、建筑装饰构件等处雕刻的画像，丝毫不亚于上述艺术品，在石刻发展史与古代艺术史上占有独特的地位。

现在发现的唐代石棺椁，多为皇室成员与个别高级官员所使用。如唐懿德太子墓、永泰公主墓、章怀太子墓、薛儆墓等墓中出土石棺椁，都是在制作成殿堂外形的石棺椁上面线刻出各种纹饰和人物图像，包括侍女、宦官、仆从等栩栩如生的线刻人物画。例如上面提到的唐玄宗宠妃武惠妃石椁，石椁四周刻画了众多唐代宫廷妇女形象。她们有些穿着圆领襕衫和绣花短靴，头戴幞头。而更多的是身穿宽松的大袖长衫，腰束长裙，足着高头履，梳着各色发髻，袒胸露臂，装饰华贵。在这些人物的服装上，画工与刻匠精心绘制了多种多样的花纹，有大朵牡丹、宝相花、桃杏花枝、方胜、柳枝以及多种草花，丰富多变。应该是在表现织物上经刺绣、印染、补花等技艺制成的锦绣花纹与美丽色彩。这些妇女的服装，正是盛唐时期宫廷贵妇与上层社会妇女流行服装式样的真实反映，显现了唐代发达的纺织技术、富裕的经济状况以及奢华开放的社会风气。又如乾陵陪葬的永泰公主墓中石门、石椁，也雕刻得十分精美。石门上面刻有宝相花、海石榴、缠枝、卷草、狮子、凤鸟、兽面等细巧的花纹，门扉上雕刻有男性侍卫，头戴幞头，手执笏板，恭敬地侍奉在门口。石椁内部四壁上也刻画了多名侍女，有的捧砚，有的举盆，有的贡献水果美酒，有的拱手行礼，有的拈花闻香，有一名宫女手背上站立着一只长尾鸟，另一只手作出逗鸟的姿势。这些宫女形象可能与墓室墙壁上绘制的大队壁画人物一样，都是在表现永泰公主的宫中生活情景。这些刻画同样表现出精妙的线条运用技法，人物造型逼真，容貌端庄俊美，神态生动，气派雍容，使参观者感到呼之欲出。经常出现在石墓门上的天王、力士、神兽等具有宗教意味的纹饰，也是线刻的佳作，它们与唐代的佛教石刻艺术品同出一源。类似石刻线画作品，我们还可以在洛阳龙门石窟中的供养人、高僧画像，四川广元石窟造像等佛教石窟以及大量唐代佛教造像等艺术品中见到，无一不令人流连忘返，赞叹不已。

唐代佛教石刻线画中的佛像作品很多，延续着北朝的制作风格并有所创新，如西安大雁塔门楣上的佛、菩萨像线刻，小雁塔出土的"净土变相"线刻画，《道因法师碑》碑座上的供养人、武士等人物画像，《房山石经》刻经碑上的各种碑额佛像画，都是以精细匀称的流利线条刻画出逼真的人物形象，可能就是源于唐代名画家阎立本、杨契丹、曹不兴、吴道子等人的范本。说明唐代张彦远在《历代名画记》"记两京外州寺观画壁"一节中所记载的唐代佛画盛况与各种绘画风格确实存在。今日看来，这些石刻线画都具有飘逸飞动的风格，表现出强烈的曲线美与韵律感，给人以强烈的艺术感染力。石刻线画在构图上疏密得度，运刀时顺畅流利，形成了新的绘画艺术流派，并且直接影响了后代的白描画法。如具有代表性的唐长安七宝台造像，艺术造诣极高，台湾学者颜娟英曾有过专门的论述研究。这一份表现唐代雕刻绘画艺术伟大成就的宝贵遗产，是值得我们好好地保护与继承的。

在清末以来的出土石刻材料中，唐代墓志是最为突出，发现数量也最大的重要文物。由此，我们就需要把视线转到河南西部的一个县城——新安。从唐代的东都洛阳沿谷水上溯，就可以到达新安县内一个依河傍山的小镇铁门。著名的石刻博物馆千唐志斋就坐落在这里。

千唐志斋是一座具有豫西地方建筑特色的窑洞式大庭院。三重院落之中，排布开15座砖券拱形窑洞。窑洞里的墙壁上镶嵌着从晋代直到明、清时期的墓志与造像、书画等石刻共1374件，其中以唐代墓志为主，达1209件。因此，这处收藏在1935年完工后便命名为《千唐志斋》，当时请著名学者章炳麟书写了篆额。这处私人收藏的主人是张钫。他曾经在民国初年担任过陕西陆军第二师师长、靖国军副总指挥、河南省建设厅长等职务，喜好文物。唐代诗人王建有诗："北邙山头无闲土，尽是洛阳人旧墓。"洛阳北邙山一带从汉晋时期开始就是帝王贵族上选的墓地所在。唐代上层更是流行把身后之地建在北邙。民国初年，洛阳北邙山附近开始修筑陇海铁路，大量唐代墓葬被发掘出来，出土文物遍地流散。张钫有心搜集保存唐代墓志，就委托洛阳文物商代为收购，成为当时海内收藏唐代墓志最多的收藏家。为了将数量如此巨大的墓志材料完好地保存下来，张钫精心设计，在他老家铁门镇的私邸花园中专门修建了这处庭院，建窑洞时将所藏墓志全部嵌在墙里，既避免风雨侵蚀，又不易搬动盗走。虽然这样做使得一些志侧的纹

图 93 千唐志斋外观

饰无法看到，但确实完好地保存了这些文物，近百年来毫无损失。新中国成立后，千唐志斋成为国有博物馆，是国内一处重要的石刻集存（图 93）。近年来，又在国家资金支持下，陆续收集了大量散落民间的墓志材料，扩充了原来的收藏。

除去张钫外，近代还有很多学者、收藏家下大力搜集与收藏唐代墓志，如端方、罗振玉、缪荃孙、陆和九、于右任、李根源等人。著名爱国人士李根源，是朱德委员长在云南讲武堂的老师，后来在苏州居住。他也曾经在洛阳等地收集过一批非常精美的唐代墓志，运到苏州，以自己的堂号曲石精庐命名。抗战爆发后，为了不让这批文物落入敌手，李根源将它们沉入水中。新中国成立后，这批墓志被打捞出水，送给苏州博物馆保存。在各地博物馆中，也分散保存着大量唐代墓志。如西安碑林博物馆、洛阳博物馆、开封博物馆、宁夏固原博物馆、甘肃武威博物馆、新疆博物馆……还有一些民办博物馆也收藏了相当数量的唐代墓志，如西安大唐西市博物馆等。近几十年间，在考古发掘中出土了相当数量的唐代墓志，例如河南偃师杏园唐墓的出土发现，包括了延续上百年的一些家族墓志，对于有关唐墓与出土器物的时代判定起到了重要的作用。毋庸讳言，近些年来对于地下文物的盗掘也造成了大量唐代墓志的出土流散，有相当数量的唐代墓志被民间人士收藏。

隋唐时期是中国封建社会的鼎盛时期，发达的社会经济促进了文化艺术的繁荣。而丧葬礼仪又是中国古代文化礼制的重要组成部分，集中体现了当时的政治、经济、文学、书法、艺术等各个方面，在如此繁荣的社会条件下礼制系统自然会更加完备，影响到各个阶层。唐代墓志的大量产生，就源于这种社会条件形成的风气。北朝时期，制作石墓志的多为达官贵人，平民百姓顶多刻写一块仅有几个字的砖志。而在唐代，上至王公贵族，下至庶民歌姬，都发现有石质墓志的存在，只是在形制大小、精美程度上存在区别，志文内容上自然更能够体现出等级身份的不同。关于墓葬石刻的等级区分，唐代礼制有着明确的规定。我们通过分析现存唐代墓志的实例也可以归纳出一个墓志的等级制度：一般三品以上官员的墓志边长在 0.8 米（即唐尺二尺六寸）以上；予以特殊埋葬待遇的王子、公主和功勋卓著的一、二品高官墓志边长可以达到 1 米（即唐尺三尺二寸）以上；五品以上官员的墓志边长应该规定在 0.54 或 0.6 米（即唐尺一尺八寸或二尺）以上；九品以上官员的墓志边长应该规定在 0.42 或 0.48 米（即一尺四寸或一尺六寸）以上；庶民使用的墓志边长一般在 0.4 米左右，也有少数平民的墓志达 0.6 米以上。应该看到，由于唐代社会经济发达，举办丧葬仪式也变成一种经商的行业，尤其是在大城市中，产生了专门的凶肆经营丧事。这就使得在办理丧事时，财富的力量可以冲击礼制的等级规定，有一定经济实力的人物可以购置相对比较大也比较精美的墓志。但是就现有材料来看，平民的墓志不可能超越上述的五品以上官员一级。这说明官方礼制的限制与社会上等级观念的约束还是十分明显的。

国家制度能否确实贯彻，还要看权力的威慑程度。僭越礼制的情况还是时有发生的。尤其是唐代后期，藩镇割据，中央施政能力大大减弱，人们就不那么遵守原来的礼制规定了。1973年，在河北大名出土了一件唐代河北藩镇何弘敬的墓志，这是现在可以见到的唐代墓志中形制最大的一件，边长达到1.96米、厚0.88米，在志盖、志侧都雕刻有生动的浮雕装饰纹样，如力士、十二生肖、花草纹等。这件志石的总重量在3吨以上，要用一辆大卡车才能运走。这种形制已经远远超过了礼制规定。何弘敬死于咸通六年（865年），是独霸一方的魏博节度使，朝廷封官至侍中、中书令、检校太尉，位居极品。这件墓志充分显示了地方藩镇的嚣张气焰。同样，出土于河北正定的另一件藩镇墓志——唐成德军节度使王元逵的墓志也明显逾制，边长达1.5米以上。相比之下，初唐的著名功臣，被封为鄂国公的《尉迟敬德墓志》虽然是当时形制最大、纹饰最精致的墓志，但也不过边长1.2米左右。

按照唐代礼制规定来看，《尉迟敬德墓志》已经是最高规格的墓志了。它装饰了多重的宝相花等花草纹饰，志侧雕刻十二生肖动物图像，志文多达2221字。而在唐代墓志中比较多见的中下级官员墓志不超过0.6米，装饰图案也很简单，甚至素面无纹，志文字数不过几百字。至于平民的墓志就更简劣了，大多数墓志采用传统的盝顶形，甚至有不带志盖的。但是也有一些例外。比如做成小碑形状，甚至雕刻成模仿真实乌龟形状的。20世纪70年代，在陕西三原曾经发现一件雕刻成巨龟形状的贞观四年（630年）《唐淮安靖王李寿墓志》。李寿是唐高祖的堂兄弟，曾经率领唐军与窦建德、刘黑闼作战，屡遭失败，甚至当过俘虏。但是这件墓志却大肆鼓吹他"累致克捷"，显然是篡改史实的谀墓之文。然而，由于他地位崇高，这件墓志仍然制作得极其别致精美。整个外形是一只栩栩如生的巨龟，头部与兽首相似，显得凶猛可畏。背部平滑，雕刻有六边形龟甲纹，可以打开，作为志盖。四肢与腹部形成志身，中央磨成平面，雕刻志文。这件龟形志石全长有1.5米以上，宽约1米，以前被认为是唐代墓志中唯一的一件龟形墓志。近年来，在民间收藏中又出现了类似的龟形唐志，但是相对较小，雕刻也显得粗糙许多。

唐代墓志中所反映出来的唐代书法艺术可以说是五彩缤纷，极其高妙，真草隶篆具备，秀逸端庄并存。通过不同时代的各种风格书体，可以显示出唐代300年中书法的演变，呈现一部完美的唐代书法史。从初唐开始，墓志的书写就脱离了隋代多见的带有隶书风味的朴拙楷书，显示出当时著名书法家褚遂良、虞世南、欧阳询等人的影响。唐太宗所喜爱的王羲之行楷风格也十分流行。例如永徽二年（651年）《段简璧墓志》、咸亨三年（672年）《盖蕃墓志》、圣历二年（699年）《崔玄籍墓志》等，这种影响至盛唐仍然存在，如天宝十一载（752年）《南川县主墓志》，是擅长八分书的书法家韩择木所书，秀劲多姿，与虞世南的书风十分相似。天宝十一载（752年）《顺节夫人李氏墓志》，书体妩媚飘逸，与褚遂良所书《大字阴符经》形神有所相似，但又含有六朝书风遗韵，并不局限于完全模仿褚遂良，近人认为是唐代书法作品中难得的佳作。其他如贞观二十二年（648 年）《文安县主墓志》、显庆三年（658 年）《王居士砖塔铭》、万岁通天二年（697 年）《梁师亮墓志》等，都是享誉已久的书法名品（图 94）。

盛唐时期，由于唐玄宗喜好隶书，当时社会上也有不少隶书名家，如史惟则、韩择木等人，影响很大，所以这时的墓志中出现了不少隶书作品，如开元十一年（723 年）《崔泰之墓志》、天宝十载（751 年）《倪斌墓志》等，都可以称得上是唐代隶书佳作。

图 94 唐王居士砖塔铭

中晚唐时期，墓志的书体又受到颜真卿、柳公权等人书风的影响，如贞元五年（789 年）《孙公夫人李氏墓志》、咸通四年（863 年）《平原长公主墓志》等。著名书法家李邕、怀素、张旭等人的草书、行书书体影响在墓志中也能够见到。开成四年（839 年）《三藏大遍觉法师塔铭》就是一件极为潇洒漂亮的行书作品，由僧人建初书写，可见当时寺院中人文化修养之高。唐代中晚期前，书写墓志的人往往不在上面署名，所以很多书法佳品不能确定作者姓名。近年在河南出土了一件唐代草圣张旭书写的楷书墓志，令今人大饱眼福，见到了世所罕见的张旭楷书作品。近年出土的还有一些颜真卿署名书写的墓志，如偃师博物馆藏天宝八载（749 年）《郭虚己墓志》等。

限于篇幅，以上所举例证，仅是唐代墓志书法珍宝中的点滴，由于唐代文化的发达，书法教育普及，大批文人的字都能写得端正可观，墓志中的书写者更是留下了篇篇锦绣，字字琳琅。可以用作范本的作品不胜枚举。唐代历史上能够出现这么多名垂千古、至今师法的书法大师，正是这种文化教育发达与普及的结果。

从文学史研究的角度来看，唐代墓志的文体在古代文学作品中独具一格。它沿袭了南北朝时期骈体文与汉代歌赋的特点，注重文辞华丽与音韵协调，讲求对仗，大量使用典故与比喻，因此在写作中需要很高的文学水平。自南北朝以来，很多著名文人都给别人写过墓志铭，不少佳作传诵一时，成为当时世人学习模仿的范文。我们在现存的一些古代文人文集中都可以见到他们写的墓志传留下来。但是修辞过于精细，引用典故过多，造成人们在阅读欣赏这些墓志时也会有不少困难。就像金代文人元好问的诗里所说："诗家总爱西昆好，独恨无人作郑笺。"而且过多的传抄沿用，陈词滥调，恐怕唐代后来的文人们也受不了了。随着韩愈古文运动的兴起，唐代后期就有一些墓志改为散文形式，直接叙述死者的生平事迹，不再引经据典，反而更加感人。骈体文的影响也就逐渐削弱了。

尽管受到文体影响，墓志中具体的史实记载仍然十分丰富。现存唐代墓志涉及众多历史人物，包含了大量有关历史材料。其中很多是古代史书与其他文献材料中记载错误或者遗漏的，因此就更加重要。例如在永徽五年（654年）《盖赞妻孙光墓志》中，记录了初唐时期洛阳地区在王世充占领下遭受了严重饥荒和战乱破坏的悲惨景象，当时一斗米卖到10000钱的高价，致使饿殍遍野，骨肉不能相救。调露元年（679年）《泉男生墓志》、永淳元年（682年）《扶余隆墓志》等高句丽、百济归降将领的墓志以及大量唐朝军将的墓志都记录了唐代初期征伐高句丽的战事。长安三年（703年）《程思义墓志》、开元九年（721年）《贺兰务温墓志》等都揭示了武则天执政时酷吏周兴等人大肆制造冤狱，用酷刑对待官员的情形。其他如安史之乱、晚唐藩镇割据等唐代的重大事件都有很多墓志材料予以反映。贞元十三年（797年）《臧晔墓志》详细记载了唐德宗建中四年（783年）军阀朱泚等人叛乱攻入长安的情况以及平定叛乱的经过。唐代历次重大的农民起义，在墓志中也有所反映，例如圣历二年（699年）《崔玄籍墓志》中就记录了崔玄籍镇压南方陈硕真起义的情况。贞元十五年（799年）《李皋墓志》也记录了有关袁晁起义的事件。古代史书中对于这方面的材料很少涉及采用，所以尽管墓志中是在官方立场上用咒骂的语言去记录这些起义活动，但是也能够为有关研究提供一些难得的资料。

古代历史文献，由于写作者的选材角度与自身观点学识，会造成各种各样与历史实际情况不符的问题。经过多年传抄，也会造成遗漏、缺失与错误。所以后来的学者一直在进行各种形式的拾遗补阙、校正与考据，以恢复历史与古代文献的本来面目。唐代墓志中的有关记载也是这种校补的重要依据之一。宋代学者赵明诚在《金石录》序中也曾经指出："若夫岁月、地理、官爵、世次，以金石刻考之，其牴牾十常三四。盖史牒出于后人之手，不能无失，而刻辞当时所立，可信不疑。"拿宋代编写的《新唐书·宰相世系表》来说，由于它是北宋文人欧阳修等利用残存的唐代文献、宗族谱牒等材料编写的，这些材料经过多年传抄与辗转，既残缺不全，又存在各种错误。《新唐书·宰相世系表》让后人看起来就感到错误百出，甚至有的学者说它毫不可信。但是在唐代墓志中，发现有众多人物与《新唐书·宰相世系表》有关，因为墓志中不仅记录墓主人的履历，还要把他的祖先世系情况与子孙情况也或多或少地予以介绍，从而形成了一系列小型的家族谱牒。这些谱牒由于是当时的人所记录，相对比较可靠。今天，我们用大量唐代墓志的人物世系记载来与之对比，就可以更正文献中的错误，补充有关人物履历，使之成为正确可信的历史文献资料。

墓志中的记载，还可以帮助我们看到很多其他文献中见不到的社会风俗习惯、经济活动情况、文化教育及礼仪制度等具体表现，加深对于唐代社会的认识。例如记录唐代的婚姻风俗，表现出择偶不受行辈限制、普遍早婚、纳妾、大户人家经常选择近亲通婚、为早岁夭亡的儿女结成冥婚等种种情况，都是十分难得的社会史材料。又如大中五年（851 年）《孙公乂墓志》中记录了孙公乂在任官期间，为了安定民心，采用鼓励农耕、改革税制的政策，使逃亡在外的民众回流，几十年来税租都不能收全的情况得以改变。从地方角度上反映了唐代后期要施行租税改革的原因所在。在都市考古、历史地理等方面的研究中，墓志材料也具有重要的作用。

特别值得一提的是唐代墓志为研究当时的中外关系与文化交流等方面提供过重要的证据。现在大家都认为唐代时期的国力强盛、经济发达、社会开放，从而造成中外交往活动增多，商旅往来频繁。隋代首都大兴城，唐代首都长安城、洛阳城，都成为当时国际交往的中心，大量各国人士居住在这里。据说唐高宗时，波斯王子回国，带回去的波斯人口就有几千人。萨珊王国被阿拉伯人灭亡后，自王子至平民的大量萨珊波斯人东迁来到大唐帝国。至唐德宗时，还有中亚地区的商客 4000 多人长期居住在长安。东方的日本、新罗，南方的林邑、真腊……，北方的靺鞨、契丹……，众多国家与民族的客使、商人等都来到唐朝交往贸易，学习汉文化。自然会在唐代墓志中留下他们的痕迹。现存的各国人士与各民族人士墓志，都是表现这种中外文化交流盛况的实证。例如突厥人阿史那忠、执失奉节、薛突利施匐阿施夫人，契苾人契苾李中郎，薛延陀人阿史那贞公，高句丽人泉男生、泉男产，百济人扶余隆，靺鞨人李谨行，康国大首领的妻子翟氏，安国人安万通、米国人米继芬，波斯人苏谅妻马氏，日本留学生井真成等。他们的墓志陆续被发现，很多都引起了国内外社会各界的关注与研究热潮。下面简单地选择几件墓志介绍一下。

1956年在西安西郊三桥发掘出土的永贞元年（805年）《神策军散府将游骑将军守武卫大将军同正兼太常卿上柱国米继芬墓志》是一件可以反映西域昭武九姓之一的米国与唐朝友好关系的重要文物。根据墓志记载，米继芬作为米国酋长的子孙，从他的父亲突骑施起就以国家人质的身份来到长安，一直在唐朝军队中任职。米继芬甚至做到较高的军职，拱卫中枢。但是墓志也记载，虽然他们几代家人在长安居住，却仍然保留有原民族的生活习惯与信仰，米继芬的幼子就在大秦寺中出家，信仰景教。这也从侧面证实了景教在唐代长期传教活动的史实。而据文献记载，米国原属于大月氏民族，居住在祁连山以北的昭武城，后来被突厥打败，西迁到葱岭一带，其地理位置在今天的吉尔吉斯共和国境内。米国人应该善于歌舞，曾经多次给唐朝进贡胡旋女与歌舞伎人。胡旋舞与西域音乐，在唐代十分流行，受到各界普遍喜爱。唐代壁画中就出现过大量描绘胡旋舞及伴奏乐队的画面。著名诗人白居易写过赞美胡旋舞的诗歌，称："人间物类无可比，奔车轮缓旋风迟。"另一位著名诗人刘禹锡的诗中说："二朝供奉米嘉荣，能变旧声作新声。"则是在赞颂米国歌手的音乐造诣。

1955年在西安西郊出土的咸通十五年（874年）《苏谅妻马氏墓志铭》是一件有助于研究唐朝与波斯往来关系的重要考古资料（图95）。这件墓志的上方，用波斯巴列维文字（又称婆罗钵文字）刻写了志文，又在下面附刻了汉字的志文。波斯文中使用了祆教（拜火教）历法的记日形式，说明苏谅和他的妻子都是古代波斯宗教祆教的信徒。祆教徒在中华大地上的存在，早在北朝文物中就有过众多证明，特别是具有祆教神灵崇拜的图像雕刻，上文已经有所介绍。而祆教持续至晚唐时期仍然在中原流传，就要靠这件墓志予以证明了。苏谅以波斯人的身份在长安安家立业，并且担任左神策军散兵马使这样的禁卫军职，和上面说的米国人米继芬一样，都在神策军率领军卫。不仅可以看出在唐代军队中大量使用外来人士，也反映出唐代宽厚开放的民族政策。使用波斯文书写的墓志，目前还只见到这样一件，更显得它珍稀可贵了。

图 95 唐苏谅妻马氏墓志铭

　　开元二十二年（734 年）《井真成墓志》是在近年由西北大学博物馆收藏的，由于来自文物市场，原出土情况就不得而知了。但是这样一块不大的墓志，却在日本引起了巨大的轰动，并且专门召开过多次学术讨论会。因为它记录了一名来自日本的留学生井真成的生平事迹，并且首次在唐代墓志中出现了"日本"的称谓。墓志中说："公姓井，字真成，国号日本，才称天纵。故能衔命远邦，驰骋上国。蹈礼乐，袭衣冠，束带立朝，难于俦矣。""以开元廿二年正月日，乃终于官第，春秋卅六。皇上哀伤，追崇有典，诏赠尚衣奉御，葬令官给。"从这些记录中，我们可以了解到，井真成是在唐朝学习礼乐衣冠文化，并且进入朝廷侍奉的日本来华人员。有人认为他是随从唐代第九批日本遣唐使团来华的，也有人认为他是随从第十批日本遣唐使团来华的，来华后不久就去世了。唐政府予以尚衣奉御的追赠官职，并且由官方办理丧葬事宜，显示了对日本遣唐使的重视。这是一件证明唐代日本遣唐使活动的罕见实物，史料价值非同一般。

　　正因为唐代社会的开放与中外交流的增加，中国边疆地区的一些唐代碑刻中也保留了一批反映当时民族关系与中外交往的重要史料。例如保留在西藏拉萨大昭寺中的长庆三年（823 年）《唐蕃会盟碑》，是在唐朝与吐蕃之间经过长期交战后终于谈判结盟，约定罢兵修好，确定边界，并互派使节盟誓的产物（图 96）。碑文记述了唐文成公主、金城公主出嫁吐蕃，两国结为姻好的历史。这件标志唐代吐蕃与中原之间密切关系的记事碑，以往长期不为中原人士所知，直至清代康熙年间才被介绍到中原来。现存最早拓本为清代乾隆年间的作品。1983 年，青海湟源县文物普查组曾在县境内日月山上发现开元二十二年（734 年）所立唐蕃分界碑的碑身、龟趺与碑额等，是当时唐朝与吐蕃边界协定的见证。西藏地区与中原的交往历史十分悠久。按照张政烺的考证，在商周春秋时期人们所说的"濮"，可能就是"蕃"的借音，也就是说在商周春秋时期吐蕃就与中原各国有所接触交流。而在唐代，随着实控疆域的邻近，这种交往更为频繁。唐代文化的影响也随着与吐蕃的政治经济交往而深入西藏地区。现在西藏琼结等地保留的一些藏王陵墓碑，完全模仿中原碑石的形制，有龟趺、庑殿顶等造型，只是刻写的文字采

图 96 唐蕃会盟碑

用藏文。西藏自治区文管会的文物普查队在 1990 年发现了一件重要的唐代摩崖，立于显庆三年（658 年）的《大唐天竺使出铭》，位于接近尼泊尔边境的吉隆县阿瓦呷英山嘴的崖壁上。由于下半部被修建水库时破坏，现存文字仅有 222 字，这件摩崖显然是唐朝使团路经此地时刻写的纪念铭刻。铭文记述了唐朝使臣王玄策出使天竺的缘由，反映出当时唐朝与西藏、天竺之间的交通道路与人员交往情况。王玄策是唐代著名的外交官员，贞观二十二年（648 年），他任右卫率府长史时，曾经出使西域，被中天竺派兵劫掠。王玄策立即反击，说服吐蕃派出精兵与他一起攻打中天竺，大获全胜。显庆三年的这次出使，应该是他再次出使天竺。又如现存云南大理南诏王都太和城遗址的《南诏德化碑》，建于唐大历元年（766 年），

内容反映出唐王朝与南诏政权的交往关系和南诏社会经济情况，并记录了大量南诏官员的姓名与官职。广西上林智城洞保存的万岁通天二年（697年）《智城碑》，有助于了解当时壮族居住地区的社会面貌。在对吉林敦化渤海国遗址的考古发掘中，发现了渤海国大兴宝历七年（即唐建中元年，780年）《渤海贞惠公主碑》，以及在和龙出土的渤海国大兴五十六年（即唐贞元九年，793年）《渤海贞孝公主墓志》。这两件石刻都使用汉字，文体也是中原的传统风格，石刻的形制更是与中原石刻完全相同，表现出唐文化对于渤海国地区的深刻影响，也是不可多得的记录渤海国历史的实物资料。

唐代的石窟寺以及摩崖佛像开凿工程长期持续，这里主要介绍一下石窟寺中的造像题记。从北朝以来，佛教徒在石窟中供奉佛像时，经常会在自己捐钱雕刻的佛像下面刻写题记，表明是自己献上的功德，祈求福佑。这种做法在洛阳龙门石窟中表现得最为突出。唐代的太宗至玄宗这100多年间，尤其是武后年间，是龙门石窟开凿的第二个高潮。分布在龙门山上的唐字洞、宾阳南洞、北洞、潜溪寺、敬善寺、双窑、老龙洞、惠简洞、奉先寺、万佛洞、奉南洞、净土堂、龙华寺、极南洞以及东山上的擂鼓台南洞、北洞、高平郡王洞、看经寺等，都是唐代的作品。其中保存了数以千计的造像题记题名，是一批可贵的历史文字资料。造像人上至帝王百官、下至黎民男女。其中有魏王李泰、中山郡王李隆业、豫章公主、南平公主、高平郡王武重规这样的皇族国戚，也有阿史那忠、宇文节、姚元之、丘悦、赵冬曦、高力士等历史文献中有所记载的人物。由于很多造像是大众聚合集资兴造的，这些造像题记中就记录了很多唐代的行会、社团组织、佛教宗派以及有关中外交通的珍贵史料。它们的书法水平也不可低估，甚至有著名书法家的笔迹留存，例如由褚遂良书写的贞观十五年《伊阙佛龛碑》、开元十五年补刻的《大卢舍那像龛记》等。

唐代兴建大型石刻佛像的风气不衰，首先要提到四川乐山的凌云山大佛。在山清水秀的四川乐山，岷江、青衣江、大渡河三江交汇之处，屹立着一座侧面看去状似卧佛的山峦——凌云山。山体西面濒临江水的峭崖之中，斩山凿石，雕刻出来号称为世界最大的巨型坐佛，人称乐山大佛（图 97）。这尊大佛身高 71 米，肩宽 28 米，头部高达 14.7 米，仅一只耳朵就有 7 米高。踏在江边石座上的佛足，宽达 8.5 米，一只脚面上可以坐下几十个人。这座大佛该有多么雄伟，不去目睹，光凭这些数字也能想象出来。

根据唐代官员韦皋所作的《嘉州凌云大佛像记》和明代文人彭汝实《重修凌云寺记》等有关记载，乐山大佛是从唐代开元初年（约713年）开始动工兴造，历经九十年，至唐德宗贞元十九年（803年）才全部完工。关于这座大佛的建造，曾经流传着一个动人的传说。当时发起建造大佛的僧人海通和尚，不辞劳苦，四处募捐劝化，筹集建造大佛的经费。在他的努力下，各界捐助，凑齐了一笔"佛财"，得以开工。

图 97 乐山大佛

但是当时郡中的贪官借机敲诈，妄图从中取利，找到海通索要财物。海通和尚闻听贪官索贿，义愤填膺，毅然斥责他们，表示："即使把我的眼睛挖出来给你们都可以，但是佛财一丝一毫也不能动。"贪官们威胁说："那么你就把眼睛挖出来。"哪里想到，海通二话不说，立即把自己的眼睛挖了出来交给他们。吓得这些贪官再也不敢打"佛财"的主意了。正是这种奋不顾身的精神激励着乐山人民，坚持九十年开凿不止，终于完成了这座宏伟的石雕佛像。从那时至今1000多年来，这尊弥勒坐佛巨像庄重静穆地端坐在滔滔江水之滨，慈祥地注视着这片锦绣山河。它身上集中了唐代佛教造像艺术的高超造诣与石刻匠人的聪明才智，堪称中国古代石刻中的绚丽奇观。自然也列入了全国重点文物保护行列。其他如洛阳龙门石窟奉先寺中的卢舍那佛像，高 17.14 米，面容丰腴饱满，端庄肃穆，传说是仿照女皇武则天的容貌雕刻的，被称作唐代佛教艺术雕刻中的代表作。又如甘肃武威天梯山石窟中身高 28 米的释迦牟尼坐佛、陕西彬州大佛寺中身高 20.4 米的释迦牟尼佛像等等，也都是大型佛像石雕中的精品。

上文已经介绍过《房山石经》的情况，唐代是《房山石经》刻写工程的重要阶段，除一些常见经典外，到了唐代末年，已经将佛教的主要经典之一《大般若经》刻至 520 卷。此外，还需要提到四川安岳卧佛院的摩崖刻经。这处佛教遗址是西南地区唐代佛教艺术雕刻的代表，共有 15 个洞窟，在洞壁上集中刻写了《大般涅槃经》《妙法莲华经》《大方便佛报恩经》《般若波罗蜜多心经》等 16 部常用的佛典。此外，还单独刻写了一种《大唐东京大敬爱寺一切经论目序》，总字数达到 260468，全部用楷书工整刻写。根据刻经题记上的纪年可以得知，这批佛经大多是在唐代开元年间刻写的。它们对于佛教史的研究与佛经版本的校勘订正工作都有着重要的参考价值。

## 宋元明清——实用与普及

近年来，人们对于宋代社会产生了巨大的兴趣，很多论述中把宋代说成一个经济发达、文化兴盛的时代。但宋朝也是历来大一统国家中疆域最小的，并且始终存在着严重的外患威胁。这一时期，先是在北方存在着辽与西夏两个民族政权，不时与北宋发生军事冲突。宋王朝在攻打辽国的战争中多次失利，最后只得签订了耻辱性的澶渊之盟，向辽国纳贡求和。每年，宋朝都要向辽国交纳白银 10 万两、绢 20 万匹以及其他礼品。这种沉重的经济负担无情地压在了人民头上，也使得宋代统治者们从根本上失去了唐代帝王那种开拓进取的雄劲气魄，转成求财问舍、拘谨守业的田舍翁心理了。直至南宋灭亡，300 余年间，宋朝始终处于在强敌侵略下被动挨打的局面。而宋代统治者转而大力发展经济，放松限制，确实也促进了多种经营和手工业的发展，商业兴盛情况超过前世，符合商业经济的金融活动也大肆开展。现代学者中，甚至有人认为当时出现了早期资本主义经济的萌芽。而后，在东北地区兴起的女真族举兵南下，攻入汴梁，北宋灭亡，致使宋室南迁，偏安一隅。

苟且南方，不思恢复中原的南宋小朝廷绵延 150 多年后，最终被蒙古大军彻底消灭。一个由蒙古族统治的时代——元朝开始了。这一系列巨大的社会变革与文化习俗，在石刻中也得以体现，不同的民族文化，使宋元时期的石刻中出现了众多新元素，形成了既有历史传承，又有与隋唐时期不同侧重的石刻风貌。

北宋时期的确有过相当长的经济繁荣，加上宋代帝王一直采取抑武扬文的政策，大力提倡儒学，重文轻武，尊孔复古。文化昌盛一度是北宋社会的特色。

尊孔的表现在山东曲阜孔庙中保存的大量宋代碑石中有着明确的反映。根据史书记载，春秋时期给予孔子的称号只是尼父。西汉平帝时，才赠予封爵，称褒成宣尼公。而后的封号也大多不过是公爵一级。直到唐玄宗开元二十七年（739 年），才下诏给孔子封号为文宣王。北宋初期，祭祀孔子时仍然延续着文宣王的称号。而且在大中祥符元年（1008 年），宋真宗加赠孔子封号为玄圣文宣王，把对孔子的尊崇与祭拜提高到一个新的高度。现存的北宋淳化二年（991 年）《拜文宣王记碑》，是给事中徐休奉旨到泰山祈雨后，归途中到孔庙去瞻仰拜祭时留下的碑刻。碑文中发愿："子子孙孙长遵于圣教，生生世世不离于儒门。"而景德三年（1006 年）《敕修文宣王庙碑》，记录了当时中央下发的皇帝敕旨，针对资政殿大学士王钦若上奏的各地文宣王庙"多是摧塌"这一情况，命令各地用仓库头子钱修葺，并且不允许官员占用孔庙办公或居住，以达到"化俗之方，儒术为本，训民之道，庠序居先""石文载耀，学校弥光"的施政目的。大中祥符元年（1008 年），宋真宗在东封泰山之后，来到曲阜，祭祀孔子，并且亲自撰写了《玄圣文宣王赞》，命令刻碑立石，以作纪念。这件碑石铭文中高度赞扬了孔子的教化功绩，称其"立言不朽，垂教无疆。昭然令德，伟哉素王，人伦之表，帝道之纲"。根据史书记载，这次宋真宗来拜祭时，下诏加赠孔子封号为玄圣文宣王，命令礼部尚书张齐贤等人用太牢祭祀了孔子，还命令刑部尚书温仲舒等人分别祭奠了孔子的七十二弟子，用公、侯、伯等爵位封赠了颜子、曾子、闵子、左丘明等孔子弟子。充分表现出宋代在文化思想领域大力尊孔尚儒的根本国策。此外，孔庙中还存留着景祐四年（1037 年）《讲学堂记碑》、崇宁年间的米芾篆书《至圣文宣王赞碑》、太平兴国年间的吕蒙正《重修孔庙碑》等很多大型碑石，记录了历年祭拜、赞颂孔子的活动与重新修缮孔庙的官方举措。

北宋大观二年（1108年）由宋徽宗下令刻制的《大观圣作碑》是颁布御制的八行八刑条例，规范文人士子道德行为的敕旨碑，由蔡京题额，李时雍摹写。因为是宋徽宗专门用来训导儒学士人日常品德的官方规则，当时应该是在各地学宫都有刊立，作为校规。所以遗存至今的这一碑石还有不少。在陕西西安碑林、河南新乡文庙、河北赵县等地都有《大观圣作碑》保存（图98）。碑文书体模仿宋徽宗著名的瘦金体，也是书法界看重的书法艺术佳作。

河南宝丰有一座远近闻名的香山寺，寺院中建有一座八角九级密檐式佛塔。塔的底层建有一个拱形窑洞，在洞壁上镶嵌了一座巨大的碑石，原碑为刊刻于北宋元符三年（1100年）的《大悲观音菩萨传碑》，由于年代久远漫漶不存，现在保存的是元至大元年（1308年）的重刻本。撰文者为

图98 宋大观圣作碑

当时的著名文人翰林学士蒋之奇。他在碑文中记述了自己到香山寺游玩时，从寺院方丈怀昼那里看到一卷民间传本《香山大悲菩萨传》，深受感动，于是撰文作记，请蔡京书丹，刻成碑石，并且将这部《香山大悲菩萨传》修订后书写在碑文中。在这部传记中所说的大悲观音菩萨，本名妙善，是妙庄严王的三公主，自幼崇尚佛教，立志出家修行。她的父亲十分愤怒，甚至要派兵诛杀妙善，也改变不了妙善出家的坚定信念。由于龙神出面救援，把妙善摄到香山隐居。后来妙庄严王得了重病，无人可医。有一个异僧送来一个药方，需要使用无嗔人的手、眼合药，并且指示国王派使者去妙善那里索取手、眼。妙善听说后，认为是自己父亲不敬重佛教造成病重，就自己挖取双眼，让使者砍断自己的双手，带回去给妙庄严王制药。妙庄严王病愈后，亲自来感谢奉献手眼的人，却发现是自己的女儿妙善，

痛哭流涕，祈求天地神灵让自己女儿双目重生，断臂复完。于是天地震动，光明辉耀，妙善显现出千手千眼的形象，成为观世音菩萨的化身。据说香山寺塔下，就安放着妙善菩萨的舍利。

实际上，这一传说是佛教传入中国后，在民间流传中产生的。它的故事原型应该来源于《妙法莲华经》二十七品中所说的妙庄严王故事。佛教经典中的很多本生故事都是南北朝、唐宋之时佛教宣传的主要内容，曾经改编成各种俗讲、变文到处表演、讲述。很多与原来印度佛教有所不同的汉化佛教因素都是在这些与民间社会紧密结合的宣传中逐渐形成的。妙善传说就是这样的一个成功范例，它以后转化为多种有关妙善的传说，在宋代有《从容录》《大唐三藏取经诗话》等予以记录。明代民间传诵的《香山卷》宝卷、《南海观音全传》也都是关于妙善菩萨的故事。甚至将它编为戏剧上演，明代万历年间的《香山记》剧本流传至今仍然保存于世。《大悲观音菩萨传碑》正告诉了我们这一佛教崇拜演化的起源，可以佐证宋代以来民间日益兴盛的崇尚观世音菩萨之风气。宋代佛教的盛况，还有众多的寺院碑石可以说明。如河南洛阳的《龙门山天竺寺修殿记碑》、浙江太平天国侍王府纪念馆藏的《重修智者广福禅寺记》、河北定州的《开元寺僧俗修塔邑众都维那李德泽等题名》等等。在重庆大足的宝顶石窟中，保留有南宋祖觉禅师所撰《唐柳本尊传碑》和《柳本尊行化图"十炼"题记》，记录了唐人柳居直自创瑜伽密教宗派，传承密教，并且创建宝顶这座密教大型石窟道场的历史，也是佛教史研究中的重要史料。在宝顶石窟的造像中，将柳居直与他的后继教主赵智凤放在主尊的位置，并且雕刻成大日如来的装束，俨然成佛。这是在中国佛教历史上从来没有过的创举。

由于古典文学名著《水浒传》的影响，今天的人们还对北宋末年的宋江、方腊等起义斗争印象深刻。近年来，在浙江衢州的仙岩洞中，发现有一处有关北宋朝廷镇压方腊起义的摩崖刻石，为这一历史事件做了确切的证明。仙岩洞中保存有 50 多块摩崖题刻，时代从唐代延续至清代，书体多样，包括篆、隶、楷、行、草等。文字内容丰富，多为当时官员及文人游历时的题记。里面关于方腊起义的一方题刻与另一件现存浙江淳安县博物馆的方腊起义刻石是目前仅见的对于起义活动的历史实证。《方腊起义刻石》刻写在一块大卵石上，是一个叫作用琴的僧人所刻，笔迹草劣，记述方腊部众"十二月出洞，初五烧人家屋，打到杭州"等战事活动，以及方腊被俘的时间等。寥寥数语，见证了当时震动东南的北宋最大规模农民起义。

宋代碑石中，有一类新出现的图碑，值得介绍一下。图碑，就是将地图、天文图和其他专用的图表刻写在石碑上，起到让这些图表公开展示、长期保存的目的。这在印刷术尚不十分发达的古代社会中具有很大的实用意义。宋代兴起刻立各种图碑的情况，应该是社会上对于这些图表存在着广泛需求的反映。例如地图，是政治、军事与交通等方面必不可少的。中国古代绘制地图和天象图的历史十分悠久。现在能够见到的早期实物有在甘肃天水放马滩战国墓葬中出土的秦国木板地图、湖南长沙马王堆汉墓中出土的西汉帛画地图、星图等。但是刻在石材上的大型图表，还要数五代与宋代的作品。现存江苏苏州市碑刻博物馆中的南宋著名图碑《地理图》《平江图》《天文图》与《帝王绍运图》等，就是宋代图碑的典型代表。苏州文庙这座始建于北宋景祐二年（1035 年），经明清两代重建的古建筑，也因其建造历史与所藏南宋图碑而被确定为全国重点文物保护单位。

《平江图碑》是中国现存最早也最详细的古代城市地图，原刻于南宋绍定二年（1229 年）。全碑高 2.84 米、宽 1.4 米，碑身上正面刻画了南宋平江府城（现在苏州城区）的平面图（图 99）。在地

图 99 宋平江图碑

图的四面分别刻写"东、西、南、北"四字来注明地图上的方向。结合其他古代地图来看,这幅城市地图的绘制方法仍然是中国古代传统的绘图方式,街道、河流等都用线条表示,而城墙、建筑物等就用将实物的立体形状平面化这种方式绘出。可以看出,地图中的具体位置并没有严格的实际比例,只是大体的位置表示。城内绘制了纵向河流 6 条,横向河流 14 条。城中的街道大多与河流走向平行,包括南北主干道 5 条,东西主干道 4 条。在地图上还具体绘制出官署、寺庙、园林、教坊、行市、仓库、书院、桥梁和私人宅邸等所在,甚至连城外的一些名胜古迹也用图形示意予以标注,十分明了,便于识别。可以由此看到南宋时期平江府城的繁华景象和城市的规划布局。这种方式绘制的地图应该是当时流行的绘图形式,在国内其他地区也发现过类似的地方城市图。广西桂林鹦鹉山上有一幅摩崖石刻《静江府城防图》,刻于南宋咸淳八年(1272 年)。图上将静江府(今广西桂林)的府城范围与各种城防工事的分布情况清晰地标注出来,显示出当时为了防御蒙古军队入侵所作的防御准备,也从侧面反映出当时南宋面临的严重战争威胁。

苏州的《天文图》碑石是在南宋淳祐七年(1247 年)刻成的。追溯这幅图的缘起,还要从南宋绍熙元年(1190 年)说起,当时受命给嘉王讲学的黄裳为了便于教学,同时宣传自己的政见,制作了一系列图表进献给宋光宗观看,并供给太学教学使用。其中就有《天文图》《地理图》《帝王绍运图》等。这些图表沿传下来,由苏州著名石工王致远雕刻上石,保存至今。《天文图》这座碑石高 1.9 米、宽 1.08 米。上部刻画星图,下部为释文。星图以北极为中心,分为天体、地体、北极、南极、赤道、日、黄道、月、白道、经星、纬星、天仪、十二次与十二分野等部分,一共刻有 1440 颗星,反映了当时的天文观测成果。国际天文学界对于此碑的天文观测水平予以高度评价。因为欧洲直到 15 世纪时才观测到 1022 颗星,著录在各种星图与星表上。相比之下,《天文图》是世界上现存时间最早、包含星数量最多、准确度也较高的古代星图。它在今天仍然受到天文学界的重视,为研究古代恒星情况提供了珍贵的历史资料。英国科学家李约瑟在他的《中国科学技术史》一书中赞扬黄裳是古代的著名天文学家,所著《天文图》比欧洲的天文学界领先三百多年。很多国家都介绍过这座图碑,为华夏儿女的聪明才智做了很好的宣传。

在苏州同时刻制的《地理图》碑石,与《天文图》的形制格式类似,也是上图下文两个部分。图中详细描绘了宋朝疆域内的地理分布情况，将山脉、河流、森林、长城，以及各路、军、府、州的地理区划位置都绘制得清晰明确。图上标注的地名文字外面加有方框，水名文字外面加有椭圆形框，山脉绘制成立体图形。这些绘图方式表现出当时十分成熟的地图绘制规范。宋人王象之的《舆地纪胜》一书中曾经列举了各州存留的碑石名目，后边都附有图经。由此推测，当时的各州首府都会竖立地图碑刻，说明这样的大型图碑十分普及。可惜现在保留下来的不多，因此就更为珍贵。现在陕西西安碑林博物馆中保存有伪齐阜昌七年（1136年）刻制的《华夷图》与《禹迹图》，江苏镇江也保存有《禹迹图》碑，这是硕果仅存的一些全国地图。追寻先源，《华夷图》的原本是唐代贾耽在贞元十七年（801年）完成的《海内华夷图》，宋代又作了一些修改与省略。但仍然可以说它是现存年代最早的一幅全国地图。图中基本上反映了当时宋朝疆域中的山河州镇分布情况，但限于当时的测绘条件和认知，海岸线和河流源头的位置还不够准确，邻国的名称也多有简省。《禹迹图》的准确性就比较高。它采用了方格网的绘图方法，较为先进，一个方格折合一百里。图中描绘的大江大河流向、湖泊位置、海岸线轮廓等都很准确。但是由于它偏重于水系的表现，对于山脉和城邑没有采用符号标注，是一大缺憾。现代学者曾经根据地图中绘制黄河在今日河北入海的情况，判断它所描绘的黄河河道不是早期的河道，而是北宋庆历八年（1048年）黄河在河南濮阳决口后转向北方的新河道，从而认为这幅地图是宋代庆历年间以后的作品。有人说它是宋代著名科学家沈括所绘制的。《禹迹图》在地理学研究与地图绘制历史上具有重要地位，科学史家们称赞它是当时世界上最杰出的地理作品。

锦绣中华的万里江山中，蕴藏着无数奇妙动人的风景名胜。可以说是无山不奇，无水不秀。很多名胜自古以来就是游人如织的著名景点，今天更是人们旅游的首选之地。而当您沉浸于气象万千的大好河山风光之中时，请一定不要忽视这些名胜中各处山崖上面刻写的历代游人题记。这些书体多样、内容丰富的摩崖题记，不仅为名胜之地增添了浓厚的人文历史色彩，而且还是可贵的历史资料宝库。

在游览所到之处留下石刻题记，或者赋诗题咏，或者作文记名，以表达游人的喜悦感悟，记录自己来过的足迹。这是文人雅客经常喜爱的做法，恐怕也是古今中外游客的普遍心愿。连拿破仑到了埃及后，还要留下"我来过了，我征服了"

这样的记录。何况常人呢！所以，各地名胜中的历代题名题记比比皆是。不要说著名的五岳、黄山、庐山，随便列举，就有江苏连云港龙洞、镇江焦山、浙江丽水南明山、浙江青田石门洞、河南登封嵩阳宫、江西赣州通天岩、福建福州乌石山、福建漳州龙洞岩、湖北宜昌三游洞、湖北襄阳岘山、湖南零陵朝阳岩和华严岩、湖南衡山水帘洞、广东肇庆七星岩、广东英德南山等著名的古代题刻集中地。从现有石刻材料来看，大约在汉代就已经有了留下题记的做法。而此风盛行的开始还是儒家文化十分发达的宋代社会。现在各地著名的风景名胜中，大多数存在大量题记的地方都以宋代以来的题记题名为主。这里简单介绍几处有代表性的题记石刻。

位居湘江上游的湖南祁阳境内，山河壮丽，风景秀美。在清澈的浯溪水与湘江交汇之处，江边的崖壁上保留下来了唐宋以来历代名人的书、画、诗、词等题记石刻486件。这里面包括著名文人元友让、皇甫湜、黄庭坚、秦观、李清照、米芾、范成大等人的手迹。熟悉文学史的朋友都会知道，这些都是响当当的文学艺术大家。如此众多的名人题记荟萃一地，实属珍贵罕见。它的文化意义与历史价值自不待言，因此，这里在1988年就已经被确定为全国重点文物保护单位。在安徽天柱山的山谷流泉摩崖中，也有苏轼、王安石、黄庭坚、张同之等著名宋代文人的题记。

追溯浯溪题记的历史，要从唐代中期说起。唐代宗时，著名文学家元结从道州刺史任上卸职归来，途经浯溪，被这里的美妙风景迷醉，不忍离去，于是就定居此处，并且在大历二年（767年）撰写了《浯溪铭》《峿台铭》《㦭庼铭》等精彩的短篇散文，请人用篆书刻写在石崖上。而后，大历六年（771年），元结又将自己撰写的《大唐中兴颂》一文请著名书法家颜真卿亲笔书写，镌刻在浯溪江边的崖壁上面。这件石刻字体气势雄浑，文辞激越昂扬，加上山石奇特，世所罕见，被人们称作"摩崖三绝"。由于唐代名人留下的这些摩崖题记名传遐迩，浯溪便成为一个文人墨客游玩的好地方。有先人示例，后来的人们自然也会在游玩后留下题记，刻写于山崖之上。陆续留下的有北宋著名书画家米芾的《浯溪诗》、著名文学家黄庭坚的《书摩岩碑后》以及《大宋中兴颂》等许多佳作，甚至还有越南国使者留下的题刻。浯溪石刻中兼具篆、隶、楷、草等多种书体，可以说是中国书法艺术的典范集萃，深受历代书家看重。同样歌颂宋代中兴盛业的另一件摩崖《皇宋中兴圣德颂》，原来雕刻在三峡瞿塘峡的山崖上，现在保存在重庆中国三峡博物馆。

宋代以来，福建泉州成为中国重要的对外贸易港口。来自西亚、南亚等地的各族商人都泛海来此经商。宋朝的海外商船队也在每年随着季风出发，开赴南洋沿海各地进行贸易。海上航行风险极大，近代以来，已经在南海等地多次发现古代的沉船。它们都满载着各种货物，瓷器、丝绸、香料等都是这时的重要商品。为了祈求顺风顺水，平安往返，宋代泉州的地方官员每年都要率领管理进出口贸易的市舶司官员和商贾们来到泉州城外的九日山上进行隆重的祈风仪式，成为当地的著名风俗活动。九日山现属于南安境内，峰险林茂，风景优美，祈风仪式一般在四月和十月举行，正是夏初秋末好风景。所以，祈风仪式后，参与的人员都会在九日山游玩一番，也就会在山石之上留下各种题记。现在九日山的峰峦之间保留着从北宋崇宁三年（1104年）到南宋咸淳二年（1266年）100多年间留下的大量祈风石刻。大致统计，在这些题记中留下了姓名的人数有250多人。其中不乏一些在历史上有所记载的著名人物，如蔡襄、苏才翁、虞仲房、赵汝茂等人。蔡襄曾历任泉州、福州等地知府，并主持建造著名的古代交通建筑洛阳桥。后来官至三司使、端明殿学士。他也是著名的书法家，对于宋代书坛风气有一定的影响。在南宋淳熙十五年（1188年）的石刻题记中记录了市舶司每年在四月与十月两次祈风的事实，展现了当时商船队每年随着冬季季风出海南下，随着夏季季风返回的航行规律。对于了解宋代的海外交通情况来说，这些摩崖题记是一批难得的实物资料，为中国与亚非各国的海上贸易往来提供了可靠的历史证据。

说到蔡襄任职时修建的泉州洛阳桥，这里不仅是中国古代建筑的杰出成果，也是一处丰富多彩的石刻艺术博物馆。洛阳桥，又叫万安桥，横跨在泉州与惠安交界的洛阳江上。这里江宽水深，又邻近江水入海处，建桥工程十分艰巨。大桥在北宋皇祐五年（1053年）动工兴造，历经6年才完全建成。它长达1200米、宽约5米，用石梁搭在46个桥墩上，辅以石栏，形成跨江大桥。由于大桥非常长，中间还修建了7座石亭以供行人休憩，另外还建有9座石塔、28个石狮等具有镇水、辟邪意义的石雕。在桥中的石亭附近立有历代纪念碑刻。桥南面建有蔡襄祠，祠内存有多件历代碑刻，其中蔡襄自己撰文并书写的嘉祐五年（1060年）《万安桥记》，记录了建桥的经过，而且文辞精湛，书法遒劲，刻工精致，被后人称作"三绝碑"，是著名的宋代碑刻。

广西桂林"山水甲天下"，远自唐代，就在文人墨客的诗文中被称颂为风景绝佳的名胜之地。唐代大文学家韩愈曾经用"江作青罗带，山似碧玉簪"这样的美妙诗句来形容桂林山清水秀的大自然奇观。历代游客不绝，而散布全城的奇山怪石，正给游人们提供了丰富的题刻场所，造成桂林的各处风景地点都存留着大量形状各异的石刻题记，现在统计，有2000多件。这些内容丰富、书迹多样的题刻，包含了大量历史信息，为秀丽的自然山水增添了无穷的人文魅力。遍寻桂林的还珠洞、芦笛岩、宝积山、独秀峰、普陀山、七星岩、叠彩山等名胜，都留存着大量的历代题刻。例如南溪山上的宋人赵夔诗作《桂林二十四岩洞歌》、普陀山上的宋人李彦弼游记《湘南楼记》、七星岩上宋人范成大的《碧虚铭》、隐山北牖洞中的宋人陆游题字《诗境》、象鼻山中南宋诗人张孝祥所作《朝阳亭诗并序》和范成大的《复水月洞铭》、虞山的南宋文人朱熹《虞帝庙碑》等。特别是桂林七星岩瑶光峰山脚下的龙隐岩，冬夏宜人，为外来游人必到之地。山石上面布满了历代题记，明代就有人称此处"壁无完石"。浏览过去，其中一多半是宋代游人的留言，多为记录某人在某时来此游赏。里面包含有米芾、黄庭坚、石曼卿等著名文士的题记与题诗。而最值得注意的，是这里保存了全国罕见的《元祐党籍碑》。

北宋时期，有过一场颇为激烈的政治斗争，就是以王安石为代表的变法运动。而有关这场斗争的一个石刻铁证便是这种罕见的《元祐党籍碑》。除龙隐岩这件之外，在广西融水的真仙岩还有一件。宋神宗熙宁二年（1069年），时任参知政事的王安石提出变法，力图富国强兵，施行青苗法、募役法、保甲法、方田均税法、市易法等一系列新政。当时曾经遭到包括苏轼、司马光等人的一批官员激烈反对，形成了新旧两派党争。宋神宗去世后，高太后垂帘听政，起用司马光为宰相，几乎废除了全部新法，史称"元祐更化"。宋徽宗继位后，再次启用新法，但是被奸相蔡京利用来实施自己的专权。为了彻底打击以往坚持反对新政的政敌，蔡京借口元祐年间执政的旧党人士结党乱政，大肆予以打击。北宋崇宁四年（1105年），他将司马光、苏轼、文彦博等309人一律列为元祐党人，让宋徽宗明令贬斥。实际目的就是树立自己的威权。宋徽宗正宠信蔡京，于是立即照准，亲笔书写了为首的 98 个人名，刻石竖立在皇宫内的文德殿东。然后又让蔡京书写了全部 309 个元祐党人的姓名，明令全国各军、州都依照刻石立碑，凡是列名碑上的人，已经去世的削去原来官职谥号，活着的贬官流放，开创了大规模政治迫害的新例。然而由于这些官员中很多人官声不错，影响很大，这一措施引起了极大的社会反响。只好在下令立碑的第二年再次下诏命令全国把这些碑石全部毁掉。元祐党人的后代将这次政治迫害看作是自家的荣耀，有人就重新雕刻这件碑石作为纪念。龙隐岩上的这件《元祐党籍碑》就是党人梁焘的后人仿照原碑重刻的。

重庆大足拥有从唐代开始兴建的佛教石窟75处，造像50000多尊，是中国石窟建筑史上的最后一座丰碑。而这里雕造石窟最兴盛的时期就是宋代。现在著名的北山、宝顶等石窟，其主要内容都是在宋代完成的。这里的石窟造像中，附刻有大量的佛经、偈语、颂词、造像题记、石匠题名以及有关的碑碣等，包含了丰富的佛教经典内容和宗教史、社会史等重要资料。图文并茂，是佛教宣传的一大特点。例如宝顶山15号龛的父母恩重经变铭文，就在表现父母抚养儿子成长的"十恩图"下面刻写讲解父母恩情的铭文，"投佛祈求嗣息。赐紫慈觉大师□宗赜颂曰：古佛未生前，疑然一相圆，释迦犹□会，迦叶岂能传。父母同香火，求生孝顺儿，提防年老日，起坐要扶持。父母皆成佛，绵绵法界如，尔时心愿足，方乃证无余。有得非为得，无功始是功，一轮千圣外，元是旧家风。"《父母恩重经》不是印度传来的佛教经典，而是中国僧人自造的佛经，大力宣扬了中国传统文化中的孝义思想，表现出佛教在中国被汉族传统文化加以改造的文化互动。这里还有一些重要的碑刻。像唐乾宁二年（895年）《韦君靖碑》，记述了晚唐时期动荡不安的国家局势与晚唐时期的川东地区历史面貌，赞颂了当时镇守在这一地区的都督昌州诸军事、守昌州刺史韦君靖安定地方的功绩。宋代文人范祖禹书写的《古文孝经碑》现存1617字，被认为是抄写《古文孝经》二十二章的"寰宇间仅此一刻"（图100）。

中国是一个多民族的集合体。使用各种民族文字刻写的碑石是古代石刻中的重要组成部分，也是民族文化的宝贵资料。宋朝疆域的四方环绕着多个少数民族建立的地方政权，北方有契丹族建立的辽国、女真族建立的金国、党项族建立的西夏国；西南还有吐蕃、大理等国家。这些地方政权都或多或少地吸收了中原汉族的先进文化，有些民族还在汉字的基础上创立了自己的文字体系。而大理国则直接使用汉字。这样，刻写碑石的传统做法也会被这些国家采用，用各种民族文字刻写的各种石刻材料流传至今，给这些民族和中国历史保存了一些珍贵的少数民族文字资料。

辽国曾经使用过契丹大字与契丹小字两种独特的文字。相传在辽太祖耶律阿保机神册五年（920年）就参照汉字创造了契丹大字，利用像汉字一样的笔画结构单体表达契丹语的语音。稍晚些时又加以改进，形成契丹小字。这两种写法在辽代一直并存，用于公私文书。但是在金国灭掉辽国后，在金章宗明昌二年（1191年）明令禁止使用契丹文字，兼辽国

图 100 宋范祖禹书古文孝经

统治时书禁甚严，文字材料极少流传，使得在浩瀚的中国古代文献中却没有契丹文字的书籍保留下来。这样，在辽代石刻中保存的契丹文字就成了研究和释读契丹文的唯一材料。契丹文字石刻有近代出土的多件辽代贵族墓志和一些用契丹文刻写的碑石。碑主要有现在由内蒙古文物考古研究所与巴林左旗文化馆分别收藏的阙年月的《辽太祖纪功碑》，这些碑原来保存在内蒙古赤峰巴林左旗哈达英格乡辽太祖陵前，刻有汉文与契丹大字。2003 至 2004 年间，在此地的考古发掘中又出土了一件契丹大字残碑，碑阴为汉字。还有原存内蒙古赤峰宁城县静安寺遗址的辽咸雍八年（1072年）《大辽大横帐兰陵郡夫人建静安寺碑》，背面为契丹大字，正面刻汉文。这件碑现在移到宁城辽中京遗址。特别有意思的是在陕西乾县乾陵的无字碑上，保留有一条金代天会十二年（1134年）刻写的《大金皇帝都统经略郎君行记》，是用契丹小字书写的，旁边附有逐字对译的汉文，从而成为认识与释读契丹小字的重要工具。近代以来，民族学者们依靠这些石刻资料对比，深入

研究契丹文字，在释读、拟音等方面都取得了很大成就。现在新发现的契丹文石刻基本上都得以释读。

辽代墓志中，最负盛名的是1922年以来在今内蒙古赤峰巴林右旗白塔子辽庆陵中陆续出土的一批帝后墓志，包括有太平十一年（即景福元年，1031年）《辽圣宗哀册及圣宗钦爱皇后哀册》和《辽圣宗仁德皇后哀册》等。其中圣宗皇帝哀册一共出土了7件，用契丹文字刻写的有2件，用汉字刻写者5件。还有用契丹小字书刻的大康二年（1076年）《辽兴宗皇帝哀册》和《辽兴宗仁懿皇后哀册》、乾统元年（1101年）《辽道宗哀册》、乾统元年（1101年）《辽道宗宣懿皇后哀册》等（图101）。它们的出土曾经是学术界的一件大事，引起了对辽代历史的进一步考证，也促进了中国与日本等国学者对契丹文的深入研究。这些墓志现在大多保存在辽宁省博物馆内。

辽宁西北部与内蒙古东部是契丹民族的发祥地，作为辽国的政治核心地区，拥有丰富的辽代墓葬，出土辽代墓志数量也位居各地之首。除上述新中国成立前出土的辽圣宗等帝后哀册以外，近年来还陆续发现大量辽国高级官员与契丹贵族的墓志。里面的契丹文墓志代表如1964年在朝阳出土的统和四年（986年）《耶

图101 辽帝后哀册

律延宁墓志》。耶律延宁为辽国的皇族，官至羽厥里节度使、特进、检校太尉、同政事门下平章、上柱国、漆水县开国伯。这件墓志的上半部书写契丹文字，下半部书写汉字，在辽宁出土的契丹人贵族官员墓志中，有不少都是类似的用两种文字书写的墓志，它们对于了解契丹文字体系、识读契丹文字具有极其重要的价值。1975 年，辽宁阜新还出土了主要由契丹小字书写的《许王墓志》，这件墓志的形制比较奇特，平面呈正八角形。整个墓志只有右侧写有 5 行汉字，葬期不明，据考证，墓主应该为耶律义先，《辽史》有传记，卒于重熙二十一年（1052 年）。内蒙古赤峰出土过应历九年（959 年）《辽驸马赠卫国王墓志》，据考证该墓主为萧屈列，见于《契丹国志·外戚传》，出土时志石已经碎成几块。1987 年，这里又出土了天庆三年（1113 年）《耶律习涅墓志》，墓主官至兴复军节度副使，志文用汉字与契丹大字两种文字刻写，共保存有契丹大字 1616 个，是现存契丹大字资料最多的一件。1975 年，昭乌达盟阿鲁科尔沁旗出土了重熙十年（1041 年）《耶律万辛墓志》，志正面书"北大王墓志"，背面有汉字铭文，另外还有一件志石，刻写契丹大字铭文。这些契丹文墓志材料对于释读契丹文字的重要性自不待言。内蒙古东部与相邻的辽宁西部作为契丹贵族主要的墓葬分布地区，已经越来越引起人们的重视。

辽代的很多墓志也仅采用汉字书写，同样具有可贵的史料价值。1986 年，哲里木盟奈曼旗发掘了一座重要的辽墓，出土有开泰七年（1018 年）陈国公主墓志，她是辽景宗的孙女。史书上有所记载。这座辽墓保存完好，出土了金面具、金冠、银靴、金镯，以及錾花金指套、交颈鸿雁、鸳鸯玉佩件、双鱼玉佩件、组合动物玉佩、龙凤玉佩、胡人驯狮纹琥珀配件等极其精致的装饰物，是罕见的未经盗掘的辽代贵族墓。墓志为判断该墓的墓主身份与年代提供了绝对证据。

生活在东北地区的女真族原来是以狩猎放牧为生的原始部族，曾长期受契丹人统治。金太祖完颜阿骨打统一了分散的各个部落，领导各路兵马起兵反辽，大获全胜后创立了金国。而后的天辅三年（1119 年）金太祖完颜阿骨打命令完颜希尹和叶鲁等人撰造了女真族文字。女真文字的造型方式与契丹文字相近，也是参考汉文字的楷书形体，因袭契丹文字的拼音制度，首先创造了女真大字。20 年后，金熙宗完颜亶又制定了女真小字。但是传世文书中能够看到的只有一种女真文字，前人大多认为它是女真小字。近年来有一些学者提出它是女真大字的新看法。这方面的意见尚未统一，有关研究有待深入。

现在能够见到的女真文字材料很少，主要都是石刻。现存的女真文字石刻仅有碑7件，摩崖3件，可见它们是十分珍贵的金国文字文献资料。其中包括：大定二十五年（1185年）《大金得胜陀颂碑》，现存吉林扶余石碑崴子村的得胜陀旧址。碑高3.2米，龟趺，有蟠龙碑首和碑额，与中原流行的碑形完全相同。碑正面刻写汉字30行，背面刻写对译的女真文33行。这一地点原为金太祖出兵征讨辽国时率师盟誓的会场。金世宗来此春猎时，想起祖先的功业，感慨备至，就立碑追述金太祖起兵的经过，赞颂先帝功绩，以作为永久的纪念。这件碑石仅对译的女真文字就有1500多字，是保留女真文字最多的一件碑刻，而且汉文可以与女真文对译，极富价值，只是多有剥落漫漶之处。此外还有：《奥屯良弼饯饮碑》，现存中国国家博物馆。这件碑的中心是汉文题字，左侧有女真文字3行，是奥屯良弼的朋友卜修洪书写的跋语。汉文刻写于泰和六年（1206年），女真文刻写于大安二年（1210年）。《奥屯良弼诗碑》，据说在山东蓬莱发现，刻写有女真文170余字，是一首带有韵脚的七言律诗。正大元年（1224年）《女真进士题名碑》，现藏河南省开封市博物馆，是考取女真进士的记录与题名。碑正面刻写汉文，背面刻写女真文。明宣宗时期当地人士将正面磨平，重新刻写了《修顺河庙碑》，所幸背面的女真文字还得以保存，但是失去了汉字对译。大定七年（1167年）《海龙女真国书摩崖》，原在吉林海龙庆云北山，刻有女真文额题及文字8行，记录金太祖设立谋克的政事。在这一摩崖的南侧还有一则摩崖，用女真文和汉文对照刻写金太祖破辽军的事迹，保留女真文20余字。但是有人认为这是后人的伪造，所以一般不列入女真石刻中。在内蒙古呼和浩特的万部华严经塔中，还发现过一些女真文的题记。此外，在朝鲜还保存有两件女真文的碑刻，是《庆源郡女真国书碑》与《北青女真国书摩崖》，它们都是金代的刻石，表明女真文字在北方使用的时间比较长，使用地区也比较广泛。

金朝的汉文石刻主要分布在北京、陕西、山西、河南、山东以及东北三省，包括寺院中的记事碑、墓碑、题记等。现在列入名碑名刻目录的有大定年间的《重修大延寿寺记》、大定四年（1164年）《清凉禅院碑》、大定八年（1168

年）《大乘寺铸钟铭》、大定九年（1169年）《耀州华原妙应真人祠记》、大定十六年（1176年）《大金西京大普恩寺重修大殿记》、大定十九年（1179年）《襃崇祖庙记》、泰和七年（1207年）《丘处机诗刻》、《曹道士碑》以及著名书法家党怀英所书《重修孔庙碑》等。

附带提到十分重要的明代著名碑刻《奴儿干都司永宁寺记碑》。这件刻于明永乐十一年（1413年）的碑石原竖立在明朝所设立的奴儿干都司官署附近，位于黑龙江江岸边，为明朝宦官亦失哈奉旨巡视这一地区时所立。它与明宣德八年（1433年）的《重建永宁寺记》都是证明明朝政府对于黑龙江流域以及库页岛实行有效管辖的有力证据，但是已经被俄国人移到海参崴。这件碑石的背面用女真文与蒙文书写。这是现在所知出现最晚的女真文字石刻，它的语法已经接近于满文，所以也是女真文向满文转化的重要依据。

今日西北地区的甘肃、宁夏等地，在宋代时被党项族建立的西夏王国所割据。西夏人也创立了自己的文字，在广运三年（1036年）由西夏景宗李元昊颁布使用。由于古代文献中有西夏文与汉文对译的字书等文字材料保存下来，敦煌藏经洞中也有多种西夏文卷子存世，所以相对其他民族文字而言，西夏文字的释读比较便利，取得了更多的成绩。其中对西夏文字石刻材料的释读也是重要的一个研究方面。

西夏文字石刻中，首先要提到现存甘肃武威的重要碑刻——西夏天祐民安五年（1094年）《重修护国寺感应塔碑》，正面刻写西夏文，背面刻写汉文，可以对释。这座碑的外形并不太突出，高 2.5 米、宽 0.9 米。半圆形的碑首上面只雕刻了两位伎乐菩萨与云头华盖。该碑共保留西夏文字近 2000 个，碑面刻写汉文，但是两种文字不是逐字对译。碑文中记录了凉州城内的护国寺佛塔在西夏天祐民安三年（1092年）地震中倾斜，西夏皇太后和皇帝为此专门下诏书，予以重建。碑文中还记录了很多在史籍中找不到的西夏社会文化状况。碑额用西夏文字的篆书形式书写，比较罕见。这是我国现存最大最完好的西夏文碑，具有重要的历史文化意义，在 1961 年就确定为全国重点文物保护单位。甘肃的甘州区博物馆中还保存有一件乾祐七年（1176年）《黑河建桥碑》，也是不可多得的西夏碑刻。

1972 年至 1977 年间，宁夏回族自治区博物馆先后在宁夏银川以西的西夏陵墓区内清理发掘了一批西夏帝陵与陪葬墓，并且清理了有关陵墓的碑亭。在这些

图 102 西夏残碑

清理发掘工作中，出土了大量被前人破坏的墓碑碎石。这些墓碑残石有西夏文字书写的，也有汉字书写的。它们对于西夏帝陵考古帮助极大。例如 1975 年清理的陵区内二号陵两座碑亭，出土汉文残碑石 510 块，西夏文残碑石 1265 块（图 102）。将这些残石加以缀合，可以推导出原碑高在 2 米以上、宽 1 米以上、厚 40 厘米左右，碑面是朱色，鎏金字。碑为螭龙首，中间有篆额，从而了解西夏帝王陵墓的碑石形制与有关制度。由于发现了西夏文碑的较多篆额残片，可以释读出 "大白上国护城圣德至懿皇帝寿陵志文" 等字样，由此可以判断二号陵为西夏第五代皇帝仁宗的仁孝陵。1975 年发掘的 108 号墓，是一座较小的陪葬墓，有碑亭一座，其中原有汉文、西夏文碑各一座。出土有西夏文碑残石 133 块，汉文碑残石 216 块，文字内容比较丰富。根据缀合文字试译，可以确定墓主为 "尚父、太师、尚书令、知枢密院事、六部（监门）、梁国正献王讳安惠"。由于文献记载缺乏，这个正献王的事迹并不清楚，这次通过残存碑文中的有关记载，可以大致了解到他的生平事迹，知道他是与乾顺帝母亲梁太后关系密切的重臣，但也可能随着梁太后被毒死而在西夏政治中销声匿迹了。这些史料可以补充西夏历史中的有关记载，可见这些碑刻不可替代的作用。它们有助于了解西夏陵区的陵墓分布、使用年限以及确定具体陵墓的墓主、年代、考证有关历史等考古研究。

此外，由于党项人的后裔长期使用西夏文字，元代与明代还有西夏文流传，像敦煌莫高窟的《六字真言碑》上就刻有元代人留下的西夏文字题记。1962 年，在河北保定郊区的韩庄，曾经出土两座明弘治十五年（1502 年）制作的石幢，铭文都用西夏文字刻写。建造石幢的供养人姓氏如 "平尚、嵬名、索那" 等表明，他们都是党项族的贵族人士。在北京居庸关，保存着一座著名的古代建筑——云台，它实际上是一座过街塔的基座。这座塔始建于元至正二年（1342年），现在塔已经不存，仅存用大理石建造的精美基座。上面刻有各种佛教图案装饰，如四大天王、五曼荼罗、十方佛、千佛、大鹏金翅鸟、龙象等等。在这座过街塔的门洞中刻有用汉、藏、西夏、梵、八思巴、维吾尔6种文字书写的《陀罗尼经咒》以及用汉、藏、西夏、八思巴、维吾尔5种文字书写的《造塔功德记》铭文，这些文字的同时使用，充分显示了元代各民族并存、密切交流的文化面貌。

20世纪以来，在福建泉州陆续出土的古代宗教石刻，是有关古代宗教与民族状况的重要石刻资料。从唐宋时期开始，泉州就是中国与海外往来的重要贸易港口。宋元时期，中国通过海路交通进行的对外贸易活动十分频繁。商贸往来对象包括日本、东南亚各国、中东地区与北非沿海等地。有大量外国商人及其他人员来到泉州居住，进行通商等经济活动。根据《宋史》记载，北宋哲宗元祐二年（1087年）十月六日，皇帝下诏命令泉州增置市舶司管理对外贸易，当时出现了"泉有蕃舶之饶，杂货山积"的繁荣景象。到了元代末期，由于战乱造成泉州城市的破坏，明代又有禁止海外贸易的严令，从而使这里的外来民族人口急剧减少。所以在泉州发现的古代石刻主要是宋、元时期的遗存。其中包括各种宗教建筑的装饰石刻、墓碑、墓葬建筑石刻、宗教造像等。根据吴文良《泉州宗教石刻》一书收集的材料分析，这些石刻中有基督教（景教）、印度教、摩尼教、佛教以及伊斯兰教的各种宗教石刻，尤其以信仰伊斯兰教居民的碑刻为多，说明在中世纪，泉州最多的外来商贾是来自阿拉伯、中亚、波斯等地的穆斯林（图103）。他们独特的生活习惯与宗教习俗，给泉州留下了丰富的遗迹。特别是众多宗教石刻，向我们展示了一个宋元时期丰富多彩的世界化贸易大港面貌。

在泉州发现的宗教石刻中，摩尼教、印度教、佛教等石刻主要是建筑石刻与雕像等，景教石刻还有墓碑。上面具有文字的主要是伊斯兰教石刻。伊斯兰教徒的石刻又主要分为两种，一类是宗教场所的建筑石刻和碑记，如艾苏哈卜寺的门楼、围墙、

图 103 泉州宗教石刻

壁龛等处嵌入的大型阿拉伯文石刻。泉州清净寺的西侧保存有宋、元时期的伊斯兰奉天坛遗址以及大量的壁龛石刻，主要刻写阿拉伯文的《可兰经》经文。根据寺中的阿拉伯文碑铭可以得知，这座寺院始建于北宋大中祥符二年（1009年），元至大二年（1309年）由耶路撒冷人阿哈玛重建，后经多次重修。元代《纳希德重修寺碑》、明代永乐五年（1407年）《敕谕碑》、明正德丁卯（二年、1507年）《重建清净寺碑》等都是有关修建保护的记载，从而证明这座清净寺可以纳入我国现存最早的伊斯兰教寺院之列。另一类是墓葬的建筑石刻，大致可以分为四种形式，有墓碑、塔式石墓盖、祭坛式墓葬石刻和拱北（波斯语音译，指圆屋顶）式陵墓建筑石刻等。

伊斯兰教徒的墓碑最多。这些墓碑的形状与中国传统的墓碑外形不同，一般比较小，有横、竖两种形式。顶部呈多重弯曲的尖顶形，很多还刻出边缘，有点像清真寺建筑的拱顶。墓碑的正面横向刻写阿拉伯文字铭文，有些还在背面附有汉字铭文。也有一些墓碑采用波斯文、突厥文字等，表现出多种民族人士的存在。纵观这些墓碑铭文，可以发现其中的阿拉伯文字书写方法也有很多种类，有古老的库法体、三一体，也有方体、波斯体、花体以及草书等，好像一个阿拉伯文字书法的大展览。铭文内容大多为穆斯林的祈祷语以及死者姓名的记录。例如一件在1956年出土于泉州通淮门外的墓碑，铭文翻译成汉语是："人人都要尝到死的滋味。艾哈迈德·哈吉姆·艾勒德死于艾哈迈德家族母亲的城市刺桐城。生于692年（回历），享年三十七岁。"这一铭文中包含了重要的信息，证明泉州在中世纪已经以"刺桐"闻名，而墓主艾哈玛德这样的外来居民也已经数代居住泉州，与中国人通婚，并且熟悉了汉族的语言文字，接受了中国的风俗习惯。在泉州出土的大量伊斯兰墓碑中都不记载死者的年龄与出生时间，说明这是伊斯兰教徒的习惯做法，但是这件碑的波斯文碑文中仍详细记载死者的出生年月与卒年，由此来看，这一家族既保留着伊斯兰教徒的习俗，但也深受汉族文化的影响。在江苏扬州也出土过类似的伊斯兰教徒墓碑，但为数不多。北京的牛街礼拜寺，是历史悠久的回族宗教寺院，这里曾经埋葬过元代来自西亚的伊斯兰教徒艾哈迈德·布尔塔尼及阿里·依玛顿丁，后称作筛海坟，保存有用阿拉伯文刻写的墓碑。

塔式墓盖是伊斯兰教徒墓葬的独特形制。它放置在封盖墓穴的石板上，用数方石块或一块完整的大石制成。或者实心，或者镂空，一般分为三至五层，底座较大，向上逐层减小，像一个等腰梯形的金字塔。各层雕刻有纹饰，如莲花、卷云纹、波浪纹、折枝花卉等。底层往往有六个座脚，脚之间用卷云纹相连接。墓盖的顶石的横截面呈半圆形或尖拱形，有些在顶端部刻有卷云纹与圆月图案，有些在顶端部或第三、四层雕刻阿拉伯文字，铭文大多为《古兰经》文。1998年，在泉州出土了一批宋元时期的伊斯兰教徒塔式石墓盖，共25座，为有关研究提供了新的材料。而保存在泉州东郊的"圣墓"最为有名。根据传说，这是伊斯兰教创始人穆罕默德的两位门徒的坟墓。中国古文献《闽书》中记载：唐代武德年间（618—626年），穆罕默德派他的四位门徒来中华传教。这四个人一个在广州，一个在扬州，另两位沙仕谒和我高仕来到泉州传教，去世后就葬在这里。在这座墓葬后面的石回廊中，保存了5件历代名碑。其中有一件元至治二年（1322年）的阿拉伯文碑，记录有这两位门徒传教的事迹。还有一件碑石，是明永乐十五年（1417年）三宝太监郑和下西洋，途经泉州，特地来此祭祀时留下的，有助于中外交通历史的研究。

这些伊斯兰石刻上的铭文，是对传世历史文献记载的一个重要补充。今天通过它们可以了解到古代伊斯兰教传入中国的情况和伊斯兰教徒在泉州生活居住的历史，看到外国穆斯林在泉州进行的商业活动，以及他们对当时的社会经济、政治与海外交通所起的作用。这些石刻，对于研究伊斯兰教的独特建筑风格，研究元代末期泉州的战乱等也有重要的参考价值。特别是这些碑刻中反映的穆斯林来源，有也门、土耳其斯坦、亚美尼亚、波斯等地，表现了中亚、西亚地区与泉州的密切往来。碑文中还说明：穆斯林的后裔留居在泉州附近地区，形成了后来的回族。发展至今，还有丁、郭等大姓，作为穆斯林的后代，聚居在晋江与惠安境内。

上面说过著名的唐代《大秦景教流行中国碑》，而在泉州也发现了景教徒存在的遗迹，这就是他们的墓碑与墓顶石等石刻。这些景教徒主要是来自西亚地区的叙利亚等民族人士，所以他们的碑石外形与同样来自西亚的阿拉伯人伊斯兰教徒墓碑近似，也是顶部做成尖顶拱形。但区别在于景教徒的碑石上刻有十字架的宗教标志。有些十字架两旁还刻着带有飞翼的天使图案，或者用莲花、云朵等衬托。他们的墓碑铭文使用叙利亚文刻写，这也是与伊斯兰教徒的不同之处。

　　印度婆罗门教徒在泉州的存在，也是靠石刻来证明。最著名的印度教石刻是在泉州开元寺大雄宝殿后边廊子上的两根青石柱，在它们的柱顶、柱身中央与柱脚等部位刻画着一些神话故事图案。这些故事都是印度、锡兰等地流传的宗教神话。据考证，这两根石柱是元代的作品。在泉州天后宫中也有两根同样的石柱。开元寺庭院中竖立有两座南宋绍兴十五年（1145 年）建造的小石塔，具有印度婆罗门教风格。大殿前面石台上砌有七十二幅人面狮身青石浮雕，也显示出异域文化的影响。根据记载，在 1934 年，泉州南门曾经出土过印度教的毗湿奴神像石雕。综合这些文物发现，可以判定在宋元时期泉州城内有过十分宏伟的印度教庙宇建筑。对应之下，应该有相当多的印度教徒在此居住过。

　　最为难得的是，在泉州城外，晋江万山峰的草庵内有一尊国内仅存的摩尼教佛像摩崖雕刻。这尊佛像与现在所见的任何佛像、道尊像都不同。佛头披发垂肩，背后刻出向四方发散的曲线毫光。历代相传，这座佛像叫作"摩尼光佛"，是摩尼教尊奉的佛像。它全高 1.52 米，刻于元至元五年（1339 年）。摩尼教是公元 3 世纪在西亚巴比伦兴起的一种宗教，曾经在欧亚大陆上广泛传播。学术界一般认为摩尼教是吸收了犹太教、基督教的教义，又采纳了祆教的很多成分，在向东方传播的过程中，还加入了一些佛教的影响，从而形成了一种独立的宗教。我们在武侠小说《倚天屠龙记》里见到的"明教"就是摩尼教在中国的一种别称。由于信徒食素，民间还叫它"食菜事魔教"。在历史上，摩尼教有过长期的民间地下存在，北宋末年南方著名的方腊起义，就是通过摩尼教组织发动的。但是它在中国曾一直处于被官方查禁的地位，成为一种秘密宗教。所以，中国有关摩尼教的文物非常罕见，仅在敦煌藏经洞中发现过几种摩尼教的残经。这尊世上罕见的摩尼教佛像就更为珍贵了。由此可见，泉州真是一个蕴藏着众多古代宗教石刻的宝库。

　　既然来到泉州，就顺便看一下这里的其他著名石刻。在清源山，有一尊国内最大的道教造像——老君岩太上老君坐像。它是由一整块天然岩石雕刻成的，高5.1 米、长 7.3 米，形体巨大，充分表现了老子从容安乐、清静无为的精神面貌（图104）。远远望去，造像就是一位慈祥和蔼的老人，大耳垂肩，长须飘飘，倚着几案席地而坐，随意洒脱，给人一种安宁舒适的感觉。雕刻技艺精湛出众，确实不

图 104 泉州老子坐像

愧为道教造像的巅峰之作。在宋代这里是道观集中的地区，传说建有北斗殿、真君殿等大型道教建筑。可惜现在已经荡然无存，只留下这座高大的太上老君造像，让人们遥想当年道观的兴盛景象。这里也被确定为全国重点文物保护单位。

此外，泉州还有西贤寺中的三尊南宋绍兴十八年（1148 年）所造石佛像，承天寺中的宋代佛塔、经幢，清源山弥陀岩等地的宋代石佛像，晋江南天禅寺中的南宋摩崖西方三圣像。其中弥陀岩的一尊阿弥陀佛立像，高达 5 米，面相慈祥平和，是泉州佛教造像中的上乘之作。另外，南安的桃源宫中还保存有一座北宋天圣三年（1025 年）制作的石经幢，高约 7 米，共计 7 层，除刻写了《尊胜陀罗尼经咒》外，还雕刻了精美的佛像、飞天等纹饰，也是值得珍视的北宋石刻。

云南一带在宋代建有大理王国。这个地方政权由白族段氏建立，在西南地区绵延了300多年。由于它完全接受了中原的汉文化，所以其石刻的形制、文体、文字、书体与宋代的石刻基本一致。直至现在，仍在云南的曲靖、姚安、剑川、大理等地保留有多处重要的文物遗迹，包括一批重要的大理国时期石刻材料。最有名的要数保存在云南曲靖市第一中学内的明政三年（971年）《大理国段氏与三十七部会盟碑》，由于其重大历史价值被确定为全国重点文物保护单位。这座碑石在清代康熙十八年（1679年）于曲靖城北的旧石城遗址出土。碑文记录了当时滇东部落叛乱，大理国三军都统长皇叔布燮段子琮等人平定了叛乱后与"东爨乌蛮"37个部落签订盟约，颁发赏赐的历史事件。碑石高1.25米、宽0.58米，全文用汉字书写，下面还记录了参与盟誓的人员姓名与职官。这是难得的真实历史记录，补充了文献记载的空白。

云南楚雄的大宝十年（1158年）《护法明公德运碑赞摩崖》是歌颂大理国重臣高量成功德的石刻。高量成的曾祖高升泰曾经从段氏手中夺取了政权，传袭三代，到了高量成的父亲高泰明执政时把政权又归还给段氏。高量成尽力辅佐大理国，并且平定过地方叛乱，晚年退休，居住在楚雄。因而得到大理国民众的赞颂，刻石纪念。为高氏竖立的碑石还有云南姚安县文化馆保存的元亨二年（1186年）《兴宝寺德化铭》，书法苍劲有力，文体典雅，是体现大理国文化发展水平的重要历史文物。云南昆明也保留有大理国的经幢等文物。1972年，在拆除云南大理的古代建筑五华楼后，清理出大量宋代与元代的碑石。这些石刻中保存了有关大理国以及元代对大理进行统治情况的历史资料。

元代的石刻材料中，保存了相当数量的蒙古文字碑刻，是记录蒙古民族文化历史的一批奇珍异宝。以前游牧在北方草原上的蒙古族并没有文字。直到成吉思汗时期，才利用畏兀文字字母来拼写蒙语，叫作畏兀字。畏兀就是活动在西北的回鹘民族，他们的文字是由上向下竖着书写的。现存最早的蒙古畏兀文字碑刻叫作《成吉思汗石》，一般称它为《移相哥碑》，刻于元太祖二十年（1225年），碑文中记录了成吉思汗的侄子移相哥在宴会上参加射箭比赛，在335步远的距离上一箭中的，勇夺冠军的一段经历。这件碑石长2.2米、宽0.74米，1918年在俄国境内的乌卢龙圭河上游被考古人员发现，现在保存在俄罗斯圣彼得堡埃尔米塔什博物馆中。国内保存最完整的蒙古畏兀文字碑是云南昆明筇竹寺中保存的元至元六年（1340年）《云南王藏经碑》。此外还有内蒙古自治区翁牛特旗存留的《张氏先茔碑》和《竹温台碑》，甘肃武威的《西宁王忻都公神道碑》等。这些碑文都是蒙、汉两种文字对照刻写的，对于认识蒙古畏兀文字具有一定价值。在蒙古国境内也留存有一些蒙古畏兀文碑刻，例如额尔德尼昭的《兴元阁碑》等。

元世祖忽必烈为了适应新的统治疆域，命令吐蕃的萨迦喇嘛八思巴依照藏文字母创造新的蒙古文字，使它可以拼写蒙、汉、梵、藏等各族语言。这种在至元六年（1269年）公布实行的新蒙文当时叫作国字，或者蒙古新字，后人则称之为八思巴文。它是元代法定的官方文字，在文书、碑刻上都会使用。现存蒙古文碑刻中利用八思巴文刻写的有20多种。它们大多是记录当时发布的圣旨、皇后懿旨和太子令旨，内容是保护佛教、道教、景教等寺观的产业，减免僧、道等人口的赋税差役，体现出元代重视各种宗教的政策倾向。这些碑的分布地域很广，如陕西的周至、韩城，甘肃的泾川，山西的太原，河南的安阳、许昌、浚县，河北的易县等地都有所遗存。很多这种圣旨碑的上部刻写八思巴文，下部刻写用白话文翻译出来的汉语文意。这是历代碑刻中都不曾见过的特殊形式。最有趣的是这些碑刻中的汉字白话文，虽然表现出的是当时的日常口语，但是又包含了一些蒙语的语法，有些像现在翻译外语时按照外语词序直译的结果。例如河南林县的一座《林州宝严寺圣旨碑》中的白话文："这的每寺院房舍里，使臣休安下者。铺马只应休拿者，税粮休着者。但属寺家的水土、园林、碾磨、铺席、浴室、解典库，不拣什么他的，休夺要者。"就体现出这种特殊的语言形式，在古代语言研究中占有独特的地位。甚至元代的很多只用汉字刻写的白话碑，也采用这种语言形式。而在元代的八思巴文碑刻中还有一种类型，就是用八思巴文去拼写汉语，好像现在的汉语拼音一样，把一篇汉语文章的文字全部音译为八思巴文。山西阳城保存有一座《赠郑鼎制诰》碑就是这样的碑文，平常游客看到这样的碑文可能会一头雾水。而对于研究元代语言的人来说，它在了解当时的汉语读音、翻译名称等方面很有参考价值。至于八思巴文碑记录的各种元代人名、官名以及其他制度的蒙古文名词，更是考订元史的宝贵资料。

在贵州三都水族自治县南周覃镇，最近发现了一件罕见地用古水族文字书写的石碑。这件石碑制作成龛形，上盖为屋檐形，高0.255米、宽0.725米。碑上面竖行刻写水族文字3排，共23字。据考证，这座碑刻写的时间不晚于清代道光年间。

有关科学技术和自然变化的石刻记载也在宋代以降大量出现，突出的代表是重庆涪陵区内长江中的白鹤梁石鱼题刻。它是古人用来记录长江水位的石刻。白鹤梁是一条与长江水流平行的天然石梁，长约1600米，夏秋之际，水位高涨，石梁就被逐渐淹没，但是在长江水位下降的枯水时期又会露出水面。古人们便在石梁上与水面平齐的地方刻下鱼的形象和文字记录等，用以标识长江枯水期的最低水位（图105）。现有记录始于唐代宗广德二年（764年），宋代记录较多，并一直延至近代。经调查，共有历代题记163段，石鱼图13尾，记载了长江涪陵段1200年间的72次枯水位置。经现代科学水位测量，在清代康熙二十四年（1685年）雕刻的一对石鱼，鱼眼的所在海拔为137.91米，与当代这里水位标尺零点的海拔几乎一致，显示出这些石鱼标记标注的水位是相当精确的。而在这条石鱼下面一点，还有一条可能是唐代留下的线刻石鱼，说明在唐代时期的水位记录就已经很准确了。这样长期的水文记录对于现在研究长江中上游的枯水规律有着可贵的价值，是世界上罕见的古代水文记录资料。由于长江水位的高低与第二年四川地区的农业收成情况有着密切的关系，人们在记录水位的同时也记录了当地的农业丰歉状况。它们不仅有助于古代科学史的研究，还可以用来为生产建设与航运活动服务，对今天的长江水利工程规划建设也具有参考价值。现在建设三峡大坝后，重庆境内长江水位提高，石梁被淹没在水下。为了更好地保护和展示这批古代石刻珍宝，专门修建了水下展厅，将石鱼雕刻笼罩起来。人们可以

图105 涪陵石鱼

透过玻璃窗口去观赏这些古代题刻，欣赏包含真、草、隶、篆各种书体的佳作，以及黄庭坚、朱熹等名人的手笔。此外，重庆云阳的龙脊石刻也是类似的水文记录。它始于北宋元祐三年（1088年），现存历代题记170余件。

由于近来考古工作的进展，各地陆续发掘了不少明代大中型墓葬，所以明代墓志在近50年内出土较多，主要出土地有北京、辽宁、江西、江苏、南京、四川、陕西等地，业已发表的材料共计900多件，其中大部分为明代皇室、各级官员及其家属的葬志。墓志所记录的墓主中，很多是见于史书记载的高级官员和著名人物。这里大略举几个例子：江西出土的明代亲王墓志比较多。波阳出土有正统十二年（1447年）《朱瞻墺墓志》，他是明仁宗的第七子，被封为淮靖王。属于淮王世系的明代墓志还有弘治十六年（1503年）《淮康王朱祁铨墓志》、万历九年（1581年）《淮恭王朱载坮墓志》等。新建出土了正统十四年（1449年）《朱权墓志》。朱权是朱元璋的第十六子，被封为宁王，谥号"献"。明代文献中有大量关于他的记载，其中一些具体的时间、人名可以根据墓志加以校正。朱权富于著作，著有多种杂剧，并大力刊印古籍等，对于文化事业有所贡献。这里还发现了他众多子孙们的墓志，显示了宁王一支的家族世系情况。1980年，在北京香山清理的明代御马监太监署乙字库事刘忠墓中，出土了刻得十分精致的《刘忠墓志》。他的墓葬建得精致豪华，虽然随葬品已经荡然无存，但里面的石碑、石阁、墓志、香炉等石刻雕镂得细腻繁缛，充分反映了明代太监的权势与气焰。河北在1993年发现了弘治八年（1495年）《贾俊墓志》，贾俊为太子少保、资德大夫、正治上卿、工部尚书，《明史》中有传记。江苏南京出土了洪武四年（1371年）《汪兴祖墓志》，其人见于《明史·张德胜传》，为荣禄大夫、同知大都督府事。

一些更为著名的明代开国功臣，如沐英、汤和等人的墓志也被发掘出来。1959年，江宁印塘山观音山南还出土了沐英的弟弟沐晟的墓志以及沐英的续妻耿氏墓志，沐晟葬于正统四年（1439年），耿氏葬于宣德七年（1432年）。另一位著名将领汤和葬于洪武二十八年（1395年），其墓志是在安徽蚌埠东郊出土的。此外安徽还有在嘉山东郊出土的明太祖朱元璋姐丈、陇西恭献王李贞的墓志，葬于洪武十一年（1378年）。李贞其人在《明史》中有传。江西靖安曾经收集到著名的清官况钟的墓志，况钟卒于正统七年（1442年）。该志的撰、书者王直、丁鋐也都是在《明史》中有传记的著名人物。在甘肃兰州曾经出土嘉靖十年（1531年）《彭泽墓志》与其弟彭冲、其子彭櫓，以及他们妻子们的多件墓志。《彭泽墓志》形制庞大，一共有两块，均长1.81米、宽1.17米，特别是在上面还刻有彭泽的肖像，十分罕见。志文近7000字，也是在墓志铭文中少见的长篇巨制。《明史》中有彭泽传记，可以互为校补。墓志篆额记载彭泽的官职为：特进、光禄大夫、柱国、少保、兼太子太保、兵部尚书、侍经筵、奉敕提督十二军团营前总制、总督直隶河南江西湖广四川云贵陕西甘肃紫荆山海关等处军务、都察院掌院事、左都御史。另外，比较重要的官员墓志有1976年在婺源出土的嘉靖十七年（1538年）《汪鋐墓志》，汪鋐官至吏部尚书、兵部尚书，令同内阁辅臣，大权在握。但《明史》中没有给他立传，仅见于《明史稿》《国朝献征录》与万斯同《明史》等文献。墓志的发现为我们补充了汪鋐详细的履历与家世情况。1985年在内江出土的万历十七年（1589年）《阴武卿墓志》及其妻、妾的墓志，对于了解福建等地的抗倭战争有所裨益。阴武卿是抗倭名将俞大猷的谋士，官至南京兵部尚书，赠太子少保，《明史》中也没有他的传记，通过他的墓志可以补充历史文献记载。

　　辽宁出土的明代墓志数量可观，其中以军人的墓志居多。有些具有重要的史料价值。例如1919年在鞍山出土的景泰元年（1450年）《崔源墓志》。崔源曾任昭勇将军，墓志记载：他曾经在宣德元年"同太监亦信下奴尔干等处招谕"，即到东北边疆招抚巡视地方。在证明明代东北疆域的著名《永宁寺碑》上，也刻有崔源的姓名。这两件石刻互为实证，对于确认明代的东北疆域具有重要的意义。同时出土的还有崔源的儿子崔胜，孙子崔鉴、崔锴，曾孙崔哲、崔贤，玄孙崔世武等人的墓志，他们均为明朝的文武官员。这批墓葬的发掘，向我们显示了一个延续数代的庞大官僚世家的聚族埋葬礼俗。

　　处于西南横断山脉的四川凉山地区，自古以来就是一个地震多发的区域，根据《西南地震简目》等地震记录的统计，从唐代以来，这里发生过大于里氏4.7级的地震70多次，最强烈的地震可达里氏7.5级，造成过严重的灾难损失。因此，这里留存下来大量有关地震的碑刻。其中包括庙宇碑刻、祠堂碑刻等记事碑，主要记载了修复被地震损坏的建筑情况，可以由此了解当时地震的强度及破坏程度。

另外还有一些官方竖立的告示碑，同样记录了发生地震的情况。在当地居民的墓碑中，也有一些记录了因地震死亡的情况。20世纪70年代开始，四川文物工作者与地质、地震预测等部门的技术人员在西昌开展了地震考古工作，对凉山地区进行了大规模的调查，发现并收集了许多记载了历代地震情况的碑刻。凉山市博物馆将搜集到的75座有关地震碑刻集中安放在西昌南的泸山光福寺旁蒙段祠中，建立了西昌地震碑林，共收入明清碑刻75件，成为国内唯一的专门收藏地震碑刻的碑林。其中年代最早的明嘉靖十八年（1539年）《重修东岳神祠记碑》就记录了嘉靖十五年（1536年）的西昌大地震，称："嘉靖拾伍年贰月二十八日，非常灾异，地震将城垣、寺观倒塌。"又如清道光三十年（1850年）《谌文长墓碑》记载："不幸道光庚戌年中秋前七日地震，公及子皆不获生。"这些碑刻，对于研究历史地震、考察地震规律、防震抗灾等都具有重要的价值，是一笔珍贵的历史财富。

在现存的古代石刻中，明清两代的石刻数量最多，可达数万件，其中保存的历史资料也最多，足以作为这一段历史的宝贵旁证。而且这一时期制作与使用石刻已经十分普及，不仅限于大型的纪念碑和墓碑，各类公私事务活动的记事也往往采用石刻来公示，更不用说带有宗教性质的各种石刻。牌坊、石狮子、上马石、建筑艺术雕刻等实用石雕也比比皆是。由于雕刻技术的进步，明清时期的石刻装饰虽然不如前代生动活泼，但明显比以前精致细腻，形制也有所加大。如著名的明代阳山碑材，位于南京江宁区的阳山南坡，是明成祖朱棣为朱元璋建造孝陵时凿刻的纪功碑石材，碑身与碑额两部分的高度就有50多米，全长近80米，据估计总重量达20000多吨。传说有几千名工匠为开凿这一碑石而丧命，使得这件碑石竟因为封建专制者的狂妄而沾满了无辜百姓的鲜血。如此巨大的碑石可能因无法运输与竖立而最终被放弃。但是它表明了明代帝王对于大型碑刻的一种不懈追求。

这时，重大的历史事件与重要的历史人物经常会专门竖立碑石纪念。像安徽凤阳皇陵中的《明太祖御制皇陵碑》可以用来了解朱元璋的家世生平。江苏南京保存的明代永乐十四年（1416年）《天妃宫碑》，上面叙述了郑和率领水师船队出使西洋的史实。在福建长乐的明宣德六年（1431年）《天妃灵应之记碑》同样是详细记载了郑和航海事迹的珍贵文物。在郑和的老家云南晋宁还保留有郑和为他的父亲竖立的墓碑——明永乐三年（1405年）《马哈只碑》。北京国子监中的元明清历代进士题名碑，一共有198座，其中的明清进士题名碑上面一共记录了51624名进士的姓名、籍贯和名次，不啻一篇完善的科举登记档案，是了解明清科举制度与明清官场情况的基础资料。北京城里的庙宇之中，存留着大量明清时期的各类碑刻，涉及庙宇的修建、管理、祭祀、宗教信仰与社会活动等众多内容。20世纪30年代，曾经进行过一次对于这些庙宇的调查勘测，记录了这些碑刻的情况。20世纪50年代，北京图书馆等部门又做了一次城市碑刻调查，查访捶拓碑石30000多件，留下了丰富的明清时期社会资料。

清代的大型纪念碑很多，有些上面记录了有关国内各民族历史及关系国家疆域的重大史实。如河北承德普陀宗乘之庙内保存的乾隆三十六年（1771年）《土尔扈特全部归顺记碑》中记述了蒙古土尔扈特部族历经艰险困阻，跋涉一万多里，冲破俄国政府的重重阻隔，从俄国伏尔加河流域回到祖国怀抱的壮举，表现了强烈的爱国精神（图106）。它与同在此地的《优恤土尔扈特部众记》，立于

图106 承德清土尔扈特全部归顺记碑

承德普宁寺的乾隆二十年（1755年）《普宁寺碑》《平定准噶尔勒铭伊犁之碑》等，都是记载清代维护国家版图的重大事件。类似碑刻还有西藏拉萨的康熙六十年（1721年）《御制平定西藏碑》。它以满、汉、蒙、藏四种文字刻写，详细记录了清政府派兵入藏，平定准噶尔蒙古部叛乱的经过。拉萨市内还保存有乾隆五十七年（1792年）刻立的《御制十全碑》，记录有清军在乾隆五十三年（1788年）和五十七年（1792年）两次入藏平定廓尔喀部叛乱、维护统一的功绩。这些碑刻都是研究清代中央政府与西藏关系的重要资料。类似反映清代边疆战功的碑刻还有很多，这些碑刻大多制作精良，体积庞大，保存也较好。

对于了解中国与海外各国交往的历史来说，石刻所记录的史料是极其珍贵的实证。明清时期有关对外往来的碑石数量可观，引起人们的重视。江苏南京的浡尼王墓区与山东德州的苏禄王墓区中保存了一批墓碑等石刻，记录了来自浡尼（今文莱地区）和苏禄（今苏禄群岛）的国王死于中国后被隆重埋葬的史实，反映出明代与东南亚地区各国之间的友好往来。明清以来，中国与西方之间的往来逐渐增多，尤其是西方宗教的传教活动长期存在，深入到全国各地。意大利、法国、葡萄牙、俄国等国的众多传教士都在中国各地建立教堂，传授宗教与西方的科学知识。他们与来华访问居住的西方使者、客商等在中国留下了众多石刻记录。例如北京的多处外国人及外来宗教徒墓地中竖立的墓碑，就是一批有助于了解中外文化往来的史料。这些墓地有车公庄的天主教墓地、正福寺的法国传教士墓地、青年湖东北的东正教墓地等。虽然由于历史变迁，这些墓地大多平毁破坏，改建了新的建筑，但仍留存下来了大批外国人的墓碑，包括历史上与朝廷关系密切的著名传教士利玛窦、汤若望、南怀仁等人。这些墓碑的形制大多采用中国传统的碑式，在碑首雕刻十字架等纹饰。碑上除刻写记录死者姓名生平的汉字外，还有各国文字的铭文。很多外国传教士的墓碑现在都保存在北京石刻博物馆中（图107）。

这里需要着重介绍一下反映明清时期社会经济状况的石刻材料，尤其是关于反映出城市工商业状况的石刻材料。明清时期，是中国封建社会的最后阶段。随着经济生产的发展，商品流通的扩大，资本主义的萌芽已经在一些重要的城市中逐渐产生，清代末期帝国主义势力与国际资本的侵入更加剧了资本主义工商业的发展，反映在经济方面的变革是十分明显的。而这些变化在当时的石刻中有着众多真实可信的记录。它们主要保存在北京、苏州、上海、天津、广州等工商业中心城市，内容十分丰富。这些有关社会经济的石刻是明清时期新出现的实用石刻，与以往的碑刻主要侧重于纪念性作用明显不同。它利用了石刻可以长久保存、具有突出的公示力等特点，昭示商业性的合同类文书以及法律性的告示，从而保存了了解封建社会末期经济状况与近代中国资本主义萌芽产生的绝好资料。

就拿北京来说，明清时期，北京不仅是全国的政治文化中

图 107 北京基督教墓碑

心，也是北方的经济商贸中心，工商业颇为繁荣，尤其是商业。从清代画家绘制的《乾隆南巡图》等描绘当时社会风貌的画卷中，可以看到，当时的北京前门一带已经是商号密布、顾客盈门的繁华商业中心了。清代诗人杨静亭的诗句中称颂道"万方货物列纵横"，"画楼林立望重重，金碧辉煌瑞气浓"，也绝不是肆意夸张的溢美之词。商贸发达，自然会产生恶意竞争、财物纠纷等破坏市场环境的行为。因此，很早就有各行各业的从业人员为了维护自身利益，防止同业竞争，而自发组织了具有行业公会性质的各种行会、会馆、公所等，进行内部协调，规范商贸活动。从文物资料来看，当时存在过颜料会馆、糖饼行公所、皮箱公所、成衣行会馆，青韭园行公会等民间专业组织。很多组织在城市中建有固定的会馆类场所，进行聚会、商议等公众活动。而在这些地点的建筑遗址中大多会留存有一些有关碑石，记录了会馆、公所的成立与发展过程，公示同行业的规章约定，

公益捐款等具体事务。其中记录了很多重要的史料，如各业根据运销货物总数抽取厘金的数量、修缮共有建筑的经费来源、捐钱人与店铺的名称、公会董事名单与财产的情况、公会与官府的关系等。有些碑石还专门记载一些解决商户、劳资之间纠纷矛盾的事件，记录有关行会与牙行的斗争以及行会镇压工人罢工的约定，反映了当时尖锐的阶级矛盾与斗争。

例如原来保存在北京崇文门外缨子胡同的清道光十六年（1836 年）《延邵纸商会馆碑》，是福建延平、邵武二郡的纸商们集资建立这一会馆的见证。当时，远自福建的纸商来到北京经营贸易。他们每年都要从海路运输纸张来到天津港口，然后运到北京销售。一年的生意做完后也到了农历十月底，要跟随季风航行返回福建。这时纸商们就聚集到会馆中来祭祀天后娘娘，祈求保佑。因为按照沿海习俗，天后娘娘是能佑护出海航行的船只平安顺利的。在这种活动中，也加深了商户之间的交往，利于合作，以维护自己的商业利益。由此可以了解清代外地商人来京的专有纸张贸易情况。原在前门外西柳树井胡同当商公会内的《当商公会条规碑》反映了当时典当行内部自行规定的一些制度，对于遇到官署的存款、流氓无赖讹诈、打架斗殴、被窃盗、公事往来等情况的处理方法作了统一的具体规定。并且特别强调行业之间的公议制度。就是遇到重大问题时，由参加公议的各商号出资，请有资产名望的大商号出面一起评议是非，调解问题，互相帮助。这样形成的一个行业公会组织，在业界具有相当大的权威，可以维护一定的商业秩序。在有关经济的法规不健全的情况下，类似的民间公约性组织起着官方起不到的重要作用。类似这样的碑刻也相当丰富，对北京 50 多座会馆、公所遗址的调查中，曾经收集到 200 多件类似的明清工商业碑石。

北京的明清工商业碑刻大多是由所在行会制作的。这种行会的原始性比较强，主要是通过封建宗法关系及人身依附来约束工人、学徒等被剥削者，所以这些碑刻中所见的各种约束性规定和镇压手段层出不穷。但是偶然间也会反映出工匠的反抗斗争。尤其是清代后期，伴随着内外交困，经济形势恶化，工人学徒们"每日工价不敷糊口"。这种反抗斗争就日益增多，越来越激烈。清代光绪三十二年（1906 年）《糖饼行北案重整行规碑》和《马神庙糖饼行碑记》等碑石中就记述了当时工人、学徒们多次与业主们"筹商"，要求调整工资的斗争。从碑文中得知，经过长期的谈判斗争，后来经由行会出面请中人说合，业主们同意从光绪三十三年（1907年）十一月起统一调整工资，并且规定了工作时间、超时给予加班工资等条件。对劳动人民的反抗斗争和取得成果予以记录，这是很少见的。1914年的《靴鞋行财神会碑》中记载了清代咸丰年间以来北京靴鞋业工人长期不懈的罢工斗争活动，追述历史上工人们为了维持自身生活，多次向资方要求增加工资的斗争。由于资方一直抵制增加工资，工人们一再举行"齐行罢工"。这种罢工活动时起时伏，持续了近30年。在清光绪八年（1882年），靴鞋工人们还组织了自己的组织——"合美会"来领导罢工斗争。"合美会"也是目前所见中国最早的工人组织。可见这些碑刻材料在近代史研究中的重要作用。

江南苏州一带，富庶之地，也是中国封建社会后期的经济中心，生产比较发达。这里是中国资本主义萌芽最先破土而出的地区。明清时期，这里的各种手工业生产与商业活动十分兴盛，也随之产生了很多会馆与公所。通过近几十年的调查得知，苏州在明清时期有过会馆60多处、公所130多处。在这些地点大多竖立有碑石。苏州文物工作者在20世纪50年代做过普查，发现了有关工商业的石刻543件。此外还有很多关卡、码头等地的碑石也涉及当时的经济活动。从这些石刻中反映出当时苏州的手工业作坊、商店、行会包括有丝织、染坊、踹坊、布坊、纸作坊、水木作、石作、木行、红木细巧木作、铜铁锡器、冶坊、刺绣、珠宝玉器、银楼、硝皮、书坊、百货、提庄、南北货物、粮食、酱酒、猪行、菜业、厨行、煤炭、蜡烛、药材、金融典当、交通运输等众多关乎民生的方面。可以说是百业俱兴，充分显示了明清时期苏州经济的繁荣景象。有关碑文中，详细记录了各行业公所以及会馆的创建年代、组织形式、行规、参与立碑的商号人员和捐款情况等具体信息，包含了丰富的历史资料。

碑石资料中，最引人注意的是反映当时劳资双方纠纷与斗争的记载，表现了早期手工业工人、商店雇工伙计等下层劳动者与雇主之间的剥削关系与下层劳动者的集体反抗。有一些碑刻在明清史研究中起到很大作用。例如清代雍正十二年（1734年）的《奉各宪永禁机匠叫歇碑》，详细记载了苏州长洲县的机匠（即纺织工人）聚众叫歇，停止工作，要求增加工资的斗争情况。为此，官府竟采取严厉措施来予以禁止。官府公告，命令不得罢工，如果再有罢工事件，要将罢工者扭送官府，枷号一个月，以示严惩。这虽然是官方站在剥削者一方，赤裸裸地镇压工人运动。但也从反面表现出苏州手工业工人早期激烈的反剥削斗争。这件石刻原来存放在苏州玄妙观，现在已经移到苏州石刻博物馆陈列。还有清代康熙五十四年（1715年）《奉钦差都堂督抚各宪驱逐踹染流棍禁碑》记录了踹匠（即加工整理布匹的工人）自发创立会馆，兴建普济院、婴儿堂等公益事业的活动。而官方却将这些活动污蔑为流棍滋事，强行镇压，明显是在维护官府与剥削者的利益。现在看来，它不啻中国工人早期有组织地维护自身利益的光辉斗争历史记录。

此外，清代乾隆二十一年（1756年）《奉各宪严禁纸作坊工匠把持勒增工价永遵碑》、同治十三年（1874年）《吴县规定打铜大凳小凳等行工人工价不许工人借众停工图勒工价碑》、道光六年（1826年）《长元吴三县永禁烛匠霸停工作聚众敛钱逞凶滋事碑》等都记载了这些行业的工匠为了增加工资而多次产生的工潮，反映了当时手工业生产中存在着尖锐的阶级矛盾。工匠们自行组织公所行会，争取自身利益的活动也经常出现。根据碑文记载，咸丰三年（1853年）有烟业伙计"私立公所"，光绪三年（1877年）裳业工伙"私立行头名目"，光绪十五年（1889年）蜡牒业工人"私立行头"等行动。可见它们保存了有关历史的珍贵资料。

得益于江南地区商品经济的发展与南北交通贸易的需要。上海以一个沿海小镇，从明代万历年间开始逐渐发展，至鸦片战争前夕，已经成为一个重要的商品城市。鸦片战争以后，外国资本迅速侵入，从倾销海外商品，发展到建立工厂，抢占租界，控制海关等重大经济侵略。上海变成了东方最大的工商业中心。这一变化历史，可以从上海地区现在仍旧保存着的大量明清碑石中生动地体现出来。如反映航运情况的一些海关碑刻，有原在上海福建会馆的清代乾隆五十三年（1788年）《江南海关为商船完纳税银折合制钱定价告示碑》、嘉庆八年（1803年）《江南海关禁泛口重索出入商船挂号钱文告示碑》，原在上海城隍庙内的道光七年（1827年）《上海县为商行船集议关山东各口贸易规条告示碑》以及清光绪十八年（1892年）《重建商船会馆碑记》等。从碑文中可以得知，当时上海港来往着南至福建、广东，北至山东、辽宁的大量商船。这些商船主雇用着大批船工，都来自贫民。当时一条商船上雇用的水手、舵工至少也有十多个人，多的有二十六七人。码头上还有大量运输的扛夫、篓夫等苦力"听商民随便雇用"。可以清楚地了解到早期航运界的雇佣关系状况。关于商船的出入报税、货物检验、牙行从中进行盘剥勒索等情况，也都有着详细的记述。上海现存明清时期有关工商业的碑石近30件，涉及盐业、绸布业、米业、竹木业、金融业、踹行等。其中有关棉布的经营情况很多。原在上海松江二中内的清代顺治十六年（1659年）《苏松两府为禁布牙假冒布号告示碑》、康熙十一年（1672年）《官用布匹委官办解禁扰布行告示碑》、乾隆元年（1736年）《松江府为禁苏郡布商冒立布号招牌告示碑》等碑石都记载了当时上海一带的棉布生产状况，显示出不仅乡村纺纱织布，就连城市妇女都全力参与纺纱生产，使棉布生产"上完国赋，下资民生"。这里的棉花生产可以供应各地，甚至福建、广东的商人都到上海购买棉花运载回去。根据有关文献记载，清代乾隆年间（1736—1795年），上海境内专门销售青蓝色布的商号就有23家。这样大规模的棉布生产贸易对于当时工商业的发展，应该是起到了相当大的推进作用。

巨大的手工业生产与商贸活动带来了巨大的利润，形成了巨大的资本。而这些利润、资本正像马克思在《资本论》中所说，"每个毛孔都滴着血和肮脏的东西"，是有产者残酷剥削的结果。然而，有剥削就有反抗，工人反抗剥削的斗争是与资本主义的产生发展共生共存的。与苏州等地一样，在上海也存在着反映工人斗争的碑石。如原来保存在松江枫泾镇城隍庙中的康熙三十七年（1698年）《娄县为禁踹匠倡聚抄抢告示碑》和原在嘉定南翔镇的乾隆四十年（1775年）《嘉定县为禁南翔镇踹匠恃众告增规定踹匠工价钱串告示碑》等，都记录了当时踹匠不满雇主剥削，联合起来要求增加工资的斗争。而官府对此予以严厉查禁，反映出官方维护资方利益，镇压工人斗争，并对于工商业加以控制的政策走向。

这些碑石，也可以告诉我们，在中国近代经济领域中，首先产生资本主义萌芽的正是航运、纺织等行业。正可以证实革命导师恩格斯在《资本论·第三卷增补》中提出的观点："产业资本的萌芽早在中世纪已经形成，它存在于以下三个领域：航运业、采矿业、纺织业。"

此外，在上海还存有大量关于地方田赋、水利、会馆公所、社会治安等方面的碑石。尤其是涉及会馆公所的碑文里面，可以反映出在鸦片战争前后会馆公所的性质产生了明显的变化，显示出外国资本明显侵入，中国社会向半封建半殖民地社会转化的历史过程。有些碑文还记录下了帝国主义者侵占国土的罪行，反映了中国人民进行反抗的活动，例如同治二年（1863年）《苏杭太兵备道为赎回法人霸占之地永为潮州会馆产业告示碑》、同治十三年（1874年）《上海道为四明公所血案告示碑》等。

在现在各地保存的古代石刻中，明清时期的石刻占有大部分比例。对于这两个朝代的石刻，以往在收集保护与调查研究上面都做得不多。20世纪50年代以来，在国家统一部署下，全国各地的文物工作者进行了大规模的文物普查工作。各地对于碑刻材料都陆续进行了调查统计与保护工作。有些地区的调查取得了十分重大的成果。尤其是对明清以来的近代碑刻材料进行大规模收集，是以往从来没有进行过的。例如北京由北京图书馆等单位在50年代进行的城市碑刻调查，就访拓碑石30000件以上，其中有大量丰富的政治经济资料与宗教材料。又如福建鼓山涌泉寺附近的石刻调查、泉州的石刻调查、对黄河流域有关水利碑刻的汇集整理等。直至20世纪60年代，陕西等地还在调查收集散佚的碑石，如陕西省博物馆等单位在1969年后发现与征集到大量反映红巾军、白莲教、太平军等农民起义的碑石，还有记载明代嘉靖年间、清代光绪年间陕西凤翔、华阴、宝鸡一带地震的碑石。如记载当地农民起义的清光绪二十六年（1900年）《汉中塔儿巷碑》，记载清末教案的光绪三十一年（1905年）《李云栋墓碑》等。清代官员的墓碑、有关寺院修建的记事碑等在各地都有发现，数量较多。

清代墓志，尤其是高官贵族与著名文人的墓志，在清代的各种文集中多有所收录，以往的研究者们不大注意实物。因此，近年出土的清代墓志数量可观，但是正式报道与发表材料的并不太多。实际上，新近出土的清代墓志也有不少重要的历史人物资料。例如北京出土过康熙四年（1665年）《洪承畴墓志》、康熙十八年（1679年）《祖泽溥墓志》，广东大埔出土过康熙六年（1667年）《吴六奇墓志》等，以上这些人物都是降清的明代将领及武人，在清朝初年起过重要的军事作用，也是历史上受明代遗民痛斥的代表人物。江苏吴县出土过嘉庆三年（1798年）《毕沅墓志》。毕沅是清代著名的文人、金石学者，官至湖广总督，对于清代学术与金石收藏研究作出过重大贡献。安徽出土过嘉庆二十年（1815

年)《姚鼐墓志》。他也是著名的文人,清代桐城派文风的开创者。《红楼梦》作为著名的古典文学经典,一直是世人瞩目的话题,并且形成了专门的研究学科——红学。对于作者曹雪芹的身世家族,近百年来有过众多研究讨论。河北丰润出土了有关曹雪芹先祖的一批墓志、墓碑,如康熙三十二年(1693年)《曹鼎望墓志》《曹晗墓碑》等,这些石刻材料对于古典文学研究和红学研究具有相当价值,曾引起学术界的极大关注。

最后介绍一下由于中国独有的笔墨书法传统而产生的一种特殊石刻——帖。

在风景秀丽的清代皇家园林——北海西岸的阅古楼中,保存了一批精雕细刻的古代石刻,一共有495件。这是一个汇集了魏晋以来历代书法名家墨迹的书法艺术宝库,它就是在清代乾隆年间由皇宫中编集制作的大型丛帖——《三希堂法帖》。丛帖,就是把众多书法家的作品汇集到一起重新刻制的石刻集成。由于古代没有影印技术,只能靠拓本广泛传播名人墨迹。石刻的书法作品既可以持久保存,还能比较逼真地反映出原刻的气韵风貌,更可以大量制作拓本流传。所以,刻帖这一方式深受欢迎,成为中国古代石刻中一种重要的艺术文化产品。有些摹刻逼真、时代久远的帖及其早期拓本已经是价值连城的国宝级文物。

三希堂是故宫养心殿中的一部分,这是乾隆皇帝起的名字。大家都知道,乾隆是特别喜欢到处题字的风雅皇帝,至今全国各地还保留有不少他的书迹。由于他酷爱书法,专门把晋代书圣王羲之的《快雪时晴帖》、王献之的《中秋帖》和王珣的《伯远帖》三件墨迹放在手边,称作三希,意为三件稀有的珍宝。并且用三希来命名自己的书斋。在乾隆十二年(1747年),乾隆皇帝命令朝臣梁诗正、汪由敦等人从内府收藏的书法名作中挑选出魏晋至明代末年的135位书法家的340件作品,由宋璋等人镌刻上石。直至乾隆十八年(1753年)才全部完成了这套《三希堂法帖》石刻的文化工程。刻帖完成后,乾隆皇帝又曾命人制作拓本,用来赏赐大臣(图108)。

《三希堂法帖》也只是制作年代比较近、保存得比较完好的一种丛帖。在中国文化史上,刻帖这种风气形成时间很早,在宋代就已经出现了。现在所知,历史上比较早的刻帖是北宋淳化三年(992年)刻成的《淳化阁帖》,它也是喜好书法的帝王意志体现。当时,宋太宗下令编集了一部丛帖,内容包括历代的帝王书法、名臣墨迹、著名书法家的法书与书圣王羲之、王献之的作品，一共编为 10 卷，收录 105 位书家的墨宝。但是这部丛帖还不是刻在石板上，而是刻在枣木板上面的，只是以后人们在重刻《淳化阁帖》时改用了石刻。《淳化阁帖》被后人称作"法帖之祖"，起到了引领刻帖之风的作用。

风气既开，加上宋代金石学的兴起，世人喜好古代石刻，翻刻古人墨迹的现象越来越多。北宋尚书潘师旦在绛州（今山西新绛）翻刻的《绛帖》就是其中比较有名的一种。它编为上、下各 10 卷，以《淳化阁帖》为底本，还补充了宋代帝王书迹、唐代草书大家张旭的作品和颜真卿、怀素的书法。《绛帖》摹刻的水平很高，能生动地表现出原作的气韵，深受重视。据说在潘师旦死后，两个儿子分家，长子分得《绛帖》的上 10 卷，幼子分得下 10 卷。后来因为长子欠了官府钱粮，家中的帖石被官府没收。官方得到帖石后，补刻了下 10 卷，凑成全部丛帖，这样的拓本被称作"公库本"。而潘师旦的幼子也补刻了上 10 卷，他藏石的拓本被称作"私家本"。在北宋灭亡后，这两种石刻都遗失不存。后代再有翻刻也不够完全。现在故宫博物院收藏了《淳化阁帖》的宋拓本与《绛帖》的原刻拓本，都是十分珍贵的文物瑰宝。

《淳化阁帖》刻本毁坏后，北宋大观三年（1109 年），文化造诣极高、书画俱佳的宋徽宗再次拿出了皇宫内府所藏字画，命令蔡京等人进行编排，重新上石刊刻。这部丛帖叫作《大观帖》，又称《太清楼帖》。由于《大观帖》的刻工十分精细，能够很好地表现出原作的笔锋，特别是在每个字的起笔、收笔、转折等部位，

三希堂法帖（局部）

锋颖毕露，和毛笔手书极其相似，所以人们多认为《大观帖》胜过《淳化阁帖》。据说在金国占领汴梁之后，《大观帖》的原石还存在。有人曾经拓过拓本到江南去售卖。元朝建立后，这批帖石就不知下落了，但是后代还有将《大观帖》重新刻石的情况。

宋代刻的各种帖很多，但是今天所见，真正把宋代的刻帖原石保存下来的只有一种。这就是保存在河南汝州市文化馆内的《汝帖》刻石。《汝帖》一共有12件刻石，内容包括有商周金文、石鼓文、李斯、蔡邕、诸葛亮的篆隶书法，六朝帝王、魏晋时期的钟繇、阮咸、山涛等人书迹，王羲之、王献之的作品，南北朝书法作品以及唐代帝后、著名书法家作品等。每一种收录的文字并不太多，但真草隶篆面面俱到，反映出中国书法的演变过程。据说它是宋代汝州太守王寀选择了《绛帖》《潭帖》《泉帖》等宋代丛帖里面的优秀书迹汇集成的。这些刻石由于年代久远，很多字迹已经漫漶不清。清代道光十八年（1838年），汝州太守白明义又根据《汝帖》的原拓本重新刻石。这套翻刻的《汝帖》现在也一同保存在汝州市文化馆中。

除去这些较大型的丛帖之外，宋代还有很多个人刻的小丛帖。这些小丛帖所收录的书法作品范围就比较狭小了。像宋代的《宝晋斋帖》，只收集晋代书圣王羲之、王献之和谢安等人的墨迹。宝晋斋是宋代著名书法家米芾的斋名，所以在这部帖中也收入了一些米芾的书法作品。另外，宋代的《澄清堂帖》《群玉堂帖》《英光堂帖》《西楼苏帖》《凤墅帖》等都很有名。元延祐五年（1318年）刻成的《乐善堂帖》，收有元代著名书法家赵孟頫和顾信、姜夔等文人的墨迹，由顾信摹勒上石，刻工精细写真，是罕见的元代刻帖。明代仍然有不少私家刻帖，有些还是著名书法家亲自摹写。例如《真赏斋帖》由江南著名文人文徵明、文彭父子钩摹上石，收录了曹魏时期钟繇的《荐季直表》、晋代王羲之的《袁生帖》、唐代王方庆《万岁通天进帖》和岳珂等人的跋语。文徵明父子还选编了《停云馆帖》，以唐、宋、元三代的名人法书为主，也是由文氏父子摹写而成。

用丛帖石刻制作的拓本，以及其他历代石刻的拓本，是古代人学习书法的重要范本，也是传播介绍古代石刻的重要媒介。自古以来，人们所能看到的石刻文字与图像，大体都是通过椎拓方式得到拓本后才能流行开来。拓本是中国古代文化的独特创造，并且也正是它直接促成了中国古代四大发明之一——印刷术的发明。根据文献记载，中国最早对于石刻文字的复制，应该还是直接予以摹写。东汉时期纸张流行开后，人们可以把纸张覆盖在碑石上，用笔墨先描出文字的边缘，然后再填实笔画。这就是后来所说的双钩摹写，也叫作摹拓。《历代名画记》中记载：南朝画家顾恺之有摹拓妙法。可见直至南朝晚期，甚至到了唐代初年，复制石刻铭文还是以这种摹拓为主。唐太宗时还设有专门拓书的匠人，弘文馆等中央机构中都设置有"拓书手"的专职人员。以后，摹拓才逐渐被更加省工，也更忠实于原貌的椎拓方式所取代。在敦煌石窟的藏经洞中曾经发现有原拓于唐代永徽四年（653年）的唐太宗书《温泉铭》，以及欧阳询书《化度寺碑》和柳公权书《金刚经》的石刻拓本。《温泉铭》与《金刚经》的唐拓本现存法国巴黎图书馆，《化度寺碑》拓本由英国大英博物馆收藏，它们是现在可以见到的最早石刻拓本。此外在上海博物馆、北京图书馆以及日本等处还保存有一些唐代的拓本。从拓制这些石刻拓本的纯熟工艺来看，椎拓石刻的做法应该远在唐代以前就已经流行了。有人推测可能在汉魏时期就出现了椎拓工艺，但是还缺乏实物的证明。

现在保存的历代拓本基本上以中国传统纸张与墨汁通过椎拓方式得来，黑底白字，清晰醒目，能够比较逼真地反映出石刻的原貌，成为历代文人汇集研究石刻的直接对象。随着金石学的兴盛，拓本也成为重要的收藏对象。与笨重的石刻相比，拓本更便于保存携带与复制流传，所以很多石刻被毁坏或者严重残损后，它的早期拓本仍能够在历经灾难后保留下来。除罕见的唐代拓本外，宋代拓本还有不少传世藏品，至于明清拓本则不可胜数。现在不仅在国内各博物馆、图书馆中可以见到古代石刻拓本的收藏，就是欧美、东亚各国都收藏有中国的古代石刻拓本，向世人展示着中国的悠久文化传统。由于年代悠久，数量稀少，早期的拓本本身也成为珍贵的古代文物。早在1995年，一份《石鼓文》的拓本就在纽约佳士得拍卖行拍卖出26.4万美元。而近年来，我们更是在文物拍卖中可以看到一些珍贵的早期拓本因其稀有，而被拍卖出几百万甚至上千万的高价。但是我们更应该珍视的，是拓本在保存古代石刻原貌、传播优秀书法艺术等方面，特别是在宣传博大精深的中华传统文化上不可替代的伟大贡献。